उदारीकरण की राजनीति

उदारीकरण की राजनीति

राजकिशोर

वाणी प्रकाशन

वाणी प्रकाशन का 'लोगो'
विख्यात चित्रकार मक़बूल फ़िदा हुसेन की
कूची से

ISBN : 81-7055-604-X

वाणी प्रकाशन
21-ए, दरियागंज, नयी दिल्ली-110002
द्वारा प्रकाशित

फोन : 0091#11#23273167, 23275710
फैक्स : 0091#11#23275710
ई-मेल : vaniprakashan@gmail.com
vani_prakasha n@yahoo.com
वेबसाइट : www.vaniprakashan.com

प्रथम संस्करण : 1998
आवृत्ति : 2009

मूल्य : 295.00
आवरण : वाणी प्रकाशन
जय भारत प्रिंटिंग प्रेस, शाहदरा, दिल्ली-110032
द्वारा मुद्रित

UDARIKARAN KI RAJNITI
by : Raj Kishore

श्री मस्तराम कपूर के लिए

प्रस्तावना

आर्थिक उदारीकरण के कार्यक्रम को आम तौर पर इस तरह पेश किया जाता है जैसे यह सिर्फ अर्थशास्त्र का मामला हो। बेशक यह एक आर्थिक कार्यक्रम है, लेकिन क्या अर्थशास्त्र का वह दावा उचित है कि वह जीवन के दूसरे अनुशासनों से मुक्त रहेगा ? तब हम एक ऐसे 'आर्थिक मनुष्य' को मान्यता दे रहे होंगे, जिसकी कोई नैतिक या सामाजिक जिम्मेदारी नहीं है। लेकिन जब आर्थिक व्यवस्था के साथ करोड़ों व्यक्तियों के जीवन-मरण का सवाल जुड़ा हो, तो वह मुख्य रूप से एक राजनीतिक सवाल बन जाती है। यह राजनीति ही तय करती है कि किसी देश में उपलब्ध संसाधनों के उपयोग का पैटर्न क्या। ऐसी स्थितियाँ उत्पन्न करना राजनीति की ही जिम्मेदारी है जिनमें देश के सभी लोगों के लिए शालीन जीवन की व्यवस्था संभव हो सके। जाहिर है, यह आर्थिक प्रक्रिया के मानवीय नियमन के द्वारा ही संभव है। यदि बाजार और आदमी के बीच से सरकार हट गयी तो यह अनिवार्य रूप से जंगल का राज होगा, जिसमें बहुत-से लोगों का जीवन थोड़े-से लोगों की दया पर निर्भर होगा। वह व्यवस्था और चाहे जैसी हो, लोकतांत्रिक व्यवस्था नहीं कही जा सकती। सच्चे लोकतंत्र का फूल तो एक ऐसी आर्थिक व्यवस्था में ही खिल सकता है, जिसमें आदमी और आदमी के बीच कम से कम गैरबराबरी रहे। उदारीकरण के कार्यक्रम को इस पुस्तक में इसी दृष्टि से देखने की कोशिश की गई है।

मैं मध्य प्रदेश सरकार के ज़न संपर्क विभाग का आभारी हूँ, जिसने मुझे राजेन्द्र माथुर पत्रकारिता फेलोशिप प्रदान कर इस परियोजना पर काम करने के लिए आवश्यक संबल दिया।

राजकिशोर

क्रम

शुरुआत के पहले

अर्थनीति के मामले में कम से कम दो तरह के लोगों पर विश्वास नहीं करना चाहिए। एक वर्ग है सरकारी संस्थानों का, जिनमें वित्त मंत्रालय से ले कर भारतीय रिजर्व बैंक तक शामिल हैं। इसी वर्ग में वे अर्थशास्त्री भी आते हैं, जो किसी न किसी रूप में सरकार के साथ जुड़े रहते हैं या सरकार में नहीं हैं तो विश्वविद्यालयों में या ऐसे संस्थानों में हैं जिनकी अर्थव्यवस्था सरकारी अनुदान से चलती है। कुछ मिला कर इसे प्रतिष्ठान का पक्ष कहा जा सकता है। दूसरा वर्ग है विश्व बैंक, अंतर्राष्ट्रीय मुद्रा कोष, एशियाई विकास बैंक जैसे विश्व संस्थानों का। ये दोनों ही वर्ग किसी देश की अर्थव्यवस्था से संबंधित कटु सच्चाइयों को व्यक्त करने से बचते हैं। अंतर्राष्ट्रीय संस्थाएँ बहुत ज्यादा साफगोई से काम नहीं ले सकतीं, क्योंकि उनका साबका प्रथमतः और अंततः सरकारों से ही पड़ता है और दूसरे, वे किसी खास देश की आर्थिक उन्नति के प्रति प्रतिबद्ध भी नहीं हैं। दूसरी ओर, प्रतिष्ठान के प्रवक्ता प्रतिष्ठान को नाराज करने का खतरा नहीं उठा सकते, क्योंकि प्रतिष्ठान ही उनकी खर्चीली जीवन शैली का बोझ उठाता है। ये अक्सर वही बातें दुहराते हैं, जो प्रतिष्ठान चाहता है।

नई अर्थनीति उर्फ उदारीकरण पर विचार शुरू करने के पहले यह चेतावनी देना इसलिए जरूरी है, क्योंकि इस समय इन दोनों वर्गों द्वारा नई अर्थनीति की जैसी व्यापक प्रशंसा की जा रही है, वैसी ही प्रशंसा '50 और '60 के दशकों में पुरानी अर्थनीति की जा रही थी। मिश्रित अर्थव्यवस्था के बारे में यह प्रतिपादित किया गया कि यह दोनों हाथ लड्डू का मामला है : समाजवाद और पूँजीवाद, दोनों आर्थिक प्रणालियों के सर्वश्रेष्ठ का संतुलित मिश्रण। लेकिन जब यह स्पष्ट होने लगा कि यह वस्तुतः दोनों ही प्रणालियों की बुराइयों का निकृष्ट संगम है, तब भी भारत द्वारा स्वीकृत आर्थिक प्रणाली की आलोचना तब तक प्रारंभ नहीं की गई, जब तक स्वयं प्रतिष्ठान के शीर्ष व्यक्तित्व ने उससे अपना असंतोष जाहिर करना शुरू नहीं कर दिया। राजीव गांधी ने 1984 में सत्ता सँभालने के जल्द बाद ही मुंबई में यह बयान दिया था कि सरकार

गरीबों के लिए जो एक रुपया खर्च करती है, उसमें से 15 पैसा ही उन तक पहुँच पाता है। शेष बीच के लोगों द्वारा हड़प लिया जाता है। 15 पैसे और 85 पैसे का यह हिसाब राजीव गांधी ने किसी सर्वेक्षण से नहीं निकाला था—यह उनका निजी मोटा अनुमान था। दिलचस्प यह है कि यह वाक्य आज तक भारत में भ्रष्टाचार के बारे में सबसे ज्यादा उद्धृत किया जानेवाला बयान है। आज जो अर्थशास्त्री नई अर्थनीति की प्रासंगिकता से गदगद हैं, उनमें से अनेक राजीव गांधी के राजनीति में आने से बहुत पहले से इस पेशे में हैं, लेकिन उन्होंने स्थिति की भयावहता पर कभी ऐसा प्रकाश नहीं डाला।

यही हाल विश्व की आर्थिक संस्थाओं का है। 1991 तक भारत का विदेशी मुद्रा संकट अत्यंत गंभीर हो चुका था। अप्रैल 1991 में पहली बार 20 करोड़ डॉलर का ऋण लेने के लिए यूनियन बैंक ऑफ स्विट्जरलैंड को 20 टन सोना बेचा गया। लेकिन 1989 तक अंतर्राष्ट्रीय संस्थान भारत को ठोस आर्थिक प्रगति का प्रमाणपत्र दे रहे थे। लंदन के 'फाइनांशियल टाइम्स' ने 11 अक्टूबर 1989 को अपने दिल्ली संवाददाता की एक गुलाबी रिपोर्ट प्रकाशित की। शीर्षक था, 'आलोचकों को निरुत्तर करने के लिए तैयार'। संवाददाता ने घोषित किया कि 'अर्थव्यवस्था में बुनियादी परिवर्तन घटित हो रहे हैं, जिनका संकेत यह है कि भारत जल्द ही एशिया के तेजी से विकसित हो रहे नव-उद्योगीकृत देशों में स्थान बनाने जा रहा है।' लेख ने एक अंतर्राष्ट्रीय संस्था के एक वरिष्ठ अधिकारी का यह बयान भी उद्धृत किया कि 'भारत को टिकाऊ आधार पर 8-10 प्रतिशत वृद्धि दर हासिल करने में कठिनाई नहीं होगी।'[1] विश्व बैंक और अंतर्राष्ट्रीय मुद्रा कोष जैसी अंतर्राष्ट्रीय वित्तीय संस्थाएँ भी इस आशावाद से सहमत थीं। 1988 की विश्व बैंक की वार्षिक रिपोर्ट ने भारत में औद्योगिक क्षेत्र के अच्छे कार्यवृत्त की प्रशंसा की और अंतर्राष्ट्रीय मुद्रा कोष की उसी साल की रिपोर्ट में भारतीय अर्थव्यवस्था की सामग्रिक प्रगति पर संतोष व्यक्त किया गया था।[2] क्या सिर्फ दो वर्षों में भारत की आर्थिक स्थिति इतनी बिगड़ गई कि उसे अपना 40 साल पुराना पूरी तरह आजमाया हुआ रास्ता छोड़ देना पड़ा ? ध्यान देने की बात है कि इस अवधि के ज्यादातर समय में वही विश्वनाथ प्रताप सिंह देश के प्रधान मंत्री थे, जो राजीव गांधी के शासन काल में वित्त मंत्री रह चुके थे। 'सामाजिक न्याय' खेमे के राजनेताओं में विश्वनाथ प्रताप सिंह एकमात्र ऐसे व्यक्ति हैं, जो हृदय से उदारीकरण के समर्थक हैं। डॉ. मनमोहन सिंह, जिन्होंने वित्त मंत्री के रूप में 1991-92 का बजट पेश करते हुए, आर्थिक संकट की तीव्रता को इन शब्दों में व्यक्त किया कि 'स्वतंत्र भारत के इतिहास में इस तरह का अनुभव इसके पहले हमें कभी नहीं हुआ था', इसके पहले

---

1. द इंडियन इकॉनॉमी, संपादक विमल जालान, पेंगुइन बुक्स, नई दिल्ली, 1993, परिचय में उद्धृत,
2. उपर्युक्त

काफी समय तक भारतीय रिजर्व बैंक के गवर्नर रह चुके थे और रिजर्व बैंक विदेशी मुद्रा स्थिति की हर करवट से वाकिफ रहता है।

अंतर्राष्ट्रीय मूल्यांकन के एक और पहलू पर जगदीश भगवती ने अपनी पुस्तक 'इंडिया इन ट्रांजिशन'[3] में विस्तार से प्रकाश डाला है। उनकी मान्यता है कि शुरू के वर्षों में निर्गुट नीति तथा लाल चीन की स्पष्ट वकालत के बावजूद भारत की संभावनाओं और प्रगति के प्रति पश्चिम की दृष्टि उदार एवं सहानुभूतिपूर्ण थी, क्योंकि चीन ने साम्यवाद का रास्ता पकड़ा था और भारत ने पश्चिमी ढंग का लोकतंत्र स्वीकार किया था। पश्चिम के, खासकर, राजनीतिज्ञों और बुद्धिजीवियों की दिलचस्पी इस बात में थी कि भारत द्वारा लोकतांत्रिक तरीके से आर्थिक प्रगति का प्रयोग सफल हो। भगवती बताते हैं कि 1950 और 60 के दशक में शायद ही पश्चिम का कोई महत्त्वपूर्ण अर्थशास्त्री हो, जो भारत नहीं आया। स्पष्ट है कि उन दिनों भारत की आर्थिक प्रगति की प्रशंसा की गई, तो इसके मुख्य कारण राजनीतिक थे। यह सिद्ध करना आवश्यक था कि सर्वसत्तावादी चीन की तुलना में लोकतांत्रिक भारत की प्रगति कुछ कम प्रभावशाली नहीं है।

इन सिलसिले में गुन्नार मिर्डल की स्थापनाएँ बहुत ही महत्त्वपूर्ण हैं। उन्होंने प्रतिपादित किया है कि 1950 के बाद संयुक्त राज्य अमेरिका तथा अन्य यूरोपीय देशों द्वारा एशिया के कम विकसित देशों को जो आर्थिक सहायता दी गई, उसके लक्ष्य राजनीतिक थे। अपनी प्रसिद्ध पुस्तक 'विश्व निर्धनता की चुनौती'[4] में उन्होंने विस्तार से इस परिघटना का विवेचन किया है। आशा है, उनका यह लंबा उद्धरण उबाऊ सिद्ध नहीं होगा—

'जब 1950 के लगभग संयुक्त राज्य अमेरिका का विदेश सहायता का बजट अचानक अधिक तेजी से बढ़ने लगा, तो इसकी प्रमुख प्रेरणा कम-विकसित देशों की विकास की आवश्यकताओं को पूरा करने की इच्छा नहीं थी, बल्कि शीतयुद्ध को और उग्र बनाने की इच्छा थी। वह कम-विकसित संसार के उस हिस्से में विशेष रूप से हुआ, जिसका मैंने अध्ययन बहुत गइराई से किया है। कम-विकसित संसार का यह विशाल भाग दक्षिण एशिया है। एक कम-विकसित देश का राजनीतिक गठबंधन और कुछ मामलों में पहले से मौजूद ऐसी तटस्थता जो अमैत्रीपूर्ण न हो, संयुक्त राज्य अमेरिका की राजनीतिक दिलचस्पी का विषय बन गया। इस क्षेत्र के देशों को जो अनुदान और ऋण प्राप्त हुए, उसका 80 प्रतिशत अमेरिका से मिला। इसके परिणामस्वरूप अमेरिका की प्रभावशाली स्थिति रही।'

'सहायता का राजनीतिक उद्देश्य इस क्षेत्र के देशों में इसके वितरण से स्पष्ट रूप

---

3. ऑक्सफोर्ड यूनिवर्सिटी प्रेस, दिल्ली, 1994, अध्याय 1
4. 'द चैलेंज ऑफ वर्ल्ड पावर्टी' के हिंदी अनुवाद, 1976, से

में प्रकट हुआ। पाकिस्तान को, सैनिक सहायता के अलावा, प्रतिव्यक्ति के हिसाब से भारत की तुलना में दुगुनी सहायता मिली। पाकिस्तान को यह सहायता संयुक्त राज्य अमेरिका से उसके राजनीतिक और सैनिक गठबंधन के मुआवजे के रूप में मिली, यद्यपि हाल के वर्षों में यह गठबंधन अधिक भरोसे योग्य सिद्ध नहीं हुआ।'

'सन 1954-58 के बीच लाओस और दक्षिण वियतनाम को संयुक्त राज्य अमेरिका से अनुदानों और ऋणों के रूप में जो राशि प्राप्त हुई, वह भारत और पाकिस्तान को प्राप्त राशि के प्रायः बराबर थी। इसी अवधि में दक्षिण कोरिया को भारत, पाकिस्तान, फिलीपींस, बर्मा और श्रीलंका को कुल मिला कर प्राप्त सहायता से अधिक सहायता मिली (जिसे आर्थिक सहायता बताया गया)। केवल भारत की आबादी ही उक्त तीनों, लेकिन सामरिक दृष्टि से महत्त्वपूर्ण, देशों की कुल आबादी से दस गुना बड़ी है।'[5]

दूसरी ओर, फ्रांस, ब्रिटेन आदि का सहायता संबंधी दृष्टिकोण तत्कालीन विदेश विकास मंत्री अर्ल ग्रनस्टेड के इस वक्तव्य से प्रकट होता है–

'हमारी सहायता की दो-तिहाई राशि ब्रिटेन से खरीदे जानेवाले माल और सेवाओं पर खर्च होती है...सहायता के परिणामस्वरूप व्यापार बढ़ता है। हम विदेश में किसी कारखाने के लिए मशीनें आदि देते हैं और आगे चल कर हमें अतिरिक्त हिस्से-पुर्जों और नई मशीनों के लिए ऑर्डर मिलते हैं। हम (सहायता पर व्यय करेंगे)...क्योंकि यह बात सही है और इसीलिए भी कि यह बात हमारे लंबी अवधि के हित में हैं।'[6]

स्पष्ट है कि ज्यादातर पश्चिमी देशों की अंतर्राष्ट्रीय आर्थिक गतिविधियाँ उनके अपने आर्थिक तथा व्यापारिक हित में ही होती है। इसलिए किसी भी देश की आर्थिक स्थिति के उनके मूल्यांकनों को इसी परिप्रेक्ष्य में देखना चाहिए। आज अगर ये देश तथा इनके वर्चस्व में चलनेवाली विश्व संस्थाएँ भारत की मौजूदा आर्थिक दिशा के प्रशंसक हैं, तो इससे इस दिशा की सर्वोत्तमता प्रमाणित नहीं होती। इससे बस यह सिद्ध होता है कि यह दिशा इन संपन्न औद्योगिक देशों के अनुकूल है।

अब हमें जरा नई अर्थनीति के आलोचकों के उस विशाल वर्ग पर ध्यान देना चाहिए, जो वामपंथी है या जिसकी सहानुभूति वामपंथ के प्रति है। निस्संदेह यह आलोचना सच्ची है–सच्ची है यानी इसके पीछे कोई कपट नहीं है। इसका एक कारण यह है कि इस आलोचना की एक आंतरिक संगति और धारावाहिकता है। लेकिन इसकी तीन बड़ी कमियाँ हैं। पहली बात तो यह है कि यह ज्यादातर सैद्धांतिक है। चूँकि कम्युनिस्ट यह मानते हैं कि आज का मुख्य अंतर्विरोध साम्राज्यवाद है और अमेरिका इस साम्राज्यवाद का नेतृत्व कर रहा है, इसलिए वे हर उस चीज की आलोचना करते हैं जिसका संबंध अमेरिका से है। अतः नई अर्थनीति का उनका विरोध उनके

5. उपर्युक्त, पृष्ठ 292
6. उपर्युक्त में उद्धृत, पृष्ठ 304

अमेरिका-विरोध का ही हिस्सा लगता है। इस कारण भारत की वास्तविक आर्थिक चुनौतियों की तरफ वे ध्यान नहीं दे पाते। इसी से उनकी दूसरी कमी पैदा होती है। यह कमी वैकल्पिक कार्यक्रम दे पाने में असमर्थता है। नई अर्थनीति यदि गलत और जन विरोधी है, तो सवाल यह उठता है कि उसका विकल्प क्या है। क्या वामपंथियों ने पिछले सात वर्षों में देश के सामने कोई वैकल्पिक कार्यक्रम रखा है ? इसलिए जब वे नई अर्थनीति की आलोचना करते हैं, तो ऐसा लगता है कि जैसे वे इसके पहले की अर्थनीति का समर्थन कर रहे हैं। जनता अपने अनुभव से जानती है कि वह अर्थनीति भी कितनी कमजोर थी। इसीलिए वामपंथियो की आलोचना से जनता के भीतर किसी उत्साह का संचार नहीं होता। चूँकि सारा मामला सैद्धांतिक और हवाई बन जाता है, इसलिए वामपंथी अकसर तथ्यों के साथ खिलवाड़ करते हुए पाए जाते हैं। इसके कुछ विवरण मैं गेट की आलोचना के सिलसिले में दूँगा। यहाँ सिर्फ एक पहलू का उल्लेख काफी है कि नई अर्थनीति के कारण यदि उत्पादन बढ़ा है या औद्योगिक क्षेत्र में नई सरगर्मी पैदा हुई है, तो इसे स्वीकार करने में क्या हर्ज है ? जब तक हम तथ्यों की पवित्रता का सम्मान नहीं करेंगे, हमारी आलोचना वस्तुपरक तथा विश्वसनीय प्रतीत नहीं होगी। वह आलोचना के लिए आलोचना जान पड़ेगी।

यह प्रसन्नता की बात है कि नई अर्थनीति पर चर्चा के बहाने बहुत-सी ऐसी छोटी-बड़ी पुस्तकें प्रकाशित हुई हैं—और यह क्रम अभी भी जारी है—जो अर्थशास्त्र के गूढ़ सवालों का सामान्य जनता की भाषा में विवेचन करती हैं। इसके पहले जनता को आर्थिक प्रश्नों के बारीक परीक्षण से दूर रखा जाता था। उसे सिर्फ नारों और स्थूल निष्कर्षों के योग्य माना जाता था, मसलन गरीबी और बेकारी बढ़ रही है या अमीर और अमीर होते जा रहे हैं तथा गरीब और गरीब होते जा रहे हैं। यह बेहद लंबे अरसे के बाद पहली बार है, जब आर्थिक प्रश्नों की साझेदारी सीधे जनता से की जा रही है और इस प्रक्रिया में कई जाने-माने विद्वान भी शामिल हैं। इससे लोगों की समझ साफ और प्रखर हो सकती है, लेकिन यह प्रक्रिया पूरी तरह लाभप्रद तभी हो सकती है, जब बहस को ज्यादा से ज्यादा वस्तुपरक बनाया जाए तथा प्रशंसा और आलोचना के पीछे छिपे हुए इरादों और कार्यक्रमों को उचित परिप्रेक्ष्य में समझा जाए। अर्थशास्त्र भी अंततः राजनीति की ही एक शाखा है, यदि हम राजनीति की परिभाषा इस रूप में करें कि यह ताकत और उसके बँटवारे को समझने और बदलने का शास्त्र है। अतः किसी के अर्थशास्त्र को समझने के लिए सबसे पहले उसकी राजनीति पर ध्यान देना चाहिए।

सर्वानुमति का सच

भारत के आर्थिक उदारीकरण कार्यक्रम पर अपनी छोटी-सी समीक्षात्मक पुस्तक 'इकॉनॉमिक रिफ़ार्म्स ऐंड द पीपुल'[1] का अंतिम अध्याय 'व्हाट नेक्स्ट' (आगे क्या ?) लिखते हुए सी.टी. कुरियन ने भविष्यवाणी की थी–

'सुधारों के भविष्य पर यह आश्चर्यजनक नहीं है कि अलग-अलग विचार हैं। प्रधानमंत्री पी.वी. नरसिंह राव, वित्त मंत्री मनमोहन सिंह तथा सरकार में बैठे हुए दूसरे लोग देश के भीतर यह दावा करते रहे हैं तथा विदेश के संबद्ध लोगों को आश्वस्त करते रहे हैं कि सुधारों को रद्द नहीं किया जा सकता तथा ये जारी रहेंगे। दूसरे इससे सहमत नहीं हैं। वे इन्हें अगर पूरी तरह छोड़ने का नहीं तो इनमें परिवर्तन करने का वादा जरूर करते हैं। यह स्पष्ट हो जाना चाहिए कि सुधारों के बारे में ये अनुकूल और प्रतिकूल विचार आनेवाले आम चुनावों में संबद्ध समूहों की सम्भावनाओं का अप्रत्यक्ष आभास देते हैं। और, इसमें कोई संदेह नहीं होना चाहिए कि चुनावों का परिणाम सुधारों के भविष्य को सीधे प्रभावित करेगा, क्योंकि, जैसा कि पहले प्रतिपादित किया गया है, अर्थव्यवस्था में प्रमुख परिवर्तन–उदाहरण के लिए ढाँचागत परिवर्तन–सारतः एक राजनीतिक कार्यक्रम है जो जनसंख्या के विभिन्न वर्गों के परस्पर विरोधी हितों को अभिव्यक्त करता है।'[2]

ये पंक्तियाँ अप्रैल-मई, 1996 में हुए आम चुनावों के पूर्व लिखी गई थीं। लेखक का, जो एक बुजुर्ग और सम्मानित अर्थशास्त्री हैं, विश्वास था कि चूँकि पाँच वर्षों से चल रहे आर्थिक सुधारों पर बहस एक निर्णायक बिंदु पर पहुँच चुकी है और इस बीच देश ने यह भी देख लिया है कि इन सुधारों के संभावित नतीजे क्या होंगे, आनेवाले आम चुनाव आर्थिक सुधारों पर जनमत संग्रह का काम करेंगे। चुनाव परिणाम अप्रत्याशित

1. मांध्यम बुक्स, नई दिल्ली, 1996
2. उपर्युक्त, पृष्ठ 70

नहीं रहे। नरसिंह राव और मनमोहन सिंह के नेतृत्व वाली कांग्रेस बुरी तरह हार गई, लेकिन किसी भी दल को बहुमत नहीं मिला। ऐसी स्थिति में दो ही सरकारें बन सकती थीं। एक सरकार भाजपा की बन सकती थी, जो वास्तव में बनी भी, लेकिन आवश्यक बहुमत न जुटा पाने के कारण जिसे कुछ दिनों में ही त्यागपत्र देना पड़ा। आर्थिक सुधारों पर भाजपा का नजरिया क्या है ? जब ये सुधार क्रमशः स्पष्ट होने लगे तो भाजपा नेताओं का कहना था कि कांग्रेस ने हमारा आर्थिक कार्यक्रम चुरा लिया है। यह सच है। कि भाजपा के भीतर एक छोटा-सा तबका ऐसा है, जो आर्थिक सुधारों में निहित विदेशी निवेश के तत्त्व को स्वीकार नहीं करना चाहता। उसकी विचारधारा भाजपा की मातृ-संस्था राष्ट्रीय स्वयंसेवक संघ से प्रभावित है और संघ का नारा स्वदेशी है। लेकिन संघ और भाजपा दोनों उदारीकरण के उन हिस्सों से सहमत हैं, जिनका संबंध देश के भीतर पूँजीवादी अर्थव्यवस्था कायम करने से है। विदेशी पूँजी का भी वे स्वागत करते हैं, बशर्ते वह बुनियादी उद्योगों का विस्तार करने के लिए आए। इसका उदाहरण बिजली क्षेत्र की एनरॉन परियोजना है, जिसे रद्द करने की माँग पर महाराष्ट्र में शिव सेना-भाजपा ने चुनाव लड़ा, लेकिन सत्ता में आने के बाद जिसे उन्होंने, कुछ संशोधनों के साथ, जल्द ही स्वीकार कर लिया। इस तरह कहा जा सकता है कि यदि केंद्र में भाजपा की सरकार बनी रहती, तो उदारीकरण कार्यक्रम का भविष्य धूमिल नहीं था। बल्कि हो यह भी सकता था कि उदारीकरण की रफ्तार कुछ और तेज कर दी जाती। 1998 की भाजपा गठबंधन की सरकार के आर्थिक क्रिया-कलाप से यह पुष्ट होता है।

दूसरी सरकार बन सकती थी, जो बनी भी, वह थी शेष विपक्षी दलों की संयुक्त सरकार, जिसमें भारतीय कम्युनिस्ट पार्टी शामिल हुई, लेकिन मार्क्सवादी कम्युनिस्ट पार्टी ने संयुक्त मोर्चा में शामिल होते हुए भी सरकार में अपना प्रतिनिधि भेजना स्वीकार नहीं किया। एच.डी.देवगौड़ा को संयुक्त मोर्चा सरकार का प्रधान मंत्री चुनने के पूर्व माकपा से दो बार आग्रह किया गया था कि वह अपने प्रमुख नेता तथा पश्चिम बंगाल के मुख्य मंत्री ज्योति बसु को प्रधान मंत्री बनने के लिए सहमत करे, लेकिन यह प्रस्ताव दोनों बार विनम्रतापूर्वक अस्वीकार कर दिया गया। फिर भी माना जाता है कि संयुक्त मोर्चा के गठन की प्रक्रिया में माकपा के महासचिव हरकिशन सिंह सुरजीत की निर्णायक भूमिका थी। इसलिए व्यापक रूप से यह संभावना व्यक्त की जा रही थी कि संयुक्त मोर्चा सरकार आर्थिक सुधारों को पलट देगी। यह सच है कि मोर्चा द्वारा स्वीकृत न्यूनतम साझा कार्यक्रम में कहीं भी यह नहीं कहा गया था कि आर्थिक सुधारों को जारी रखा जाएगा, लेकिन उसमें जो आर्थिक कार्यक्रम प्रस्तावित किया गया था, वह घुमा-फिरा कर राव-मनमोहन सिंह की अर्थनीति को ही प्रतिबिंबित करता है। मानो यह काफी न हो, प्रधान मंत्री देवगौड़ा और वित्त मंत्री पी. चिदंबरम हफ्ते में कम से कम एक बार यह घोषणा करते रहे कि आर्थिक सुधारों को रोकने का तो प्रश्न ही नहीं उठता। मोर्चे में शामिल दोनों कम्युनिस्ट पार्टियों ने कई बार सरकार के इस रुख

पर अपना असंतोष प्रकट किया। लेकिन संयुक्त मोर्चा सरकार का आर्थिक कार्यक्रम इससे प्रभावित हुआ हो, ऐसा नहीं लगता।

यह स्थिति क्या बताती है ? क्या इसका अर्थ यह लगाया जाए कि आर्थिक सुधारों के प्रश्न पर लगभग राष्ट्रीय सर्वानुमति है—लगभग इसीलिए कि सिर्फ वामपंथी दल ही, कम से कम सैद्धांतिक स्तर पर, इससे असहमत हैं ? दिलचस्प यह है कि अंग्रेजी के प्रायः सभी अखबार और आर्थिक सुधारों के पैरवीकार सभी आर्थिक टिप्पणीकार इस सर्वानुमति के बारे में दावा भी करते रहे हैं। लेकिन इस सर्वानुमति का आधार क्या है, इस पर विचार किया जाए, तो भारतीय राजनीति का जन विरोधी चरित्र बिल्कुल स्पष्ट हो जाएगा।

वैसे तो जिसे नई अर्थनीति कहते हैं, उसकी एक प्रकार की शुरुआत राजीव गांधी के शासन काल (1984-89) में ही हो चुकी थी, ज़िसकी चर्चा हम आगे करेंगे, लेकिन इस अर्थनीति की औपचारिक शुरुआत प्रधानमंत्री नरसिंह राव के प्रधानमंत्रित्व (1991-96) से मानी जाती है। श्री राव की सरकार अल्पमत सरकार थी। 1991 के आम चुनाव में 53 प्रतिशत मतदान हुआ था, जिसमें से कांग्रेस को सिर्फ 36.5 प्रतिशत वोट मिले थे। यानी रद्द हो गए वोटों को छोड़ दिया जाए, तो कांग्रेस को लगभग 19 प्रतिशत वोट मिले। 20 प्रतिशत से भी कम मतदाताओं का प्रतिनिधित्व करनेवाली सरकार को क्या ऐसी अर्थनीति बनाने का नैतिक अधिकार था, जो देश का आर्थिक और सांस्कृतिक भूगोल ही बदल दे ?

लेकिन शायद सभी लोकतंत्रों में ऐसा होता है। कोई सरकार चाहे कितने अल्पमत पर टिकी हुई हो, आखिरकार वह सरकार होती है और खासकर संकट की घड़ी में उसे अर्थनीति को नया मोड़ देने का पूरा अधिकार होता है। इसलिए ज्यादा संगत प्रश्न यह है कि मोड़ देने का यह कार्य कैसे किया गया तथा उस राजनीतिक नेतृत्व का नैतिक चरित्र कैसा था, जिसने यह कार्य किया। ये प्रश्न इसलिए भी महत्त्वपूर्ण हैं, क्योंकि नई अर्थनीति के बहुत-से संभावित परिणाम भारतीय संविधान के नीति-निदेशक तत्त्वों के सीधे खिलाफ हैं।

उदारीकरण का निर्णय किस स्तर पर और कब लिया गया, यह अभी तक एक रहस्य है। योजना आयोग ने इस नीति का प्रस्ताव नहीं किया था। कांग्रेस पार्टी के भीतर इस बारे में कभी खुल कर चर्चा नहीं हुई। संसद में न इस पर कोई बहस हुई और न कोई प्रस्ताव पारित किया गया। सच पूछा जाए तो सरकार ने नई अर्थनीति की कोई रूपरेखा व्यवस्थित रूप से अभी तक पेश ही नहीं की है कि उस पर कोई तार्किक बहस की जा सके। यह तो एक ऐसा प्रकल्प है, जो धीरे-धीरे खुलता जा रहा है और इस क्रमिक अनावरण से ही हम अनुमान लगा सकते हैं कि भविष्य की दिशा क्या होगी। 'आर्थिक सुधार' एक अस्पष्ट पद है। कोई दूसरी सरकार सत्ता में आती है और वह अर्थतंत्र का समाजीकरण करने लगती है, तो वह भी यह दावा कर सकती

है कि हम 'आर्थिक सुधार' लागू कर रहे हैं। सोवियत संघ में क्रांति के बाद लेनिन ने जो अर्थनीति चलाई थी, उसे भी नई अर्थनीति कहा गया था। वैसे भी सुधार एक आकर्षक शब्द है, क्योंकि इसमें गलतियों और विकृतियों को दुरुस्त करने का प्रस्ताव है। इसीलिए कोई आर्थिक सुधारों का या किसी भी प्रकार के सुधारों का विरोध कैसे कर सकता है ? जब सामाजिक सुधार और राजनीतिक सुधार अच्छे लगते हैं, तो आर्थिक सुधार कैसे बुरे हो सकते हैं ? निःसंदेह पूँजीवादीकरण के लिए एक बहुत ही आकर्षक शब्दावली चुनी गई है। लेकिन जब हम इस तथ्य पर विचार करते हैं कि भारत में शुरू किए गए आर्थिक सुधारों का आधार कितना संकुचित था, तो यह स्पष्ट हो जाएगा कि यह कितना अलोकतांत्रिक था या इसे कितने अलोकतांत्रिक ढंग से लागू किया गया था।

नई अर्थनीति का एक प्रमुख तत्त्व वह है, जिसकी सलाह विश्व बैंक–अंतर्राष्ट्रीय मुद्रा कोष ढाँचागत समायोजन के लिए ऋण देते समय देते हैं। भारत सरकार द्वारा लगातार यह दावा किया जाता रहा है कि बैंक-कोष ने हम पर कोई शर्तें नहीं थोपी हैं। यह आंशिक रूप से सच है और आंशिक रूप से झूठ। सच यह यों है कि बैंक-कोष सीधे निर्देश दे कर अपनी शर्तें आरोपित नहीं करते। झूठ यह इसीलिए है कि ऋण के लिए आवेदन करनेवाला राष्ट्र स्वयं अपनी ओर से वे शर्तें प्रस्तावित करता है, जो बैंक-कोष को प्रिय हैं। सी.टी. कुरियन ने इस प्रक्रिया को अच्छे ढंग से समझाया है–

'इस बात पर काफी बहस है कि क्या कोष-बैंक इन शर्तों को उन देशों पर आरोपित करते हैं जो संकट की स्थितियों में सहायता के लिए उनके पास आते हैं। यह इस पर निर्भर करता है कि 'आरोपित' करने को किस तरह देखा जाता है। संबंद्ध देश और दोनों एजेंसियों के बीच बातचीत की शृंखला के आधार पर ऋण स्वीकृत किया जाता है। कोई देश जब ऋण के लिए आवेदन करता है, तो वह पहले एक आशय पत्र या अनुस्मारक दाखिल करता है, उसमें यह संकेतित किया जाता है कि वह देश ऋण की सहायता से समस्या का समाधान किस तरह करने जा रहा है। जो बातें अन्ततः शर्तें बन कर उभरती हैं, वे अक्सर इस दस्तावेज में ही निहित होती हैं; अतः रूपगत स्तर पर इन शर्तों का सुझाव स्वयं आवेदक देश की ओर से ही आता है। लेकिन वास्तविकता यह है कि जो ऋण की अपेक्षा करते हैं, उन्हें यह अच्छी तरह पता होता है कि ऋणदाता को कौन-सी शर्तें मान्य होंगी।'[3]

अंतर्राष्ट्रीय मुद्रा कोष और विश्व बैंक की ये शतें क्या हैं, यह अब जग जाहिर है, क्योंकि जिस देश नें भी इन संस्थानों से बड़ी मात्रा में ऋण लिया है, उन सभी की, ऋण लेने के बाद, आर्थिक दिशा एक ही देखी गई है। यह दिशा वस्तुतः 'ढाँचागत समायोजन' पदावली में ही निहित है। इसके कुछ मानक पहलू इस प्रकार हैं–राजकोषीय

---

3. उपर्युक्त, पृष्ठ 16

घाटा कम करा, सरकारी अनुदान घटाओ, मुद्रा का अवमूल्यन करो, आयात-निर्यात पर से अंकुश हटाओ तथा निजी पूँजी का क्षेत्र विस्तृत करो। लेकिन भारत का उदारीकरण कार्यक्रम इससे भी आगे जाता है। सार्वजनिक क्षेत्र का आकार क्या होगा, स्वास्थ्य सेवाओं को कितना अनुदान दिया जाएगा आदि का सीधा निर्णय बैंक-कोष नहीं करते। इस पर ज़रूर जोर दिया जाता है कि विदेशी पूँजी पर भी वही शर्तें लागू होनी चाहिए जो देशी पूँजी पर लागू होती हैं, लेकिन यह सलाह नहीं दी जाती कि आय कर का ढाँचा क्या होगा। देश में इस समय अनेक ऐसे कदम उठाए जा रहे हैं, जिनके लिए कोष-बैंक ने कोई आग्रह नहीं किया है। इसकी प्रेरणा कहाँ से आ रही है ? स्पष्ट है कि मामला सिर्फ यह नहीं है कि यह अर्थनीति देश पर आरोपित की गई है। मामला यह है कि भारत के शासक वर्ग का आर्थिक और सामाजिक दर्शन तेजी से बदल रहा है।

यदि ऐसा नहीं होता, तो विश्व बैंक और अंतर्राष्ट्रीय मुद्रा कोष द्वारा शर्तों का आरोपण करने पर भी अर्थनीति की बुनियादी दिशा नहीं बदली जाती। यह भी संभव था कि इन संस्थाओं से ऋण ही नहीं लिया जाता और विदेशी मुद्रा के संकट का कुछ और समाधान खोजा जाता। लेकिन जो हुआ, वह आकस्मिक और नाटकीय था, क्योंकि उसके लिए किसी प्रकार की राष्ट्रीय सर्वानुमति खोजने की कोई कोशिश ही नहीं की गई। इस अर्थनीति का प्रस्ताव कहाँ से आया, इस पर अभी तक एक ही अनुमान सामने आया है। यह अनुमान दिल्ली के अर्थशास्त्री चरण डी. वधवा ने लगाया है। वे लिखते हैं :

'भारतीय अर्थव्यवस्था की अत्यधिक विस्तृत आलोचना तथा उसका पुनर्गठन करने की स्पष्ट सलाह भारतीय अर्थव्यवस्था पर विश्व बैंक की रिपोर्ट (1990) में पाई जाती है। कहा जाता है कि इस रिपोर्ट ने ही भारत में 1991 के बाद के कई आर्थिक सुधारों की रूपरेखा तैयार करने में विश्वसनीय मार्गदर्शक का काम किया। प्रधान मंत्री कार्यालय से निःसृत एक गोपनीय रिपोर्ट (विश्वास किया जाता है कि यह रिपोर्ट मोनटेक सिंह अहलूवालिया ने लिखी थी) 1990 में वितरित की गई। ऐसी प्रतीत होता है कि इस रिपोर्ट ने जून 1991 के बाद के आर्थिक सुधारों का स्वरूप तैयार करने में बहुत बड़ी भूमिका निभाई।'[4]

95 करोड़ के देश की अर्थनीति का निर्णय प्रधान मंत्री कार्यालय का एक अफसर करे, यह अपने आपमें भारत के लोकतंत्र पर एक गंभीर टिप्पणी है। श्री अहलूवालिया बाद में भारत सरकार के वित्त सचिव बने। प्रश्न यह है कि भारत की भावी अर्थनीति क्या होगी, उन्हें यह तय करने का अधिकार किसने दिया और किस हैसियत से दिया ? यदि यह मंत्रिमंडलीय फैसला था, तो इसकी कोई जानकारी नहीं है। यदि यह प्रधान मंत्री कार्यालय का निर्णय था, तो स्पष्ट है कि इसके पीछे कोई व्यापक विचार- विमर्श नहीं था, क्योंकि इस निर्णय तक पहुँचने के लिए किसी

---

4. चरण डी. वधवा, इकॉनॉमिक रिफॉर्म्स इन इंडिया ऐंड द मार्केट इकॉनॉमी

लोकतांत्रिक प्रक्रिया का सहारा नहीं लिया गया था।

अब जरा उस नेतृत्व के नैतिक चरित्र का जायजा लिया जाए, जिसने देश में आर्थिक सुधार लागू किए। आर्थिक सुधारों का श्रेय नरसिंह राव–मनमोहन सिंह की जोड़ी को दिया जाता है। श्री राव के बारे में ऊपर बताया जा चुका है कि वे 20 प्रतिशत से भी कम वोट पानेवाली पार्टी द्वारा चुने गए प्रधान मंत्री थे। पाँच वर्ष तक देश का नेतृत्व करने के बाद अप्रैल-मई, 1996 में जब फिर आम चुनाव हुए, तो उनकी और उनकी पार्टी की लोकप्रियता और ज्यादा गिर गई। 1996 के लोक सभा चुनाव में कुल 57.94 प्रतिशत मतदान हुआ तथा उसमें से कांग्रेस को 28.80 प्रतिशत वोट प्राप्त हुए। अर्थात कांग्रेस के पक्ष में सिर्फ 16.68 प्रतिशत मतदाताओं ने वोट डाला। स्पष्ट है कि राव सरकार की नीतियों ने जनता को अप्रसन्न ही किया था। फिर भी माना जाता है कि राव सरकार द्वारा शुरू किए गए आर्थिक सुधारों पर राष्ट्रीय सर्वानुमति है !

ज़िस प्रधान मंत्री की अध्यक्षता में आर्थिक सुधार लागू किए गए, छह वर्षों में ही उसकी राजनीतिक स्थिति क्या हो गई ? उसे अपनी पार्टी के अध्यक्ष पद से इस्तीफा देना पड़ा और उससे एक बार भी यह आग्रह नहीं किया गया कि कृपया अपने इस्तीफे पर पुनर्विचार करें। बल्कि पार्टी के लोगों ने इस पर राहत का ही इजहार किया। दूसरी ओर, इस पूर्व-प्रधानमंत्री पर इस समय कई आपराधिक मुकदमे चल रहे हैं और ये सभी मुकदमे नैतिक स्खलन से संबंधित हैं। इनमें से एक का संबंध फर्जी कागजात बनाने से है। आरोप है कि धोखाधड़ी का यह काम तब किया गया था, जब वे राजीव गांधी की सरकार में विदेश मंत्री थे। एक अन्य मुकदमे का संबंध 'काम हो जाएगा' का झूठा आश्वासन दे कर भारी रकम स्वीकार करने से है। सबसे सांघातिक मुकदमा झारखंड मुक्ति मोर्चा नाम की एक छोटी-सी पार्टी के सांसदों को कई करोड़ रुपए रिश्वत देने से संबंधित है। केंद्रीय जाँच ब्यूरो ने अपनी तफ्तीश में पाया है कि रिश्वत की यह भारी रकम कई बड़े औद्योगिक घरानों से धन ले कर जुटाई गई थी। राव मंत्रिमंडल के एक अन्य सदस्य पर आरोप है कि रुपया जुटाने का यह काम उसके माध्यम से हुआ था। लेकिन उस मंत्री ने उससे कहीं ज्यादा बड़ी रकम इन औद्योगिक घरानों से उगाही थी जितनी झारखंड मुक्ति मोर्चा के सांसदों को दी गई। बाकी रकम का क्या उपयोग हुआ ? इसका रहस्योद्घाटन और भी चौंकानेवाला साबित हो सकता है। राव मंत्रिमंडल के कुछ अन्य सदस्यों पर बहुचर्चित हवाला कांड में केंद्रीय जाँच आयोग ने तभी आरोप पत्र दाखिल कर दिए थे, जब श्री राव प्रधान मंत्री थे। परिणामस्वरूप उन मंत्रियों को अपने पद से इस्तीफा देना पड़ा था। एक मंत्री के घर पर, जिसका नई अर्थनीति के एक महत्त्वपूर्ण पहलू दूर संचार सेवाओं के निजीकरण से गहरा संबंध था, कई क़रोड़ रुपयों की अवैध राशि पाई गई। कई अन्य मंत्रियों पर अन्य प्रकार के आपराधिक मुकदमे चल रहे हैं। माना जाता है कि नरसिंह राव

अब तक के सबसे भ्रष्ट प्रधान मंत्री थे और उनका मंत्रिमंडल अब तक का सबसे भ्रष्ट मंत्रिमंडल था।

क्या ऐसे प्रधान मंत्री और उसके मंत्रिमंडल से यह उम्मीद की जा सकती है कि वह अर्थनीति के संबंध में दूरगामी महत्त्व के निर्णय लेते समय राष्ट्रहित तथा जनहित का ध्यान रखेगा ? यह आश्चर्यजनक है कि नई अर्थनीति का मूल्यांकन करते समय इन राजनीतिक पहलूओं की उपेक्षा कर दी गई है। इस कारण ही इस तरह का निष्कर्ष निकालना संभव होता है कि नरसिंह राव बुरे हैं, लेकिन उनकी अर्थनीति अच्छी है। अर्थनीति का यदि कुछ भी संबंध समाज तथा राष्ट्र से है, तो हम अर्थनीति का संचालन करनेवाले राजनीतिक नेतृत्व के नैतिक चरित्र से निरपेक्ष नहीं रह सकते।

कहा जा सकता है कि राव सरकार के वित्त मंत्री डॉ. मनमोहन सिंह, जिन पर आर्थिक सुधारों को लागू करने का व्यावहारिक दायित्व था, अपने प्रधान मंत्री या मंत्रिमंडल के अन्य साथियों की तरह नहीं हैं। उन पर भ्रष्टाचार का कोई आरोप नहीं है। उनका निजी जीवन भी बहुत सीधा-सादा है। आर्थिक उदारीकरण के विरोधियों ने भी मनमोहन सिंह की निजी आलोचना नहीं की है। डॉ. सिंह के राजनीतिक भ्रष्टाचार का सिर्फ एक ही उदाहरण है। वे असम से राज्य सभा के लिए चुने गए हैं, जबकि वे असम के 'सामान्य निवासी' नहीं हैं, जो किसी राज्य से राज्य सभा के लिए चुने जाने की एक आवश्यक शर्त है। एक समय चुनाव आयोग ने इस विषय में उन्हें नोटिस भी दी थी, लेकिन आगे क्या हुआ, यह सार्वजनिक नहीं हो सका है। बहरहाल, इस घटना को माफ किया जा सकता है, क्योंकि मनमोहन सिंह पेशेवर राजनेता नहीं है और लोक सभा के लिए उनका चुना जाना संदिग्ध था। ऐसी सूरत में राज्य सभा का अप्रत्यक्ष रास्ता चुनना भारत की मौजूदा राजनीतिक संस्कृति को देखते हुए शायद कोई बड़ा अपराध नहीं है। ज्यादा महत्त्वपूर्ण प्रश्न यह है कि मनमोहन सिंह पिछले सात वर्षों से जिस आर्थिक दर्शन की वकालत कर रहे हैं, उसका प्रेरणा-स्रोत क्या है। यह प्रश्न इसलिए भी महत्त्वपूर्ण है, क्योंकि वित्त मंत्री बनने के पूर्व वे भारतीय रिजर्व बैंक के गवर्नर तथा कई अन्य सरकारी पदों पर रह चुके थे तथा इस दौरान उन्होंने अपने मौजूदा विचारों की कोई झाँकी पेश नहीं की थी। बल्कि उन्होंने तब इस अर्थनीति की आलोचना ही की थी।

इसका एक श्रेष्ठ उदाहरण दक्षिण आयोग (साउथ कमीशन) की रिपोर्ट (1990) है, जिसमें बैंक-कोष की नीतियों की ठोस आलोचना की गई थी। मनमोहन सिंह दक्षिण आयोग के महासचिव थे। अतः आयोग की रिपोर्ट के साथ उनके असहमत होने का प्रश्न ही नहीं उठता। अपनी इस रिपोर्ट में आयोग कहता है, 'प्रमुख विकासशील देशों में निजी इकाइयों—बैंक, निवेश घराने, बहुराष्ट्रीय कंपनियों—के बीच संबंधों का एक ऐसा ताना-बाना बनाया गया है, जिसने विश्व की आर्थिक गतिविधियों पर निजी संस्थानों द्वारा किए गए निर्णयों की प्रभावशीलता को सीमित किया है।' मनमोहन सिंह के पाँच वर्षों के कार्य-काल में निजी संस्थानों की यह क्षमता और बढ़ी ही—कम नहीं

हुई। अंतर्राष्ट्रीय मुद्रा कोष–विश्व बैंक की नीतियों की आलोचना करते हुए दक्षिण आयोग ने अपनी इस रिपोर्ट में टिप्पणी की थी कि उनके कारण विकासशील देशों को अपनी आर्थिक नीतियाँ तय करने की कोई आजादी नहीं रह गई है। साथ ही, 'यद्यपि दोनों ही संस्थाएँ अधिकृत रूप से वृद्धि-मूलक समायोजन की अवधारणा को मान्यता देती हैं, सच्चाई यह है कि 1980 के दशक में विकासशील देशों की घरेलू नीतियों में उनकी बढ़ी हुई भागीदारी ने दक्षिणी गोलार्ध में न तो वृद्धि को प्रोत्साहित किया और न ही न्याय को।' ऐसा माननेवाले मनमोहन सिंह अगर कुछ महीनों बाद ही बैंक-कोष की नीतियों के सबसे बड़े पक्षधर बन कर उभरे, तो सहज ही कल्पना की जा सकती है कि जिनके हाथों में भारतीय अर्थव्यवस्था के संचालन का दायित्व रहा है, उनकी विचारधारा कितनी तरल तथा परिस्थिति के अनुसार रंग बदलने में कितनी सक्षम है। क्या ऐसे लोगों से किसी प्रकार के वस्तुपरक मूल्यांकन या वैचारिक प्रतिबद्धता की उम्मीद की जा सकती है ?

वस्तुतः जिसे नई अर्थनीति पर राष्ट्रीय सर्वानुमति कहा जा रहा है, एक तो वह इस प्रकार की वैचारिक तरलता का परिणाम है और दूसरे, वह देश के अधिकांश मौजूदा दलों तथा प्रतिष्ठानी विचारकों की सहमति पर टिकी हुई है। कुछ समय पहले तक समाजवाद पर भी ऐसी ही सर्वानुमति देखी गई थी। लेकिन अब समाजवाद या समतामूलक समाज फैशनेबल नहीं रहा, तो उसकी चर्चा तक नहीं की जाती। इसके बजाय बाजार आधारित अर्थव्यवस्था का सामूहिक गुणगान किया जा रहा है। यह दिलचस्प है कि राष्ट्रीय मीडिया में प्रायः सभी प्रकार के विषयों पर जनमत सर्वेक्षण किए जाते रहे हैं, लेकिन उदारीकरण कार्यक्रम के औचित्य पर एक भी जनमत सर्वेक्षण नहीं किया गया है। क्या यह ऐसा सवाल है, जिस पर जनता की राय जानने की कोई जरूरत नहीं है ? चलिए, यह मान लेते हैं कि जनता मूर्ख होती है, इसलिए वह इन गहन आर्थिक प्रश्नों पर विचार करने की योग्यता नहीं रखती। लेकिन इस तथाकथित राष्ट्रीय सर्वानुमति में देश के करोड़ों लोगों को भी शामिल किया जाए, क्या यह मामूली-सा लोकतांत्रिक सरोकार भी हमारे राजनीतिक वर्ग ने दिखाया है ? क्या उसने इन सात वर्षों में कभी इसकी व्याख्या करने का कष्ट किया है कि समाजवाद का रास्ता क्यों त्याग देने योग्य है तथा बाजार की शक्तियाँ किस प्रकार राष्ट्र का आर्थिक पुनर्निर्माण करने में ज्यादा सक्षम हैं ? ऐसा लगता है कि जिस प्रकार जनता को विश्वास में लिए बगैर समाजवादी अर्थनीति चलाई जा रही थी, उसी प्रकार यह बाजारवादी व्यवस्था भी शिखर से ही चलाई जा रही है। ऐसी स्थिति में इस निष्कर्ष से कैसे बचा जा सकता है कि दोनों में कोई तात्विक अंतर नहीं है, क्योंकि दोनों एक ही जैसी यांत्रिक चित्तवृत्ति की उपज हैं ? क्या यही कारण नहीं है कि एक विशाल वर्ग को, जिसमें मंत्री, नौकरशाह, आर्थिक संपादक और लेखक आदि शामिल हैं, अपना पक्ष बदलने में जरा भी दिक्कत नहीं हुई ? स्पष्टतः दल-बदल सिर्फ सांसदों और विधायकों का ही नहीं होता।

उदारीकरण की पृष्ठभूमि

भारत में आर्थिक उदारीकरण की पृष्ठभूमि कई राष्ट्रीय-अंतर्राष्ट्रीय परिघटनाओं को मिला कर बनी है। राष्ट्रीय घटनाओं को दो भागों में बाँटा जा सकता है–(1) योजनाबद्ध विकास के वित्तीय स्रोतों का क्रमिक ह्रास तथा (2) आदर्शवाद का अंत। अंतर्राष्ट्रीय घटनाएँ कम से कम चार हैं, जिन्होंने बाजार के अर्थशास्त्र को एकमात्र अर्थनीति के रूप में प्ररूपित करने में निर्णायक भूमिका निभाई : (1) सोवियत साम्यवाद का अंत, (2) विकास सहायता की राजनीतिक जरूरत समाप्त होना, (3) अमेरिका और ब्रिटेन में कल्याणकारी कार्यक्रमों को धक्का और (4) भूमंडलीय पूँजीवाद का विकास। इस तरह राष्ट्रीय और अंतर्राष्ट्रीय दृश्यपट ने एक ऐसा वातावरण बना दिया, जिसमें पूँजीवाद को एकमात्र वैध विचारधारा के रूप में निरूपित करना संभव दिखाई देने लगा।

योजनाबद्ध विकास मुख्यतः साम्यवाद की देन है। रूस में जब क्रांति हुई, तो प्रश्न यह उठा कि रूसी अर्थव्यवस्था का पुनर्निर्माण कैसे किया जाए। निजी संपत्ति समाप्त कर दी गई और उत्पादन के साधनों पर राज्य का अधिकार हो गया। ऐसी अवस्था में स्वाभाविक था कि योजनाएँ बना कर अर्थव्यवस्था को विकसित करने का प्रयास किया जाता। आखिर रूस को बहुत कम समय में वह प्रगति करनी थी जो यूरोप के अन्य हिस्सों ने काफी लंबी अवधि में उपलब्ध की थी। वैसे भी साम्यवादी व्यवस्था एक नियोजित व्यवस्था है, जिसमें सांस्कृतिक नियोजन तक शामिल है। बाद में चीन तथा अन्य साम्यवादी देशों ने भी यही रास्ता अपनाया। आजाद भारत ने साम्यवाद का रास्ता नहीं चुना। लेकिन वह पूँजीवाद के रास्ते पर भी नहीं चलना चाहता था। इसका एक कारण यह था कि निजी क्षेत्र के पास इतने साधन नहीं थे कि वह अर्थव्यवस्था को विकास की ऊँचाइयों की ओर ले जा सके। लेकिन यह पर्याप्त कारण नहीं था। ज्यादा महत्त्वपूर्ण कारण यह था कि उस समय का राजनीतिक नेतृत्व विस्तृत सार्वजनिक क्षेत्र की उपयोगिता को स्वीकार करता था और निजी क्षेत्र की तुलना में उसे तरजीह देता था। नियोजित आर्थिक विकास में उसकी निष्ठा थी। इसका श्रेय साम्यवाद के प्रति

प्रथम प्रधान मंत्री जवाहरलाल नेहरू के भावुक आकर्षण को है। कुछ हद तक इसके बीज स्वतंत्रता संघर्ष में भी थे, क्योंकि आजादी के पहले स्वयं भारत के उद्योगपतियों ने योजनाबद्ध विकास का एक मसविदा पेश किया था, जो 'मुंबई योजना' के नाम से प्रसिद्ध है। आजादी के बाद बहुत धूम-धाम से पंचवर्षीय योजनाओं की शुरुआत हुई और यह उम्मीद की गई कि शीघ्र ही देश का काया-कल्प हो जाएगा।

पंचवर्षीय योजनाओं की उपलब्धियों को नकारा नहीं जा सकता। उन्हीं के कारण भारत को एक तरह की खाद्य आत्मनिर्भरता हासिल हो सकी—(एक तरह की इसीलिए कि भारत की पूरी आबादी को अभी भी भर पेट खाना नहीं मिलता तथा कुपोषण की समस्या बहुत ही व्यापक है) और एक न्यूनतम औद्योगिक ढाँचा तैयार हो सका, हालाँकि अपेक्षित पैमाने पर देश का उद्योगीकरण नहीं हो सका। लेकिन जैसे नदी अपने डेल्टा अंचल तक पहुँचते-पहुँचते श्लथ हो जाती है, वैसे ही लगभग तीन दशकों के बाद

केंद्रीय तथा राज्य सरकारों का संयुक्त राजस्व प्राप्तियाँ और खर्च (करोड़ रुपयों में)[1]

वर्ष	राजस्व प्राप्तियां	राजस्व खर्च			अधिशेष या घाटा		राजस्व प्राप्तियों के प्रतिशत में घाटा
		विकास	गैर-विकास	कुल			
(1)	(2)	(3)	(4)	(5)		(6)	(7)
1960-61	1,710	806	828	1,634	+	76	
1970-71	5,810	2,330	3,336	5,666	+	144	
1980-81	25,591	13,881	11,001	24,882	+	709	
1981-82	30,432	16,301	13,045	29,346	+	1086	
1982-83	34,752	19,416	15,703	35,119	-	767	1.05
1983-84	39,099	22,765	18,521	41,286	-	2,167	5.59
1984-85	45,296	27,563	22,253	49,716	-	4,420	9.76
1985-86	54,097	31,884	27,121	59,005	-	4,908	9.07
1986-87	62,902	37,941	32,717	70,658	-	7,756	12.33
1987-88	70,878	44,738	36,519	81,257	-	10,379	14.64
1988-89	82,195	51,385	43,000	94,385	-	12,190	14.83
1989-90	96,945	63,565	50,430	1,13,995	-	17,050	17.59

(संशोधित आकलन)

योजनाबद्ध विकास की प्रक्रिया शिथिल पड़ने लगी। इसका एक प्रमुख कारण था सरकार का बढ़ता हुआ राजस्व खर्च, जिसे पूरा करने के लिए भारी पैमाने पर ऋण लेना पड़ता था। एक ओर राज्य सरकारों द्वारा लिया गया ओवरड्राफ्ट बढ़ता जा रहा था, दूसरी ओर केंद्रीय सरकार पर देशी-विदेशी ऋण बढ़ रहा था। घाटे की स्थिति किस प्रकार लगातार गंभीर होती जा रही थी, इसका अनुमान पिछले पृष्ठ पर दी गई तालिका से लगाया जा सकता है।

इस बढ़ते हुए राजस्व घाटे की पूर्ति कर्ज से की जाती रही है और कर्ज मुफ्त नहीं मिलता। अतः जैसे-जैसे घाटा बढ़ता गया, ब्याज भुगतान की जिम्मेदारियाँ भी बढ़ने लगीं। 1960-61 में ब्याज भुगातान का प्रतिशत सरकार की कुल देनदारी का 2.32 था, जो 1980-81 में 3.07 प्रतिशत हो गया और 1989-90 में 6.40 प्रतिशत। 1989-90 में ब्याज भुगतान की मात्रा 20,558 करोड़ रुपए थी—जो केन्द्रीय एवं राज्य सरकारों की कुल संयुक्त राज्स्व प्राप्ति का 21.21 प्रतिशत था। उस साल सरकारों द्वारा कुल 42,290 करोड़ रुपए उधार लिए गए, जिनमें से 20,558 करोड़ रुपए यानी 48.61 प्रतिशत ब्याज के भुगतान में ही निकल गए।

ऐसी स्थिति में पंचवर्षीय योजनाओं के लिए धन का प्रबंध कैसे किया जा सकता था ? चूँकि सरकार की आमदनी और खर्च के बीच कोई संतुलन नहीं था, अतः पंचवर्षीय योजनाओं के वित्तीय प्रबंध के लिए बाजार से ऋण पर निर्भरता बढ़ती गई। योजनाओं के लिए 'बाजार से ऋण, छोटी बचतें और अन्य साधन' मद के तहत जहाँ छठी योजना (1980-81 से 1984-85) के लिए 24,702 करोड़ रुपए लिए गए, वहीं सातवीं योजना (1985-86 से 1989-90) में यह रकम दुगुनी से ज्यादा हो गई—20,395 करोड़ रुपए। आठवीं योजना (1992-93 से 1996-97) में यह रकम सातवीं योजना की दस गुनी थी—2,02,255 करोड़ रुपए। यह एक तरह से योजनाप्रक्रिया का अवसान था। स्पष्ट है कि पूँजी निर्माण तथा योजनाबद्ध विकास के लिए सरकार संसाधनों का प्रबंध करने में विफल रही। ऐसी स्थिति में आर्थिक विकास के लिए निजी पूँजी—देशी और खास तौर से विदेशी पूँजी—पर ही निर्भर रहा जा सकता था। दूसरे शब्दों में, उदारीकरण का रास्ता योजनागत विकास की असंगतियों से ही खुला।

इसी का राजनीतिक प्रतिरूप है आदर्शवाद का लगातार क्षय। भारत का स्वतंत्रता संघर्ष आदर्शवादी राजनीति की पराकाष्ठा थी। न केवल वह मुख्यतः अहिंसक साधनों से लड़ा गया था, बल्कि रामराज्य के वादे पर भी टिका था। स्वातंत्र्योत्तर भारतीय राजनीति के औपचारिक स्वरूप पर इस वादे की छाया देखी जा सकती है। जब भारत का संविधान बनाया गया, तब नीति निदेशक तत्त्वों में अनुच्छेद 39 के तहत बहुत साफ-साफ यह कहा गया : राज्य अपनी नीति का, विशिष्टतया, इस प्रकार संचालन करेगा कि सुनिश्चित रूप से—

(क) पुरुष और स्त्री सभी नागरिकों को समान रूप से जीविका के पर्याप्त

साधन प्राप्त करने का अधिकार हो :

(ख) समुदाय के भौतिक संसाधनों का स्वामित्व और नियंत्रण इस प्रकार बँटा हो जिससे सामूहिक हित का सर्वोत्तम रूप से साधन हो ;

(ग) आर्थिक व्यवस्था इस प्रकार चले जिससे धन और उत्पादन-साधनों का सर्वसाधारण के लिए अहितकारी संकेंद्रण न हो।

ये सभी व्यवस्थाएँ एक ऐसी आर्थिक प्रणली में ही की जा सकती थीं, जो न्याय, समानता और सामूहिकता के आदर्शों पर आधारित हों। 14 अगस्त 1847 की रात्रि को संविधान सभा के अपने प्रसिद्ध ऐतिहासिक भाषण में जवाहरलाल नेहरू ने स्वतंत्रता प्राप्ति को एक ऐसा मौका बतलाया था, जिसका उपयोग 'गरीबी तथा अशिक्षा तथा अवसर की असमानता' समाप्त करने के लिए किया जाना चाहिए। पंचवर्षीय योजनाओं का लक्ष्य यही था। यह लक्ष्य तभी हासिल किया जा सकता था, जब राजनीति एवं प्रशासन को जनोन्मुख बनाया जाता। लेकिन स्वयं जवाहरलाल नेहरू के जीवन काल में ही आदर्शवादी राजनीति का क्षय होना शुरू हो गया था। भ्रष्टाचार के प्रति देश के प्रथम प्रधान मंत्री ने सहिष्णुता दिखाई तथा पार्टी एवं सरकार के भीतर लोकतंत्र को मजबूत नहीं होने दिया। इंदिरा गांधी का समय राजनीतिक पतन के तीव्र होने का समय था। इस दौरान ने केवल सत्ता का केंद्रीकरण हुआ, बल्कि ए.आर. अंतुले, गुंडू राव और जगन्नाथ मिश्र जैसे भ्रष्ट माने जाने वाले क्षेत्रीय नेताओं को संरक्षण भी मिला। कांग्रेस की राजनीति पूरी तरह आदर्शविहीन होने लगी, जिसका परिपाक आपातकाल के रूप में सामने आया। लेकिन उसकी प्रतिक्रिया में आई जनता पार्टी की सरकार भी कोई नया माहौल नहीं पैदा कर सकी। उसके अनेक नेताओं पर भी भ्रष्टाचार के आरोप लगे। इंदिरा गांधी दुबारा सत्ता में आईं, तो वे काफी थक चुकी थीं और कोई नई राजनीति शुरू करने का उत्साह उनमें नहीं दिखाई दिया। इस दृष्टि से राजीव गांधी का कार्यकाल जरूर कुछ ताजगी लिए हुए था और शुरू में लग रहा था कि वे सरकार की सफाई का काम करेंगे, लेकिन जल्द ही वे ऐसे लोगों से घिर गए, जो सत्ता का कोई जन इस्तेमाल नहीं जानते थे। वे सरकार को किसी ज्वायंट स्टॉक कंपनी की तरह चलाना चाहते थे। यद्यपि राजीव ने साक्षरता, पेयजल, टेक्नोलॉजी आदि के क्षेत्रों में कुछ ठोस काम करने की कोशिश की, लेकिन वे व्यापक जनता को एक अच्छा समाज बनाने के लिए अनुप्राणित नहीं कर सके। विश्वनाथ प्रताप सिंह की सरकार उन्हीं के चरणचिह्नों पर चल रही थी। उसने मंडल आयोग की सिफारिशें स्वीकार कर एक क्रांतिकारी अध्याय की शुरुआत जरूर की, लेकिन किसी अन्य मामले में इस क्रांतिकारिता का परिचय नहीं दिया। नरसिंह राव की कांग्रेस सरकार अब तक की सबसे निकम्मी और भ्रष्ट सरकार थी। यह पहली बार है, जब किसी पूर्व-प्रधान मंत्री को अदालत में भ्रष्टाचार के मुकदमों का सामना करना पड़ा है। ऐसी राजनीति से यह उम्मीद कैसे की जा सकती है कि वह अर्थव्यवस्था को उचित दिशा प्रदान कर सकती है ?

कृपया यह न समझें कि आर्थिक क्षेत्र की चर्चा में राजनीति को कुछ ज्यादा ही महत्त्व दिया जा रहा है। यों तो विकसित देशों में भी राजनीति अर्थव्यवस्था को काफी प्रभावित करती है और, जैसा कि हम जानते हैं, अमेरिका की विदेश नीति मुख्यतः उसके आर्थिक हितों से ही परिचालित होती है—इराक युद्ध इसका सबसे बड़ा प्रमाण है, लेकिन विकासशील देशों में अच्छी और आदर्श—प्रधान राजनीति का महत्त्व इसलिए है कि उसके बिना आर्थिक पुनर्निर्माण किया ही नहीं जा सकता। यह अकारण नहीं है कि जिस उदारीकरण को सरकारी भ्रष्टाचार के विरुद्ध रामबाण बताया जाता है, उसकी प्रक्रिया में ही भारत में सबसे ज्यादा और सबसे बड़े भ्रष्टाचार हुए और हो रहे हैं। उदारीकरण बहुत-से राजनेताओं के लिए सोने के अंडे देनेवाली मुर्गी हो गया है। आदर्श और स्वप्नविहीन राजनीति के बगैर न तो मिश्रित अर्थव्यस्था चलाई जा सकती थी और न उदारीकरण का इस्तेमाल जन हित में किया जा सकता है।

इस सिलसिले में सोवियत संघ के पतन पर विचार करना उपयोगी होगा। सोवियत प्रणाली शुरू में एक आदर्शवादी प्रणाली ही थी। वह साम्यवादी क्रांति के आदर्शों से अनुप्राणित थी। जिस हद तक उसने साम्यवादी आदर्शों पर अमल किया, उस हद तक सोवियत व्यवस्था सुंदर और मजबूत हुई। इसका अंतर्राष्ट्रीय प्रभाव भी पड़ा। पूँजीवाद को अपनी सुरक्षा के कवच के रूप में कल्याणकारी राज्य की परिकल्पना प्रस्तुत करनी पड़ी। आखिर उसकी मुठभेड़ वर्गहीन समाज के आदर्श से थी। लेकिन बीसवीं शताब्दी का नौवाँ दशक आते-आते दोनों ही व्यवस्थाएँ थक गईं। एक ओर कल्याणकारी राज्य ढहने लगा, क्योंकि ऐसा समाज बनाने की कोशिश हुई नहीं, जिसमें वह टिक सके, दूसरी ओर साम्यवादी क्रांति अपने लक्ष्यों से पूरी तरह च्युत हो गई। साम्यवाद मनुष्य को स्वाधीन करने के लिए है—न कि उसकी स्वतंत्रताओं का अपहरण करने के लिए। कुछ दशकों तक स्वतंत्रताओं के अपहरण को भी प्रशंसा की निगाह से देखा गया, लेकिन जब यह स्थायी प्रतीत होने लगा, तो इसके विरुद्ध आवाज उठना स्वाभाविक था। दूसरी ओर, जिन्होंने स्वतंत्रताओं का अपहरण किया था, वे भौतिक जीवन में प्रगति के अपने आश्वासनों की कसौटी पर खरे नहीं उतर रहे थे। यह कतई जरूरी नहीं था कि अमेरिका जैसा ही जीवन-स्तर प्रदान कर सोवियत साम्यवाद टिका रह सकता था—यह शायद असंभव भी था। साम्यवाद का आदर्श तो एक शालीन जीवन स्तर के साथ-साथ एक नैतिक व मानवीय समाज बनाना ही हो सकता है, जिसकी तरफ पूरा ध्यान नहीं दिया गया। फलतः सोवियत व्यवस्था भीतर से ही दरकने लगी। सबसे पहले उसका साम्राज्यवाद खत्म हुआ—बाल्टिक राज्य तथा पूर्वी यूरोप के राज्य स्वतंत्र हुए और फिर सोवियत संघ का विखंडन हुआ। अंततः रूस ने भी साम्यवाद का रास्ता छोड़ दिया, क्योंकि बचे-खुचे साम्यवाद को चलाने का राजनीतिक नेतृत्व उपलब्ध नहीं था। तीसरी दुनिया के देशों में साम्यवादी सोवियत संघ को सराहना की निगाह से देखा जाता था। इनमें से अनेक देश सोवियत संघ द्वारा अनुप्राणित निर्गुट

आंदोलन के भी सदस्य थे। तीसरी दुनिया के अनेक बड़े नेताओं ने, जिनमें जवाहरलाल नेहरू भी शामिल थे, सोवियत क्रांति से प्रेरणा ली थी और उन्होंने लोकतंत्र को बचाए रखते हुए भी कुछ-कुछ साम्यवादी रास्ते पर चलने की कोशिश की थी। लेकिन जब सोवियत संघ स्वयं ध्वस्त हो गया, तो ये व्यवस्थाएँ भी अपने को असहाय अनुभव करने लगीं। इस बीच इन देशों में एक ऐसा राजनीतिक नेतृत्व आ गया था, जिसके लिए साम्यवाद या समाजवाद का कोई अर्थ न था। यह आधुनिकतावादी नेतृत्व था, जिसे यूरोपीय और अमेरिकी जीवन की चमक-धमक बहुत आकर्षित करती थी और वह अपने यहाँ वैसी ही जिंदगी प्राप्त करना चाहता था। यह उदारीकरण या नई अर्थनीति के लिए सर्वाधिक उपयुक्त समय था। पूँजीवाद विचारकों, पत्रकारों और नेताओं द्वारा इसे, बाजार की अर्थव्यवस्था को अंतिम और निर्णायक जीत बताया गया और यह मान्यता फैलाने की कोशिश की गई कि आर्थिक प्रबंध और आर्थिक विकास का यही एकमात्र रास्ता है।

सोवियत संघ की एक और उपयोगिता थी : वह तीसरी दुनिया के अनेक देशों को विकास सहायता भी देता था। उसकी प्रतिद्वंद्विता में पूँजीवादी शिविर को भी विकास सहायता देनी पड़ती थी। निश्चय ही इन दोनों के मूल में विचारधारात्मक तत्त्व के साथ-साथ व्यापारिक तत्त्व भी थे, क्योंकि दोनों को ही अपने उत्पादों के लिए विकासशील देशों के बाजार की जरूरत थी। साम्यवाद का पराभव होने की प्रक्रिया में विदेशी सहायता का तर्क कमजोर होने लगा। इस बीच एक और घटना हुई। चूँकि विकासशील देशों की आर्थिक प्रगति वांछित परिमाण में नहीं हुई—वे विकासशील ही बने रहे, विकसित नहीं हो पाए, अतः उनके लिए आसान शर्तों पर प्राप्त किया गया ऋण और उसका ब्याज चुकाना भी भारी पड़ने लगा। स्थिति यहाँ तक पहुँच गई कि ऋण चुकाने के लिए भी ऋण की जरूरत पड़ने लगी। इस तरह इस ओर से भी विदेशी सहायता के मार्ग में गंभीर बाधाएँ पैदा हुईं। आखिर ऋण लेने की उसी की क्षमता बची रह जाती है, जो ऋण का सदुपयोग कर सके। इस ट्रेजेडी को हम भारत के संदर्भ में अच्छी तरह समझ सकते हैं।

भारत को मिलनेवाली कुल विदेशी सहायता 1980-81 और 1993-94 के बीच, अमेरिकी डॉलरों (अ.डॉ.) में, बहुत साधारण ही बढ़ी। 1980-81 में भारत ने कुल 2055 अ.डॉ. की विदेशी सहायता का उपयोग किया। यह राशि 1993-94 में सिर्फ 3.739 अ.डॉ. थी यानी लगभग 50 प्रतिशत ज्यादा। लेकिन 1980-81 में ऋण, ब्याज आदि चुकाने के लिए निखल विदेशी आमद 1,038 अ.डॉ. थी, जबकि 1993-94 में यह सिर्फ 688 अ.डॉ. थी। 1993-94 में भारत ने 3.739 अ. डॉ. प्राप्त किए, किंतु उसे 3.053 अ.डॉ. वापस भी करने पड़े। स्पष्ट है कि इस नई परिस्थिति में भारत अपने आर्थिक विकास के लिए पश्चिमी सहायता पर निर्भर नहीं रह सकता था। उसे प्रत्यक्ष विदेशी निवेश को आमंत्रित करना ही था।

यही वह समय था, जब पूँजीवाद का तेजी से भूमंडलीकरण हो रहा था। बहुराष्ट्रीय

कंपनियों का दायरा और उनके द्वारा किए गए व्यापार की मात्र, दोनों तेज़ी से बढ़ रहे थे। एक मोटे अनुमान के अनुसार पूरी दुनिया की एक चौथाई उत्पादक संपत्तियाँ 300 बड़ी बहुराष्ट्रीय कंपनियों के कब्जे में हैं। बहुराष्ट्रीय कंपनियों की कुल वार्षिक बिक्री अनेक राष्ट्रों के सकल घरेलू उत्पाद से ज्यादा है। उदाहरण के लिए रायल डच/ शेल की बिक्री की रकम ईरान के सकल घरेलू उत्पाद से अधिक है।[1] इनका कार्य क्षेत्र सारी दुनिया में फैला हुआ है, रायल डच/ शेल 50 देशों में तेल का उत्खनन करती है, 34 देशें में तेल की सफाई और 100 देशों में तेल बेचती है। ब्रिटेन की प्रमुख रसायन कंपनी आईसीआई के कारखाने 40 देशों में हैं और 150 देशों में उसके उत्पाद बिकते हैं। बहुराष्ट्रीय कंपनियों के इस विश्वव्यापी प्रसार को आश्चर्य से नहीं देखा जाना चाहिए, क्योंकि पूँजीवाद स्वभाव से ही एक विश्वव्यापी घटना है। शुरू में उसका विश्ववाद जोर-जबरदस्ती पर आधारित था। यह उपनिवेशवाद का समय था, जिसमें राष्ट्रों के बीच शासक और शासित का संबंध पैदा किया। लेकिन उपनिवेशवाद ज्यादा दिन तक चल नहीं सकता था, क्योंकि यह प्रत्यक्ष गुलामी का एहसास पैदा करता था। अतः उसका स्थान वाणिज्य और उत्पादन के विश्वव्यापी ताने-बाने ने ले लिया, जिसके तहत पश्चिम यूरोप, उत्तर अमेरिका और जापान की कुछ कंपनियों ने दुनिया भर में अपने केंद्र खोले। पहले भी पूँजीवाद की आवश्यकताओं के अनुसार राज्य ने दूसरे देशों में हस्तक्षेप किया था। इस बार भी राज्य ने हस्तक्षेप किया। गैट की उरुग्वे चक्र की वार्ता, जिसके फलस्वरूप विश्व व्यापार संगठन का जन्म हुआ, संपन्न राज्यों के इसी हस्तक्षेप का नतीजा थी। इस वार्ता का तात्कालिक उद्देश्य विश्व व्यापार की बाधाओं को दूर करना था, ताकि बहुराष्ट्रीय कंपनियाँ दुनिया के सभी देशों में अपनी व्यापारिक गतिविधियाँ सुचारु रूप से चला सकें, लेकिन उसके लक्ष्य व्यापक थे, जैसा कि विश्व व्यापार संगठन को पहले मंत्री स्तर के सम्मेलन (सिंगापुर, दिसंबर 1996) से प्रकट होता है। इस सम्मेलन में पश्चिम यूरोप के देशों ने बाकी देशों, खासकर विकासशील देशों को इस बात के लिए सहमत करने में एड़ी-चोटी का जोर लगा दिया कि वे खुले निवेश की नीति स्वीकार कर लें। खुले निवेश की यह नीति स्वीकार कर ली जाती है, तो पूरी दुनिया में पूँजी का अबाध प्रवाह हो जाएगा और कोई भी राष्ट्र अपनी जरूरतों के अनुसार अपनी अर्थव्यवस्था की दिशा तय करने में सक्षम नहीं रह जाएगा। गैट ने राष्ट्रीय संप्रभुताओं को अनुशासित करने की कोशिश की है, बहुराष्ट्रीय निवेश समझौता राष्ट्रीय संप्रभुताओं को सचमुच खत्म कर देगा। लेकिन पूँजीवाद ने कमजोर देशों की संप्रभुता का सम्मान ही कब किया है ? पूँजी का वर्चस्व वस्तुतः एक स्तर पर राष्ट्रीयता का अवसान है जिस तरह अपने उदीयमान चरण में उसने राष्ट्रीयता को नए सिरे से परिभाषित किया था। एक स्तर पर इसलिए क्योंकि एक दूसरे स्तर पर वह संपन्न देशों के राष्ट्रवाद को मजबूत भी करता है।

---

1. मानव विकास रिपोर्ट, 1994

उदारीकरण की ओर

अब यह तथ्य पूरी तरह स्थापित हो चुका है कि प्रधान मंत्री नरसिंह राव के शासन में उदारीकरण की घोषित शुरुआत के पहले राजीव गांधी के प्रधान मंत्रित्व के दौरान उदारीकरण का एक दौर चल चुका था। कुछ लोगों का मानना है कि वस्तुतः उसके भी पहले, इंदिरा गांधी जब 1980 में दुबारा सत्ता में आई थीं, उन्होंने अर्थव्यवस्था के उदारीकरण की दिशा में प्रारंभिक कदम उठाए थे। अतुल कोहली ने इस पर विस्तार से प्रकाश डाला है।[1] 1981-82 में इस्पात और सीमेंट की कीमतों पर से नियंत्रण हटा लिया गया, विनिर्मित वस्तुओं के आयात पर लगे हुए अंकुश शिथिल किए गए तथा राष्ट्रीय फर्मों द्वारा नए व्यवसाय शुरू करने एवं मौजूदा व्यवसाय का विस्तार करने पर नियंत्रण कम कर दिया गया। श्री कोहली ने इंदिरा युग के उदारीकरण की पुष्टि में वामपंथी साप्ताहिक 'इकॉनॉमिक ऐंड पॉलिटिकल वीकली' (1 दिसंबर 1984) की इस टिप्पणी का हवाला दिया है जो इंदिरा गांधी की हत्या के बाद संपादकीय में की गई थी : 'औद्योगिक लाइसेंसिंग का उदारीकरण, आयातों तक पहुँच के सुगमीकरण और आयात शुल्कों में कटौती तथा विदेशी तकनीकी साझेदारी को प्रोत्साहन सरकार की औद्योगिक नीतियों के केंद्रीय पहलू हो गए हैं।'[2]

क्या यह वास्तव में उदारीकरण की प्रक्रिया की शुरुआत थी ? इस प्रश्न का उत्तर स्वयं अतुल कोहली के विश्लेषण में ही निहित है। श्री कोहली का अनुमान है कि इंदिरा गांधी द्वारा उठाए गए इन कदमों के पीछे निम्नलिखित प्रेरणाएँ हो सकती हैं : (1) मोरारजी देसाई की सरकार को व्यवसायी समुदाय की ओर से जो तुमुल समर्थन मिला, उससे श्रीमती गांधी के भीतर असुरक्षा का भाव पैदा हुआ—खास तौर से इस मामले में कि भविष्य में चुनावों के लिए धन कहाँ से आएगा। (2) तब तक श्रीमती

1. डेमोक्रेसी ऐंड डिस्कंटेंट, अतुल कोहली, कैंब्रिज यूनिवर्सिटी प्रेस, प्रथम भारतीय संस्करण, 1992
2. उपर्युक्त, पृष्ठ 310-311

गांधी के सामने यह स्पष्ट हो गया होगा कि उनका 'समाजवाद' काम नहीं कर रहा है। (3) 1970 के दशक से ही नौकरशाहों और विशेषज्ञों की समितियाँ बार-बार यह सिफारिश कर रही थीं कि अर्थव्यवस्था के उदारीकरण की दिशा में कदम उठाए जाएँ। (4) औद्योगिक विकास की रफ्तार कुछ समय से शिथिल हो गई थी और 1979 खास तौर से बुरा वर्ष था। जनता पार्टी की सरकार ने कुछ ऐसे कदम उठाए थे, जिन्हें उदारीकरण के प्रयास के रूप में चिह्नित किया जा सकता है। औद्योगिक विकास की दर रेंगते हुए 1980 में फिर 8 प्रतिशत से ऊपर चली गई थी। संभव है कि इंदिरा गांधी पर इसका भी कुछ प्रभाव पड़ा हो।

इस विश्लेषण का मुख्य आधार यह है कि श्रीमती गांधी की राजनीति मूलतः व्यवहारवादी थी और यह 1980 में उनकी वापसी के बाद और ज्यादा व्यवहारवादी हो गई थी। इसी का एक पहलू यह था कि इस दूसरे दौर में उन्होंने कुछ दक्षिणपंथी रुझान भी दिखाए, क्योंकि वोट हासिल करने का यही व्यावहारिक तरीका उन्हें नजर आया। इस तर्क से यह स्वाभाविक प्रतीत होता है कि जब उन्होंने 'समाजवादी' तौर-तरीकों को कारगर नहीं पाया, तो वे 'उदारवाद' की ओर मुड़ी होंगी। लेकिन इस सिलसिले में कई महत्त्वपूर्ण बातों को भुला दिया गया है। पहली बात तो यह है कि उदारीकरण के ये कदम जब उठाए गए, उसके ठीक पहले भारत ने अंतर्राष्ट्रीय मुद्रा कोष से 5 खरब के विशेष आहरण अधिकारों का ऋण लिया था। क्या इस ऋण के साथ यह शर्त किसी न किसी रूप में नहीं जोड़ी गई होगी कि भारत अपनी अर्थव्यवस्था का कुछ उदारीकरण करे ? उल्लेखनीय है कि उन्हीं दिनों आवश्यक सेवाओं को बनाए रखने के नाम पर मजदूरों के हड़ताल करने के अधिकार पर प्रतिबंध लगाया गया था। इंदिरा गांधी में और चाहे जो कमियाँ रही हों, इससे इन्कार नहीं किया जा सकता कि अंतर्राष्ट्रीय राजनीति के रू-ब-रू उनमें राष्ट्रीय स्वाभिमान काफी था। यह अकारण नहीं है कि इंदिरा गांधी के शासन काल में अमेरिका के साथ भारत के संबंध तनावपूर्ण बने रहे। अंतर्राष्ट्रीय मुद्रा कोष के पहले अनुभव से उनकी समझ में आ गया होगा कि यह रास्ता कितना रपटीला है। अतः उन्होंने जल्द ही ऋण चुका दिए, ऋण का शेष हिस्सा नहीं उठाया और इसी के साथ उदारीकरण के साथ उनकी आँखमिचौली भी खत्म हो गई। इसकी पुष्टि में आई.जी. पटेल को उद्धृत किया जा सकता है, जो उस काल की घटनाओं की व्यक्तिगत जानकारी रखते हैं। वे लिखते हैं, 'दूसरे तेल संकट के बाद 1981 में आई.एम.एफ. से प्राप्त अत्यंत उदार सहायता का पूरा आहरण न करने का एकमात्र कारण था आई.एम.एफ. के अनुशासन से छुटकारा पाना।[3]

उद्योग-धंधों के प्रति इंदिरा गांधी के लचीले रुख के दो और संभावित कारणों का उल्लेख आवश्यक प्रतीत होता है। इंदिरा गांधी ने आपातकाल के पहले ही तय कर

---

3. इकॉनॉमिक ऐंड पॉलिटिकल वीकली, 4-11 जनवरी, 1992, पृष्ठ 43

लिया था कि उनका कौन-सा बेटा उनका राजनीतिक उत्तराधिकारी बनेगा। जब वे दूसरी बार गद्दीहीन हुईं, तब संजय गांधी ने कांग्रेस पार्टी और सरकार में सीधे हस्तक्षेप करना शुरू कर दिया। यह कोई छिपी हुई बात नहीं है कि संजय गांधी को समाजवाद, गरीबों की चिंता आदि से कोई लगाव नहीं था। जनसंख्या वृद्धि की समस्या का उनका समाधान यही था कि गरीब लोगों की जबरदस्ती पकड़कर उनकी नसबंदी कर दी जाए। वस्तुतः किसी एक आदमी ने भारत में परिवार नियोजन के आंदोलन को सबसे ज्यादा धक्का पहुँचाया है, तो वे संजय गांधी ही थे। भारत का उनका सपना क्या था, यह उनकी मारुति नामक छोटी कार परियोजना से समझा जा सकता है। संजय गांधी उद्योगपतियों को ज्यादा से ज्यादा सहूलियतें दिलाना चाहते थे। क्या इस प्रक्रिया में भी उदारीकरण के कुछ कदम उठाए गए होंगे ? असंभव नहीं है। दूसरा संभावित कारण भ्रष्टाचार है, जिसकी जड़ें इंदिरा गांधी के जमाने में ही इतनी मजबूत हुईं। स्वयं अतुल कोहली ने इस ओर इशारा किया है। जनसंघ को व्यापारियों और छोटे उद्योगपतियों की पार्टी माना जाता था। जनता पार्टी की सरकार में जनसंघ एक प्रमुख घटक था। इससे जनसंघ के संबंध बड़े उद्योगपतियों से भी हुए होंगे। अतः इंदिरा गांधी को यह चिंता होने लगी हो कि 'भविष्य में चुनावों के लिए धन कहाँ से आएगा', (अतुल कोहली) तो यह कोई हैरत की बात नहीं है। चुनावों के लिए धन लाइसेसिंग प्रक्रिया को शिथिल कर आसानी से प्राप्त किया जा सकता था।

इस तरह इंदिरा गांधी के समय में यदि उदारीकरण की तरफ एक पैर बढ़ता हुआ नजर आता है, तो ज्यादा संभावना यही प्रतीत होती है कि यह उदारीकरण की दिशा में कोई सोचा-समझा हुआ कदम नहीं था—इसके पीछे या तो अंतर्राष्ट्रीय मुद्रा कोष का दबाव था या फिर उद्योगपतियों से रिश्ते सुधारने की इच्छा। इसका अर्थ यह नहीं है कि समाजवाद के प्रति इंदिरा गांधी की निष्ठा सच्ची थी। समाजवाद उनके लिए कोई दार्शनिक प्रत्यय नहीं था। यह गरीबपरवरी की उसी राजनीति का एक रूप था, जिसकी विकृत झलकें बाद में एम.जी.रामचंद्रन और एन.टी. रामराव की राजनीति में दिखाई पड़ी। यह इंदिरा गांधी के समय में ही हुआ कि सार्वजनिक क्षेत्र पर राजनीतिक वर्ग का प्रतिक्रियावादी शिकंजा मजबूत होता चला गया तथा अयोग्य और चापलूस लोगों को सार्वजनिक उपक्रमों के शीर्ष पर बैठाया जाने लगा।

भारत में उदारीकरण की अर्थनीति का वास्तविक श्रेय राजीव गांधी को मिलना चाहिए। वे भारत के एकमात्र प्रधान मंत्री थे, जिन्हें अ-राजनीतिक कहा जा सकता है—हालाँकि उसी अर्थ में अ-राजनीतिक जिस अर्थ में अ-राजनीतिक होना भी राजनीति का एक प्रकार है। राजीव गांधी के पहले जितने भी प्रधान मंत्री हुए थे, उन सब पर स्वतंत्रता आंदोलन तथा उसके बाद के किसी हद तक आदर्शवादी राजनीति माहौल की छाया जरूर थी। राजीव को स्वतंत्र भारत की उस पीढ़ी का प्रतिनिधि नेता कहा जा सकता है, जो किसी भी तरह के आदर्शवादी या नैतिक दबाव से मुक्त है। यह

पीढ़ी भारत को आधुनिक और समृद्ध देखना चाहती है। संक्षेप में भारत का उसका सपना किसी भी पश्चिमी राष्ट्र या जापान या सिंगापुर से मिलता-जुलता है। स्मरणीय है कि राजनीति में आने के पहले राजीव गांधी पेशेवर पायलट रह चुके थे, जो एक अत्यंत आधुनिक क्षेत्र है, उनकी पत्नी इतालवी थीं और उनकी मित्र मंडली भी आधुनिकतम उपकरणों से सुसज्जित रहा करती थी। उनके आर्थिक सलाहकारों में मोंटेक अहलूवालिया, विमल जालान और मनमोहन सिंह का नाम लिया जाता है। इनमें से अनेक विश्व बैंक में काम कर चुके थे और उसके आर्थिक दर्शन से प्रभावित थे। अरुण सिंह और अरुण नेहरू जैसे उनके राजनीतिक सहयोगी प्रबंधकीय पृष्ठभूमि के थे और सरकार चलाने के काम को भी कोई संयुक्त स्कंध कंपनी (ज्वायंट स्टॉक कंपनी) चलाने की तरह देखते थे। इन्हीं सब कारणों से राजीव गांधी की मंडली को तत्कालीन प्रेस में 'कंप्यूटर ब्वायेज' (कंप्यूटरी छोकरे) कहा जाने लगा था। इस व्यंग्य के बावजूद यह सच है कि राजीव गांधी की दृष्टि भारत में तीव्र आधुनिकीकरण पर थी—इक्कीसवीं शताब्दी में जाने का मुहावरा उन्हीं के समय में शुरू हुआ था।

प्रचंड बहुमत से चुनाव जीतने के बाद सरकार के आर्थिक दृष्टिकोण पर प्रकाश डालते हुए राजीव गांधी ने कहा कि यह 'नियम-शैथिल्य, आयात में उदारीकरण तथा विदेशी टेक्नोलॉजी तक सुगमतर पहुँच के न्यायसंगत सम्मिश्रण पर आधारित होगा।'[4] शीघ्र ही इस दिशा में कदम भी उठाए जाने लगे। उद्योगपतियों की संस्था फिक्की चाहती थी कि 'एकाधिकार कंपनी' की परिभाषा को 20 करोड़ से बढ़ा कर 60 करोड़ रुपए कर दिया जाए, किंतु सरकार ने इसे 100 करोड़ रुपए कर दिया। बहुराष्ट्रीय कंपनियों के भारत आगमन पर तथा भारत में पहले से मौजूद बहुराष्ट्रीय कंपनियों के व्यावसायिक विस्तार पर प्रतिबंध शिथिल कर दिए गए। भारतीय कंपनियाँ न केवल अपनी क्षमता का विस्तार करने के लिए, बल्कि नए क्षेत्रों में प्रवेश करने के लिए स्वतंत्र थीं। विदेशी कंपनियों से सहयोग बढ़ने लगा। आयात पर प्रतिबंध शिथिल कर दिए गए। उदारीकरण की दिशा में राजीव गांधी के समय का सबसे ठोस और महत्त्वपूर्ण योगदान माना जाता है नई राजकोषीय नीति, जिसकी घोषणा 1985 में की गई थी। यह घोषणा तत्कालीन वित्त मंत्री विश्वनाथ प्रताप सिंह ने की थी। नई राजकोषीय नीति का लक्ष्य था आयात कर में कटौती करना, आयात कोटे समाप्त करना तथा करारोपण का स्तर कम करते हुए एक दीर्घकालीन कर नीति बनाना।

वस्तुतः यह पहली बार था, जब देश नई अर्थनीति की तरफ बढ़ता हुआ साफ-साफ दिखाई पड़ रहा था। इंदिरा गांधी के समय में भी इस दिशा में कुछ प्रयोग किए गए थे, किंतु यह बासी कढ़ी में एक हलके उबाल की तरह था, क्योंकि सांस्कृतिक मूल्यों में कोई अंतर नहीं आया था। राजीव गांधी ने जिस सांस्कृतिक धारा को

---

4. डेमोक्रेसी ऐंड डिस्कंटेंट, अतुल कोहली (पूर्व-उल्लिखित), पृष्ठ 316

प्रोत्साहित किया, वह पश्चिमीकरण की मॉड संस्कृति थी। यह अकारण नहीं था कि राजीव गांधी देश की युवा पीढ़ी के चहेते नेता थे। 'युवा हृदय सम्राट' तो उनके नाना जवाहरलाल नेहरू को ही कहा जाता था, किंतु उस काल का युवा ऐसा था जो खादी से नफरत नहीं करता था। राजीव गांधी के समय तक खादी का स्थान जींस ले चुका था। स्पष्ट है कि उदारीकरण सिर्फ एक आर्थिक दर्शन नहीं हैं, यह एक सामाजिक और सांस्कृतिक दर्शन भी है।

अनेक अर्थशास्त्रियों ने इस बात पर खेद व्यक्त किया है कि राजीव गांधी उदारीकरण के अपने प्रयोगों को दूर तक नहीं ले जा सके। यह न केवल एक खंडित कार्यक्रम रहा, बल्कि बाद के वर्षों में त्याग भी दिया गया। क्या हमें इस पर आश्चर्य करना चाहिए कि उदारीकरण के समर्थक इन अर्थशास्त्रियों ने इसका कोई विश्लेषण नहीं किया है कि राजीव गांधी को अपने प्रिय आर्थिक दर्शन से समझौता क्यों करना पड़ा ? इसमें संदेह नहीं कि इन आर्थिक प्रयोगों के भौतिक परिणाम उत्साहवर्धक रहे। सकल राष्ट्रीय उत्पाद 1984-85 में 3.8 प्रतिशत, 85-86 में 4.1 प्रतिशत, 86-87 में 4.3 प्रतिशत, 87-88 में 4.3 प्रतिशत और 88-89 में 10.6 प्रतिशत की दर से बढ़ा। औद्योगिक उत्पादन की वृद्धि दर 7.3 प्रतिशत से 9.1 प्रतिशत तक रही, जो इसके पहले के पाँच वर्षों की तुलना में बेहतर थी। वस्तुतः जब आज आर्थिक सुधारों के पाँच वर्षों की तुलना में सुधार-पूर्व के पाँच वर्षों के आर्थिक परिणामों को बेहतर बताया जाता है, तो यह एक तरह से राजीव युग की ही प्रशस्ति है, क्योंकि सुधार-पूर्व के इन वर्षों में अधिकतम समय वह था जब सत्ता राजीव गांधी के हाथ में थी। इसके बावजूद यह आर्थिक दर्शन सत्तारूढ़ दल में क्यों लोकप्रिय न हो सका तथा उसे व्यापक जन मान्यता क्यों न मिल सकी ? यदि यही देश की अर्थव्यवस्था को पटरी पर लाने की कुंजी थी, तो राजीव की लोकप्रियता क्रमशः कम क्यों होती गई और 1984 में दो तिहाई से ज्यादा बहुमत हासिल करनेवाला नेता 1990 में चुनाव हारने की स्थिति में कैसे आ गया ? यह राजनीति का प्रश्न नहीं है, अर्थशास्त्र का भी प्रश्न है, क्योंकि अन्ततः वही अर्थशास्त्र कारगर हो सकता है, जिसके ठोस राजनीतिक आधार हों। दूसरे शब्दों में यह बात इस तरह भी कही जा सकती है कि वही राजनीति सफल हो सकती है, जिसके आर्थिक पैमाने ठोस और टिकाऊ हों।

राजीव गांधी की राजनीति को दो चरणों में बाँट कर देखा जा सकता है। पूर्वार्ध की उनकी राजनीति सहज बुद्धि, सद्भावना तथा समायोजन पर आधारित थी। इसी दौरान उन्होंने प्रसिद्ध पंजाब, असम और नगालैंड समझौते किया। राजनीति के क्षेत्र में उनके द्वारा बनाया गया दल-बदल विरोधी कानून तो बहुत ही व्यापक रूप से सराहा गया, हालाँकि बाद में यही प्रमाणित हुआ कि उसके पीछे राजनीतिक तंत्र को सुधारने की इच्छा नहीं, बल्कि कांग्रेस में उनके नेतृत्व से संभावित विद्रोह को रोकने की रणनीति थी, क्योंकि स्वयं राजीव के ही प्रधान मंत्रित्व काल में कांग्रेस ने दल-बदल करवाया,

जिसे तकनीकी तौर पर दल-बदल नहीं माना गया, क्योंकि पार्टी छोड़नेवालों की संख्या एक-तिहाई से ज्यादा थी। लेकिन उस समय तो यही लग रहा था कि राजीव गांधी सचमुच देश की राजनीति, नौकरशाही और अर्थतंत्र को स्वच्छ करना चाहते हैं। इसका एक बड़ा कारण यही था कि प्रधान मंत्री पद पर वे राजनीति करते हुए नहीं आए थे, राजनीति में उनकी रुचि भी नहीं थी ओर उनकी अपनी छवि बहुत ही साफ-सुथरी थी। उन्हें 'मिस्टर क्लीन' कहा भी गया। वस्तुतः उनकी राजनीति का पूर्वार्ध काफी हद तक उनकी इस छवि के अनुरूप ही था। लेकिन जैसे-जैसे राजनीति की पेचीदगियाँ सामने आती गईं, पार्टी तंत्र और नौकरशाही को दुरुस्त करने की चुनौतियाँ प्रकट होने लगीं तथा लोगों की अपेक्षाएँ पूरी न होने का यथार्थ सतह पर उतराने लगा, राजीव गांधी ने घुटने टेक दिए और स्वयं उन सभी करतबों में लग गए, जिनके कारण राजनीति का यह हाल हुआ था जो उन्हें शुरू में पसंद नहीं आता था। यह दिलचस्प है कि जो विश्वनाथ प्रताप सिंह उनकी नई अर्थनीति के वाहक और प्रवक्ता थे, वही उनके सबसे उग्र प्रतिपक्षी बन बैठे। विश्वनाथ प्रताप सिंह को भी एक और तरह का 'मिस्टर क्लीन' माना जाता है। उनके खिलाफ सेंट किट्स जालसाजी का मामला, जिसकी सजा आज नरसिंह राव को भुगतनी पड़ रही है, उन्हीं दिनों शुरू हुआ था। तब श्री राव राजीव सरकार के विदेश मंत्री थे। फिर राजीव गांधी पर बोफोर्स तोप खरीद कांड में कई करोड़ रुपए कमीशन लेने का आरोप लगा और इससे उनकी रही-सही विश्वसनीयता भी खत्म हो गई।

क्या इस पूरे प्रसंग को इस रूप में देखा जा सकता है कि यह सब राजीव गांधी की राजनीतिक अनुभवहीनता के कारण हुआ ? सहानुभूतिपूर्ण दृष्टि यही होगी। लेकिन भारतीय राजनीति का जो हाल है, उसमें अनुभवहीनता एक बड़ा वरदान भी बन सकती है। स्वयं राजीव गांधी के लिए यह तब तक वरदान साबित हुई, जब तक चीजों को सुधारने को उनकी इच्छा बरकरार थी। उन दिनों जनता के साथ उनका संवाद भी बेहतर था। लेकिन जब सुधार की वास्तविक चुनौतियाँ सामने आने लगीं, तब उन्होंने न तो किसी प्रकार की ईमानदारी दिखाई और न कल्पनाशीलता। इसीलिए राजीव गांधी उन कामों की शुरुआत तो कर सके, जो शिखर से संभव थे, मसलन उदारीकरण, पंजाब और असम समझौता, साक्षरता और टेक्नोलॉजी के लिए मिशनों का गठन। लेकिन इनमें से कोई भी कार्य सुचारु रूप से आगे नहीं बढ़ सका।

स्पष्टतः राजीव युग में आर्थिक क्षेत्र में उदारीकरण की शुरुआत के पीछे कोई सुचिंतित आर्थिक दर्शन नहीं था। राजीव गांधी ने न तो भारत की आर्थिक समस्याओं का अध्ययन किया था और न इस पर विचार किया था कि उनका समाधान किस तरह किया जा सकता है। आर्थिक गतिविधियों का उनका अनुभव पश्चिमी देशों पर आधारित था, जहाँ पूँजीवाद ने समृद्धि पैदा करने में सफलता हासिल की है। अतः पूँजीवाद के प्रति उनमें स्वाभाविक आकर्षण था। इसके अलावा जवाहरलाल नेहरू से

इंदिरा गांधी तक समाजवाद का जो तथाकथित प्रयोग चला था, उसकी विफलता वे देख चुके थे। अतः उन्हें अपनी सहज बुद्धि से यही उचित प्रतीत हुआ होगा कि पूँजीवाद का रास्ता ही एकमात्र रास्ता है, जिस पर चल कर देश समृद्ध हो सकता है। लेकिन क्या वे वास्तव में देश को समृद्ध करना चाहते थे ? क्या उन्होंने विचार किया था कि देश के अधिकतम लोगों को आधुनिकतम टेक्नोलॉजी के दायरे में कैसे लाया जा सकता है ? इसके कोई प्रमाण उपलब्ध नहीं हैं। प्रमाण इसके भी नहीं है कि उन्होंने पूर्व अर्थनीति की विफलताओं का कोई वस्तुपरक अध्ययन किया था या जो अध्ययन हुए थे, उन पर गौर किया था। वस्तुतः उदारीकरण उनके लिए एक प्रकार की पूर्व-प्रतिज्ञा थी, जिससे इतना ही परिणाम उनके लिए वांछित था कि देश की एक छोटी-सी आबादी का पर्याप्त आधुनिकीकरण हो जाए। बाकी लोगों का क्या होगा, इसकी झलक उनके उस कार्यक्रम से मिलती है, जो उन्होंने 1991 के संसदीय चुनाव के पूर्व कांग्रेस के चुनाव घोषणा-पत्र में शामिल किया था।

इस घोषणापत्र की मौलिक विशेषता यह थी कि लगभग एक दर्जन चीजों की कीमतों को जुलाई 1990 के स्तर पर लौटा ले जाने का वादा किया गया था। इन चीजों में डीजल, किरॉसिन, साइकिलों और दुपहिया वाहनों से ले कर अखबारी कागज और पोस्ट कार्ड, लिफाफे वगैरह शामिल थे। स्पष्टतः यह एक लोक लुभावनकारी कार्यक्रम था, जिसका लक्ष्य यह सिद्ध करना था कि राजीव गांधी की कांग्रेस साधारण लोगों का कितना खयाल रखती है। लेकिन इस कार्यक्रम की सीमा का पता इसी से चल जाता है कि ये कीमतें कब तक स्थिर रखी जाएँगी, इसका कोई उल्लेख नहीं किया गया था। जाहिर है, कुछ चीजों की कीमतों के स्थिरीकरण का कार्यक्रम लंबे समय तक नहीं चलाया जा सकता था। जिस प्रधान मंत्री की आर्थिक विषयों की समझ यह हो, उससे क्या यह उम्मीद की जा सकती थी कि वह देश के कठिन आर्थिक प्रश्नों को हल करने की राह सुझाएगा ?

यह अकारण नहीं था कि 1991 के चुनाव घोषणापत्र के आधार पर बनी कांग्रेस सरकार ने उदारीकरण का उनका आर्थिक कार्यक्रम तो जारी रखा, लेकिन उसने कीमतों के स्थिरीकरण के कार्यक्रम को छुआ तक नहीं। वस्तुतः देश जिस उदारीकरण की ओर बढ़ रहा था, उसमें इस उदारता की गुंजाइश ही कहाँ थी ?

उदारीकरण क्या है

शब्द और अर्थ के बीच हमेशा एक छाया होती है। लेकिन 'उदारीकरण' की समस्या इस छाया की समस्या नहीं है। समस्या यह है कि आप स्थिति को कहां से देखते हैं। यदि आप निवेशकर्ता या पूँजीपति की आँख से देख रहे हैं, तो 'उदारीकरण' में आपको सचमुच उदारता के तत्व नजर आएँगे। जहाँ भी उदारीकरण की प्रक्रिया शुरू की जाती है, उसके पहले अर्थव्यवस्था पर कुछ अंकुश लगे होते हैं। मसलन आपको कारखाना खोलने के पहले सरकार से अनुमति लेनी होगी या इन-इन चीजों का उत्पादन निजी क्षेत्र में नहीं किया जा सकता। उदारीकरण की प्रक्रिया में इस अंकुशों को क्रमशः हटा लिया जाता है। जाहिर है, यह उन लोगों के प्रति उदारता है जिनके क्रियाकलाप पर अंकुश लगे हुए थे। इनकी नजर से देखने से इस प्रक्रिया को 'आर्थिक सुधार' भी कहा जा सकता है। भारत में इसे हम 'नई अर्थनीति' भी कहते हैं, क्योंकि इसके पहले की अर्थनीति में इतनी 'उदारता' नहीं थी।

उदारीकरण, आर्थिक सुधार और नई अर्थनीति—तीनों ही प्रत्यक्षतः अच्छे शब्द हैं। अनुदारता की तुलना में उदारता को हमेशा बेहतर माना जाएगा। यदि राजनीतिक सुधार और सामाजिक सुधार अच्छे हैं, तो आर्थिक सुधार कैसे बुरे हो सकते हैं ? सुधार का अर्थ ही है ऐसे परिवर्तन लाना, जो विकृतियों को दूर करने में सहायक हों। 'नया' शब्द जरूर विवादास्पद है, क्योंकि यह अनुभव-सिद्ध है कि जो कुछ नया है, वह हमेशा अच्छा नहीं होता। फिर भी नए के प्रति एक आकर्षण हमेशा बना रहता है, क्योंकि वह कुछ ताजगी लिए हुए होता है। दूसरी बात यह है कि नया अगर हमेशा अच्छा नहीं होता, तो वह हमेशा बुरा भी नहीं होता। आखिर कोई भी अच्छी चीज पहली बार सामने लाई जाती है, तो वह नई ही होती है। इसलिए नई अर्थनीति में भी एक प्रकार की सकारात्मकता दिखाई देती है।

लेकिन ध्यान देने की बात यह है कि ये सभी शब्द उन लोगों द्वारा प्रस्तावित किए गए हैं, जो इस 'अर्थनीति' के पक्षधर हैं। सिर्फ 'नई अर्थनीति' पद कुछ अपवाद

है, क्योंकि इसका उपयोग उसके विरोधी भी करते हैं। लेकिन वे ऐसा इसीलिए करते हैं, क्योंकि उन्होंने इस अर्थनीति के लिए अपनी ओर से कोई शब्द नहीं गढ़ा है। इस अर्थनीति के लिए जो शब्द पहले प्रचलित था, वह था पूँजीवाद। दिलचस्प यह है कि पूँजीवादी अर्थव्यस्था का वर्णन करने के लिए इस शब्द का आविष्कार सामाजवादियों ने ही किया था। इसके पहले माना जाता था कि यही समाज की एकमात्र और स्वाभाविक व्यवस्था है। पूँजीवाद के पहले और बड़े प्रवक्ता एडम स्मिथ के अनुसार यह 'लेजे फेयर' यानी मुक्त अर्थव्यवस्था है। एडम स्मिथ के अनुसार प्रत्येक व्यक्ति जानता है कि उसका सर्वोत्तम हित किसमें है। अतः व्यक्तियों को अपने-अपने हितों का संवर्धन करने के लिए आजाद छोड़ दिया जाए तो सभी का ज्यादा से ज्यादा भला होगा। व्यक्तियों के हितों में संतुलन से ही सामाजिक संतुलन पैदा होता है। यदि सरकार को व्यक्तियों पर अंकुश लगाने का अधिकार दे दिया जाए, तो यह अंकुश ज्यादातर नकारात्मक प्रभाववाले ही होंगे। सरकार का काम सुरक्षा तथा न्याय का प्रबंध तथा बुनियादी ढाँचे का निर्माण एवं रख-रखाव करना है, क्योंकि ये ऐसे काम हैं जो कोई एक व्यक्ति नहीं कर सकता, क्योंकि इनमें मुनाफा नहीं है। ये सामुदायिक हित के काम हैं और व्यक्ति स्वभावतः अपने बारे में सोचता है, समुदाय के बारे में नहीं। मूलतः यही मुक्त अर्थव्यवस्था का सूत्र है, लेकिन अब पूँजीवाद के प्रवक्ताओं द्वारा भी 'लेजे फेयर' का नाम नहीं लिया जाता, क्योंकि जैसे-जैसे औद्योगिक गतिविधियाँ बढ़ी हैं, यह स्पष्ट होता गया है कि सरकारी हस्तक्षेप के बिना काम नहीं चल सकता। औद्योगिक रूप से विकसित देशों में अब ज्यादातर सरकारी हस्तक्षेप पर्यावरण को बचाने के लिए, स्वास्थ्य के हित में तथा श्रमिकों के साथ अनुचित भेदभाव रोकने के लिए किया जाता है। फिर पूँजीवाद को किस नाम से पुकारा जाए ? पूँजीवाद के प्रवक्ताओं का प्रिय मुहावरा है बाजार आधारित अर्थव्यवस्था या स्वतंत्र अर्थव्यवस्था। यहाँ स्वतंत्रता का अर्थ बाजार की स्वतंत्रता से ही है। बाजार पर अंकुश जितने कम होंगे, आर्थिक निर्णय उतने ही बेहतर होंगे, क्योंकि स्वतंत्रता हर व्यक्ति को यह अवसर देती है कि वह अपने सर्वोत्तम हित में फैसला कर सके। स्पष्ट है कि यह पूँजीवादी व्यवस्था का ही दूसरा नाम है, क्योंकि पूँजी पर जिसका नियंत्रण जितना ज्यादा होगा, वह उतना ही स्वतंत्र होगा। इस तरह बाजार की स्वतंत्रता समाज में ज्यादा से ज्यादा विषमता पैदा करने की स्वतंत्रता हो जाती है। इसका अर्थ यह नहीं है कि जहाँ पूँजीवादी व्यवस्था नहीं थी या नहीं हैं, वहाँ समाजवादी व्यवस्था ही थी या है। पूँजीवाद और समाजवाद के बीच अनेक रंगतें हैं।

उदारीकरण विश्व बैंक और अंतर्राष्ट्रीय मुद्रा कोष की लगभग स्थायी नीति बन चुकी है। इन संस्थाओं का गठन विभिन्न राष्ट्रों को आर्थिक सहायता और ऋण देने के लिए किया गया था, ताकि वे आर्थिक संकट से निकल सकें और अपनी अर्थव्यवस्था का पुनर्निर्माण कर सकें। ध्यान देने की बात है कि मुक्त अर्थव्यवस्था की वकालत करनेवाली इन संस्थाओं का निर्माण बाजार की शक्तियों ने नहीं, सरकारों ने किया

था। स्पष्टतः इनमें उन सरकारों का वर्चस्व था, जो मुक्त बाजार की अर्थव्यवस्था की पक्षधर हैं। संकेत स्पष्ट है कि बाजार की अर्थव्यवस्था का प्रसार करने की जिम्मेदारी एक खास प्रकार की राजनीति ने ले रखी है। चूँकि बाजार विषमता पर ही आधारित है, इसलिए ये अंतर्राष्ट्रीय वित्त संस्थाएँ लोकतांत्रिक संस्थाएँ भी नहीं हैं, क्योंकि इनके प्रत्येक सदस्य की वोट क्षमता बराबर नहीं है। जिस तरह किसी संयुक्त स्कंध की कंपनी में जिसके पास जितने शेयर होते हैं, उसके हाथ में उतनी ज्यादा निर्णय शक्ति होती है, उसी तरह ये संस्थाएँ भी पूँजी के बल पर चलती हैं। अतः इनकी विचार प्रणाली पर उन सरकारों की जबरदस्त छाया रहती है, जो इन्हें नियंत्रित करती हैं। इसलिए जब विश्व बैंक या अंतर्राष्ट्रीय मुद्रा कोष किसी ऋण लेनेवाले देश को उदारीकरण की सलाह देते हैं, तो यह सलाह वस्तुतः उन औद्योगिक रूप से विकसित देशों की होती हैं जिनका इन संस्थाओं पर नियंत्रण है।

क्या यह सलाह हमेशा गरीब देशों का शोषण करने के लिए ही दी जाती है ? यह पूरी तरह नहीं कहा जा सकता, क्योंकि मुक्त बाजार की अर्थव्यवस्था पर चल कर अमेरिका तथा अन्य देशों ने अगर संपन्नता हासिल की है, तो इन्हें जरूर यह लगता होगा कि दूसरे देश भी इसी रास्ते पर चल कर संपन्नता हासिल कर सकते हैं। वस्तुतः यही एकमात्र आर्थिक दर्शन हैं, जिसे ये संपन्न व्यवस्थाएँ जानती हैं। अतः वे इसी की सलाह दे सकती हैं। यह दूसरों का काम है कि वह इस सलाह का वस्तुपरक मूल्यांकन करें और अपने निर्णय स्वयं लें। अभी भी दुनिया की स्थिति ऐसी नहीं हुई कि कोई देश या संस्था दूसरे देश पर अपने निर्णय पूरी तरह थोप सके। यह जरूर है कि अक्सर यह सलाह अंतर्राष्ट्रीय मुद्रा कोष या विश्व बैंक द्वारा भारी मात्रा में ऋण देते समय दी जाती है। लेकिन इनसे ऋण लेने की कोई मजबूरी नहीं हैं। जिन्हें यह सलाह पसंद नहीं है, उन्हें इनके ऋण के बगैर काम चलाना आना चाहिए। यह कठिन जरूर है, पर असंभव नहीं है। जो ऋण देता है, उसे अपने ऋण की सुरक्षा के लिए उचित कदम उठाने की आजादी होनी ही चाहिए। यह और बात है कि बैंक-कोष ने जिन देशों को ऋण दिए हैं और उनकी अर्थव्यवस्था की दिशा निर्धारित की है, उनमें से अनेक दिवालिया हो गए हैं और समय-समय पर उनकी कर्ज माफी का प्रस्ताव आता रहा है। कई बार कर्ज माफी की भी गई है। लेकिन इस बात की गारंटी क्या है कि यदि इन दिवालिया देशों को अपनी मर्जी की अर्थनीति पर चलने के लिए छोड़ दिया गया होता, तो ये दिवालिया होते ही नहीं ? जून 1991 के पहले भारत पर नई अर्थनीति थोपीं नहीं गई थी, फिर भी क्या वह विदेशी कर्ज के भुगतान के मामले में दिवालिएपन के बिंदु तक नही पहुँच गया था ? फिर भी इतना तो कहा ही जा सकता है कि चूँकि बैंक-कोष की सलाह से किसी भी देश का आर्थिक स्वास्थ्य लौट नहीं सका है, अतः इन संस्थाओं को क्या अपनी सलाह नीति पर पुनर्विचार नहीं करना चाहिए था ? लेकिन यह तब होता, जब यह सलाह निष्पक्ष या वस्तुपरक होती। चूँकि इस सलाह के पीछे अमीर

देशों के स्वार्थ होते हैं, क्योंकि पूँजीवाद के विस्तार से ही पूँजीवाद को लाभ पहुँच सकता है, अतः मुवक्किल देशों में संकट पर संकट सामने आता रहता है, पर सलाह की दिशा बदलती नहीं है। अर्थात उदारीकरण की सलाह अगर किसी विचारधारा पर आधारित है, तब भी यह स्वार्थ-आधारित विचारधारा है। इससे यह पता चलता है कि विश्व आर्थिक व्यवस्था अभी भी एक निर्मम व्यवस्था है। आर्थिक संकट से घिरे देश के लिए दुनिया में कोई ऐसा कोष नहीं है, जहाँ से निःस्वार्थ सहायता पाई जा सके। या तो ऐसी संस्थाओं से सहायता लीजिए, जिनकी शर्तों में सहायता की रकम मुहैया करनेवाले देशों के स्वार्थ निहित होते हैं या फिर वाणिज्यिक ऋणों का अनुबंध कीजिए, जिनकी ब्याज दर काफी ऊँची होती है। वस्तुतः विश्व बैंक—अंतर्राष्ट्रीय मुद्रा कोष द्वारा प्रस्तावित 'ढाँचागत समायोजन' एक प्रकार का भारी ब्याज ही है, जो ऋण लेनेवाला देश चुकाता है। यह ब्याज चुकाने वाले देशों में भारत नवीनतम है।

विश्व बैंक और अंतर्राष्ट्रीय मुद्रा कोष द्वारा प्रस्तावित उदारीकरण कार्यक्रम को दो भागों में बाँटा जाता है—(1) स्थिरीकरण और (2) ढाँचागत समायोजन। इनकी व्याख्या के लिए हम दो प्रसिद्ध अर्थशास्त्रियों अमित भादुड़ी और दीपक नैयर की छोटी-सी पुस्तक 'द इंटेलिजेंट पर्सनंस गाइड टु लिबराइजेशन' की सहायता लेंगे। स्थिरीकरण के चरण में सलाह दी जाती है कि सरकार अपना राजकोषीय घाटा कम करे, क्योंकि राजकोषीय घाटा ज्यादा होने से अनुचित रूप से माँग बढ़ती है और आवश्यक पूर्ति न होने से चीजें महँगी हो जाती हैं। चीजों की लागत ज्यादा होगी, तो उनका निर्यात कम होगा, अतः विदेशी मुद्रा का संकट बना रहेगा। इसी सिलसिले में मुद्रा का अवमूल्यन करने की सलाह भी दी जाती है। उम्मीद की जाती है कि इससे निर्यात बाजार में प्रतिद्वंद्विता करने की शक्ति हासिल की जा सकेगी। साथ ही सरकार को यह सलाह भी दी जाती है कि वह टैक्स दरों, खासकर तट कर दरों और ब्याज दरों में कमी करे, ताकि औद्योगिक उत्पादन की लागत कम हो सके और उत्पादन बढ़ सके। कहा जा सकता है कि यह विदेशी मुद्रा के संकट को दूर करने का अल्पकालीन और सतही नुस्खा है। सामान सस्ता होगा, तो ज्यादा बिकेगा—यह एक सीधी-सी बात है, हालाँकि इसके साथ यह शर्त भी जुड़ी हुई है कि अंतर्राष्ट्रीय बाजार में उसकी माँग भी हो और यह माँग सिर्फ वस्तु की कीमत पर निर्भर नहीं होती। लेकिन यह विचार करना किसी देश का आंतरिक मामला है कि वह अंतर्राष्ट्रीय व्यापार में किस हद तक भाग लेगा तथा कब भाग लेगा। लेकिन चूँकि ऋण लेनेवाले देशों की किसी भी कीमत पर विदेशी मुद्रा की चाहत रहती है, अतः उनके लिए वही रास्ता बच रह जाता है जो बैंक-कोष सुझाते हैं।

ढाँचागत समायोजन स्थिरीकरण कार्यक्रम का ही विस्तार है। इस समायोजन कार्यक्रम के मुख्य उपादान इस प्रकार हैं : (1) अर्थव्यवस्था का खुलापन यानी देशी उद्योगों के मामले में सरकारी नियंत्रणों को समाप्त करना तथा विदेशी निवेश के लिए दरवाजा खोलना, (2) सार्वजनिक क्षेत्र को घटाना तथा निजी क्षेत्र का दायरा बढ़ना,

(3) बाजार की शक्तियों को ज्यादा मौका प्रदान करना, (4) सब्सिडी कम करना, ताकि राजकोष पर दबाव को कम किया जा सके तथा (5) मुद्रास्फीति की दर को नियंत्रित करना। भारत सरकार पिछले छह वर्षों से इसी कार्यक्रम पर अमल करती रही है।

लेकिन उदारीकरण का यह कार्यक्रम सिर्फ बैंक-कोष का नीतिगत फार्मूला नहीं है, यह गरीब देशों में पूँजीवाद का स्वाभाविक रास्ता है, यह हम राजीव गाँधी की अर्थनीति से देख सकते हैं। राजीव गांधी की सरकार पर विश्व बैंक या अंतर्राष्ट्रीय मुद्रा कोष का कोई दबाव नहीं था। इंदिरा गांधी की सरकार ने एक बार जरूर अंतर्राष्ट्रीय मुद्रा कोष से ऋण लिया था और उनकी शर्तों का पालन करते हुए रुपए का अवमूल्यन किया था तथा अर्थव्यवस्था को 'खोलने' की दिशा में कुछ कदम भी उठाए थे। लेकिन उन्हें जल्द ही यह अनुभव हो गया कि आरोपित नीतियों से देश का भला नहीं हो सकता, अतः उन्होंने मुद्रा कोष का ऋण भी चुका दिया और अनुबंधित ऋण का बाकी हिस्सा भी नहीं लिया। राजीव गांधी की सरकार के लिए ऐसी कोई मजबूरी नहीं थी। फिर भी उन्होंने 1991 के आम चुनाव के लिए जो चुनाव घोषणापत्र बनाया था, उसमें आर्थिक कार्यक्रम इसी लाइन पर था। इस आर्थिक कार्यक्रम के मुख्य बिंदु इस प्रकार थे : (1) सार्वजनिक क्षेत्र का आकार कम किया जाएगा, उसे मुनाफा-केंद्रित बनाया जाएगा तथा उसमें सरकारी इस्तेक्षप कम से कम होगा, (2) टैक्स के बोझ को कम किया जाएगा, (3) वित्तीय घाटे को अनुशासित किया जाएगा, (4) निर्यात को प्रोत्साहित किया जाएगा, (5) उद्यमशीलता को प्रोत्साहित किया जाएगा, (6) पूँजी बाजार का विकास किया जाएगा, (7) विनियमित करनेवाली प्रणाली का सरलीकरण होगा, (8) नई टेक्नोलॉजी लाई जाएगी, (9) विदेशी निवेश और टेक्नोलॉजी लाने के लिए सहयोग गठबंधनों की अनुमति दी जाएगी तथा (10) विनिर्माण की समस्त गतिविधियों में प्रतिद्वंद्विता लाई जाएगी। यद्यपि जगह-जगह आत्म-निर्भरता और जन हित की बात की गई है, लेकिन जाहिर है, ये बातें मुख्य नहीं है। मुख्य बात यह है कि अर्थव्यवस्था को पूँजीवादी मूल्यों के आधार पर चलाया जाएगा। हम जानते हैं कि इनमें से कुछ कदम तब भी उठाए गए थे, जब 1984 के कांग्रेस के चुनाव घोषणापत्र में ऐसी कोई चर्चा नहीं की गई थी। अतः यह पूरी तरह संभव था कि यदि राजीव गाँधी जीवित रहते और उनके हाथ में सत्ता आती, तो वे उदारीकरण के उस कार्यक्रम पर उससे ज्यादा उत्साह के साथ अमल करते जितना 1991 के चुनाव घोषणापत्र में दिखाया गया था। वस्तुतः उदारीकरण ही भारत के नए शासक वर्ग का राजनीतिक आर्थिक दर्शन है। यह हमारे जमाने का पूँजीवाद है।

हमारे जमाने का पूँजीवाद इसलिए कि पूँजीवाद का इतिहास बाजार की स्वतंत्रता का इतिहास नहीं है। एडम स्मिथ ने जो भी लिखा हो, किंतु पूँजीवादी व्यवस्था अपने तर्क से चलती रही है। जहाँ उसे स्वतंत्रता से फायदा होता दिखाई दिया, उसने स्वतंत्रता का पक्ष लिया। जहाँ गुलामी और प्रतिबंध लाभप्रद दिखाई दिए, वहाँ इनका सहारा लिया

गया। पहली बात तो यही है कि पूँजीवाद और उपनिवेशवाद, दोनों एक साथ पैदा हुए। यह संयोग नहीं है कि औद्योगिक क्रांति सबसे पहले इंगलैंड में हुई और इंगलैंड बीसवीं शताब्दी के पूर्वार्ध तक सबसे बड़ी उपनिवेशवादी शक्ति था। उसके उपनिवेश मुक्त बाजार के आधार पर नहीं, जोर-जबरदस्ती से स्थापित किए गए थे। ब्रिटिश सत्ता ने अपने उपनिवेशों के बाजार को विकसित करने का नहीं, बल्कि उसे रुद्ध करने का प्रयास किया। भारत में बुनकरों की उंगलियाँ काट दी गईं, ताकि भारतीय कपड़ा उद्योग को समाप्त किया जा सके। बिहार के किसानों से जबरदस्ती नील की खेती कराई गई। अमेरिका में मुक्त बाजार के पक्षधरों ने न केवल स्थानीय आबादी को दास बना कर रखा, बल्कि सस्ते श्रम के लालच में अफ्रीका से दासों का आयात भी किया। उस दौर का पूँजीवाद संरक्षणवाद का प्रबल समर्थक था। उदाहरण के लिए 1765 से 1789 की अवधि में इंग्लैंड की संसद ने नई मशीनों या उनके प्रारूपों का निर्यात रोकने के लिए कठोर कानून पारित किए। यहाँ तक कि इन मशीनों पर काम करनेवाले मजूदरों को इंग्लैंड छोड़ने की इजाजत नहीं थी, ताकि इंग्लैंड का तकनीकी कौशल इंग्लैंड तक ही सीमित रहे। वस्तुतः अठारहवीं शताब्दी में इंग्लैंड के व्यापारी चीन, भारत तथा अन्य पूर्वी देशों की तकनीकी दक्षता से भयभीत रहा करते थे। 1728 में अपने समय की प्रचलित भावनाओं का प्रतिनिधित्व करते हुए डेनियल डीफो ने लिखा कि इन देशों से प्रतियोगिता करने में इंग्लैंड को नाकों चने चबाने होंगे, क्योंकि 'इनकी विस्तृत विनिर्माण क्षमता, इनकी सर्वाधिक विविधता और इनके माल के सस्ता होने का दबाव' इंग्लैंड के सामान को बाजार में टिकने नहीं दे रहे हैं।[2] ऐसे माहौल में इंग्लैंड की आर्थिक हैसियत को बचाने का एकमात्र उपाय था संरक्षणवादी नीतियों का आश्रय। प्रसन्न पार्थसारथी लिखते हैं, 'यदि संरक्षणवादी नीतियाँ नहीं अपनाई गईं होतीं, तो भारतीय कपड़ों की कम कीमतों के कारण ब्रिटेन का औद्योगिक दिवाला निकल गया होता।'[3] संयुक्त राज्य अमेरिका आज पेटेंट कानूनों के कठोर पालन पर सबसे ज्यादा जोर देता है, लेकिन 'अमेरिकी विनिर्माण के जनक' सैमुएल स्लेटर ने तकनीकी ज्ञान की चोरी के आधार पर ही अमेरिका में पहली धागा मिल बनाई थी। वह इंग्लैंड के यांत्रिक कताई-बुनाई कारखानों में काम कर चुका था और इंग्लैंड के कानूनों का उल्लंघन करते हुए इस तकनीकी ज्ञान को अमेरिका ले गया था।[4] बेशक हर आदमी अपने सर्वोत्तम हित में काम करता है, लेकिन ऐसा करते हुए बहुत-से लोग कानून और नैतिकता की धज्जियाँ उड़ा देते हैं।

पूँजीवाद का इतिहास उपनिवेशवाद, लूट-खसोट, श्रमिकों को दास बनाने और संरक्षणवाद पर आधारित है। उसकी प्रगति के रास्ते में खून ही खून लिपटा नजर आता

2.पॉवर्स ऐंड प्रॉस्पेक्ट्स, नीम चॉम्स्की, माध्यम बुक्स, दिल्ली, 1996 में उद्धृत, पृष्ठ 101

3.उपर्युक्त में उद्धृत, पृष्ठ 101

4.ऑफ स्पाइज, क्राइम ऐंड आइ.पी.आर, वंदना शिवा, हिंदुस्तान टाइम्स,

है। लेकिन लगभग तीन सौ वृर्षों में वह इस स्थिति में पहुँच गया है कि वह अपने को व्यवस्थित कर सके, दुनिया भर को नैतिकता की शिक्षा दे सके और विश्व व्यापार तथा निवेश के नियम निर्धारित कर सके। इसका कारण यह है कि पूँजीवाद के रास्ते पर चल कर पश्चिम की गोरी आबादी ने बेशुमार दौलत पैदा की है तथा अंतर्राष्ट्रीय स्तर पर अभूतपूर्व वर्चस्व हासिल कर लिया है। लेकिन पूँजीवाद के अतीत का हवाला दे कर आज उसका प्रतिवाद नहीं किया जा सकता। आज के पूँजीवाद से आज की परिस्थिति में ही संघर्ष करना होगा। उदाहरण के लिए पूँजीवादी देशों द्वारा आज बौद्धिक संपदा कानून के तहत दुनिया भर के पेटेंटों की रक्षा का आग्रह किया जाता है, तो विकासशील देशों को कहना पड़ेगा कि हम बौद्धिक ज्ञान या आविष्कार को पेटेंट का विषय नहीं मानते। यदि वे स्वयं अपने यहां पेटेंट कानून बनाते हैं यानी पूँजीवाद के नियमों के अनुसार चलते हैं, तो कोई तर्क नहीं है कि वे पेटेंट व्यवस्था के विश्व प्रतिमानों से बचने का उपाय निकाल सकें। एक देश के लिए आंतरिक पूँजीवाद एक तरह का होगा और विश्व पूँजीवाद के नियम दूसरी तरह के होंगे—यह हो नहीं सकता। हमारे जमाने का पूँजीवाद नियम-कानून और व्यवस्था की बात इसलिए कर पा रहा है, क्योंकि ये अब उसके पक्ष में हैं। इसका जवाब किसी प्रति-व्यवस्था में ही खोजा जा सकता है।

हमारे जमाने के पूँजीवाद की दो और खूबियाँ हैं। एक, मानव अधिकारों के कुछ विशेष पहलुओं पर जोर देना और दो, जो बाजार व्यवस्था के शिकार होते हैं या अपनी कमजोर आर्थक स्थिति के कारण उससे बाहर रह जाते हैं, उनके लिए सुरक्षा कवच की बात करना। ध्यान देने की बात है कि पूँजीवाद का विकास सामंती व्यवस्था को छिन्न-भिन्न करके हुआ था। उसी दौर में लोकतंत्र को उसका आधुनिक रूप मिला तथा सबके लिए समान कानून-व्यवस्था का विकास हुआ। मानव अधिकारों की अवधारणा का विकास इसी व्यवस्था के गर्भ से हुआ है, हालाँकि यह अवधारणा काफी दूर तक जाती है और उसके दर्शन को उसकी तार्किक परिणति तक ले जाया जाए, तो वह पूँजीवाद और विषमता के खिलाफ ही जाएगी। लेकिन पूँजीवाद मानव अधिकारों के सामग्रिक रूप की चिंता नहीं करता। वह सिर्फ राजनीतिक अधिकारों पर जोर देता है, ताकि किसी देश में ऐसी व्यवस्था कायम की जा सके, जो पूँजीवादी स्वतंत्रताओं को सुरक्षित रखती हो। अन्य स्वतंत्रताओं का क्या होगा या उन्हें कैसे हासिल किया जाएगा, यह पूँजीवादी की चिंता का विषय नहीं है। यही कारण है कि मानव अधिकारों की पूँजीवादी राजनीति गंभीर अंतर्विरोधों से ग्रस्त है। शीत युद्ध के दौरान मानव अधिकारों का मामला सोवियत संघ के विरुद्ध रणनीति का एक महत्वपूर्ण हिस्सा था। लेकिन इसी दौर में अमेरिका तथा अन्य पूँजीवादी देशों द्वारा उन राष्ट्रों को सबसे ज्यादा आर्थिक सहायता दी गई, जहाँ मानव अधिकारों का कोई सम्मान नहीं था। यहाँ तक कि इनमें से कई देशों में फौजी शासन भी था। लेकिन इन देशों पर अपना मानव अधिकार रिकार्ड सुधारने का दबाव कभी नहीं डाला गया।

जहाँ तक गरीब या गरीबी रेखा से भी नीचे रहनेवाले लोगों के लिए सुरक्षा कवच का सवाल है, इसे पूँजीवाद अपने मानवीय चेहरे के रूप में प्रचारित करता है। बाजार की अर्थव्यवस्था में ऐसे किसी सुरक्षा कवच की कोई व्यवस्था नहीं है। माना जाता है कि बाजार का काम तो ज्यादा से ज्यादा मुनाफा कमाना है। यहाँ तक कि इस मुनाफे की कोई सीमा होनी चाहिए–इस पर भी चर्चा नहीं की जाती। मुनाफे की इस अर्थव्यवस्था के कारण जो लोग गंभीर आर्थिक संकट के शिकार हो जाते हैं, उनकी न्यूनतम आवश्यकताओं की पूर्ति करना सरकार का काम माना जाता है। यह परिकल्पना वस्तुतः पश्चिम के अमीर देशों की सामाजिक सुरक्षा की व्यवस्था से आई है। यद्यपि पश्चिम में भी अब सामाजिक सुरक्षा की व्यवस्था को संदेह की दृष्टि से देखा जाने लगा है, फिर भी इसकी जरूरत बनी हुई है, क्योंकि पूँजीवादी व्यवस्था स्वभाव से ही शत प्रतिशत रोजगार की गारंटी नहीं देती और फिर अनेक वर्ग ऐसे हैं, जो हमेशा रोजगार में नहीं रह सकते। लेकिन तीसरी दुनिया के देशों की स्थिति अलग है। यहाँ गरीबी बहुत ही व्यापक है। प्रश्न यह है कि क्या एक छोटे-से अमीर वर्ग की आमदनी के बल पर एक व्यापक आबादी के लिए सुरक्षा कवच का ठोस इंतजाम किया जा सकता है ? व्यवहार में नतीजा यह निकलता है कि 'सुरक्षा कवच' के नाम पर कुछ लोगों के लिए सस्ते अनाज, कुछ प्राथमिक शिक्षा, कुछ मामूली-सी बुनियादी चिकित्सा आदि का प्रबन्ध कर दिया जाता है और यह मान लिया जाता है कि वंचित लोगों के प्रति सरकार का कर्तव्य पूरा हो गया। इसके विपरीत बुनियादी चुनौती यह है कि देश की पूरी आबादी की जिजीविषा को कैसे जाग्रत किया जाए तथा उसकी उद्यम क्षमता का विकास कैसे किया जाए। तथाकथित 'सुरक्षा कवच' से अमीर देशों का काम चल सकता है, लेकिन भारत जैसे गरीब देशों के लिए यह एक अव्यावहारिक कल्पना है। यहाँ ऐसा कोई कवच नहीं तैयार किया जा सकता जो पूरी जरूरतमंद आबादी की आवश्यकताओं की पूर्ति कर सके–यहाँ तक कि उसकी न्यूनतम आवश्यकताओं को भी। इसीलिए अमर्त्य सेन और जीन ड्रेज जैसे अर्थशास्त्री उदारीकरण के समर्थन या विरोध को पूरी सार्वजनिक बहस नहीं मानते।[5] वृद्धि दर आदि के आँकड़े महत्वपूर्ण हैं, लेकिन सिर्फ इससे अर्थव्यवस्था की प्रगति का मूल्यांकन नहीं हो सकता। महत्वपूर्ण प्रश्न यह है कि इस वृद्धि में देश की कितनी आबादी की कितनी हिस्सेदारी है और अंततः इसके आधार पर हम किस तरह का समाज बनाते हैं। इस स्तर पर उदारीकरण का दर्शन एक अनुदार और क्रूर दर्शन ही ठहरता है, क्योंकि भारत जैसे देश के आर्थिक पुनर्निर्माण का काम उसके वश के बाहर की चीज है। वह ज्यादा से ज्यादा देश के एक चौथाई या कुछ और आबादी की ऊर्जा का विमोचन कर सकता है, किंतु शेष लोगों के लिएं उसके पास कोई ठोस आश्वासन नहीं है।

---

5. इंडिया : इकॉनॉमिक डेवलपमेंट ऐंड सोशल ओपोर्च्युनिटिज, ऑक्सफोर्ड यूनिवर्सिटी प्रेस, दिल्ली, 1996

पूँजी का चरित्र

उदारीकरण के मौजूदा दौर में जिस चीज पर सबसे ज्यादा और सबसे तीखी बहसें हुईं हैं, वह है विदेशी पूँजी का चरित्र। विदेशी पूँजी को इस तरह चित्रित किया गया है, जैसे धर्मशास्त्रों में शैतान को भी क्या किया गया होगा। निश्चय ही इन आलोचनाओं में पूँजी के बजाय विदेशी की तरफ ज्यादा ध्यान दिया गया है, अन्यथा इस सवाल पर भी कुछ विचार होता कि देशी पूँजी का चरित्र क्या है तथा उसमें भी कुछ खतरे निहित हैं या नहीं। सच तो यह है कि इस सवाल पर यथासमय विचार हुआ होता और उसके मुताबिक यथोचित कार्रवाई की गई होती, तो हो सकता है यह नौबत ही नहीं आती कि हम विदेशी पूँजी को आमंत्रित करने के लिए दुहरे-तिहरे हो रहे होते।

अमेरिका की फ्लोरिडा इंटरनेशनल यूनिवर्सिटी के तीन अर्थशास्त्रियों ने 1993, 1994 और 1995 में भारत और अमेरिका के बीच हुए विदेश व्यापार के अपने अध्ययन से जो निष्कर्ष निकाले हैं, उनका संकेत यही है कि जहाँ तक चरित्र का सवाल है, देशी और विदेशी पूँजी में कुछ ज्यादा फर्क नहीं है। इस अध्ययन में यह पाया गया है कि इन तीन वर्षों में 15.8 अरब अमेरिकी डॉलर यानी करीब 57 हजार करोड़ रुपए की पूँजी भारत से अमेरिका चली गई। पूँजी का यह पलायन आयात-निर्यात के बिलों में अविश्वसनीय हद तक भयावह हेरा-फेरी के माध्यम से किया गया था। टेट्रासाइक्लिन नामक एंटीबायटिक दवा का उदाहरण लीजिए, जिसका आयात एक भारतीय कंपनी द्वारा तीन हजार गुना अधिक कीमत पर किया गया। भारतीय बाजार में जिस वक्त साइकिल की कीमत 3 हजार रुपए थी, उसका निर्यात सिर्फ 50 सेंट यानी 20 रुपए की कीमत पर किया गया। अमेरिका को यहाँ से चीनी का निर्यात 150 डॉलर प्रति किलो की दर से किया गया यानी करीब 4250 रु. प्रति किलो। इस तरह की हेराफेरी वैसे तो अक्सर चलती रहती है, लेकिन ऐसा लगता है कि आयात-निर्यात के उदारीकरण के वर्तमान वातावरण में न केवल यह प्रवृत्ति कुछ ज्यादा मजबूत हुई है, बल्कि सरकार की ओर से भी इसकी तरफ ध्यान देना कम हो गया है—अगर यह नहीं हुआ है तो

यह शुद्ध रूप से भ्रष्टाचार का मामला है, जिसके बारे में दावा किया जा रहा है कि उदारीकरण के कारण वह कम होगा।

जाहिर है, कोई कंपनी कागजात में ज्यादा कीमत दिखाकर किसी चीज का आयात करती है या कम कीमत दिखा कर कसी चीज का निर्यात करती है, तो इससे उसका मुनाफा नहीं बढ़ता। 5 रु. की टेट्रासाइक्लिन की कोई गोली यदि कोई कंपनी 15 हजार रु. प्रति गोली की दर से खरीदती है यानी ऐसा कागज पर दिखाती है, तो वह यह गोली भारतीय बाजार में 10 रु. में भी नहीं बेची जा सकती। यह तभी संभव है जब सभी दवा निर्माता या आयातक आपस में कोई बड़ी अभिसंधि कर लें। फिर इस हेराफेरी से फायदा क्या होता है ? फायदा यह होता है कि भारतीय कंपनी का विदेश में धन जमा होता जाता है। फिर इस धन के तरह-तरह के उपयोग संभव हैं। फ्लोरिडा इंटरनेशनल यूनिवर्सिटी के अर्थशास्त्रियों का आकलन है कि इस हेराफेरी के जरिए 1993, 1994 और 1995 में अवैध रूप से लगभग 570 अरब रुपए भारत से अमेरिका गए। माना जाता है कि 1992-93, 1993-94 और 1994-95 का कुल बजट घाटा 159 अरब रुपए था अर्थात विदेश व्यापार की इस हेराफेरी को रोकना संभव होता, तो इन तीन वर्षों में हमारा बजट घाटा न केवल शून्य होता, बल्कि सरकार के पास कुछ और संसाधन होते, जिनसे वह चाहती तो जन कल्याण की योजनाओं को बल प्रदान कर सकती थी।

इस घटना का—या इस तरह की घटनाओं का—अर्थ क्या है ? अर्थ यह है कि विदेशी पूँजी भारत में जो करती है, भारतीय पूँजी विदेश में वही करती है या वैसा ही करने का प्रयास करती है। विदेशी पूँजी ज्यादा विशालता के साथ और ज्यादा दक्षता के साथ यह काम करती है, इसलिए अमेरिकी भारतीय बैंकों में सुरक्षा के लिए अपना रुपया नहीं जमा करते, बल्कि ज्यादा ब्याज पाने के लिए ऐसा करते हैं। इसी उद्देश्य से वे भारतीय शेयर बाजार में भी शेयरों के साथ खेलते हैं। भारतीय पूँजीपतियों का धन अमेरिका में किन-किन चीजों के लिए प्रयुक्त होता है—इसका अध्ययन नहीं किया गया है। संभव है उसके कुछ हिस्से का वहाँ औद्योगिक निवेश भी होता हो, लेकिन इससे अमेरिकी उद्योगों को ही बल मिलता है और वहीं रोजगार का सृजन होता है। साथ ही चूँकि इससे होनेवाला मुनाफा गैरकानूनी होता है, अतः इस मुनाफे को भी वहीं खपाना पड़ता है।

इस संदर्भ में स्वाभाविक रूप से जो सवाल उठता है, वह यह है कि पूँजी का राष्ट्रीयता से क्या रिश्ता है। यह भ्रम है कि उस जमाने में पूँजी राष्ट्रीय थी, जब भूमंडलीकरण की शुरुआत नहीं हुई थी। 'ऐन इंटेलिजेंट वूमन्स गाइड टू सोशलिज्म, कैपिटलिज्म, सोवियतिज्म ऐंड फैसिज्म' में, जो पहली बार 1928 में प्रकाशित हुई थी, जॉर्ज बर्नार्ड शॉ ने इस बात पर दुख व्यक्त किया था कि ऐसे वक्त में जब स्वयं ब्रिटेन में काफी दरिद्रता है और लोगों के पास रोजगार नहीं है, ब्रिटिश पूँजी भारत क्यों जा

रही है। उपनिवेशवाद के चरित्र पर टिप्पणी करते हुए वे लिखते हैं, 'हमारे साम्राज्यवादी आदर्शवादियों की प्रेरणाएँ चाहे कितनी ही ऊँची क्यों न हों, हमारे पूँजीपति व्यापारी वहाँ सिर्फ इसलिए गए ताकि वहाँ के लोगों से ज्यादा से जयादा मुनाफा कमाया जा सके—उनका कोई और लक्ष्य नहीं था। उन्होंने अपने देश का परित्याग कर दिया था, क्योंकि यहाँ अब और ज्यादा या इतना ज्यादा मुनाफा नहीं कमाया जा सकता था और यह उम्मीद नहीं की जा सकती कि वे विदेशी तटों पर जैसे ही उतरे होंगे, उनके मन में आदर्शवाद की लहर पैदा हो गई होगी।[1] उल्लेखनीय है कि वह उग्र राष्ट्रवाद का जमाना था और माना जाता है कि दोनों विश्व युद्ध राष्ट्रवादी उन्मादों के कारण लड़े गए। लेकिन इस राष्ट्रवाद में एक प्रकार का अंतर्राष्ट्रीयतावाद भी निहित था। राष्ट्रवादियों के बीच संघर्ष इस बात का था कि वे दुनिया को किस तरह अपने बीच विभाजित करें। ब्रिटिश पूँजी, फ्रांसीसी पूँजी या जर्मन पूँजी किन-किन देशों में जा सकती है यानी किन-किन देशों पर इन देशों का राजनीतिक नियंत्रण कायम किया जा सकता है। यह सच है कि इस औपनिवेशिक शोषण से ब्रिटेन कितना समृद्ध हुआ, इस पर शॉ ने ज़्यादा टिप्पणी नहीं की है, लेकिन अपनी प्रखर दृष्टि से वे यह जरूर देख सके थे कि पूँजी का वस्तुतः कोई देश नहीं होता। यहाँ तक कि जब वह अपने को राष्ट्रवादी बताती होती है, तब भी उसका वास्तविक प्रयोजन विश्ववादी ही होता है—क्योंकि उसका एकमात्र लक्ष्य ज्यादा से जयादा मुनाफा कमाना होता है और यह मुनाफा अपने देश की, अपने देश के नागरिकों की कीमत पर भी कमाया जा सकता है तो कमाया जाएगा—तब राष्ट्रीयता एक अप्रांसगिक वस्तु हो जाएगी। किसी देश को अपनी पूँजी से प्रेम हो सकता है, लेकिन जरूरी नहीं कि पूँजी को भी अपने देश से प्रेम हो। संभवतः प्रेम शब्द पूँजी के शास्त्र में है ही नहीं।

उल्लेखनीय है कि भारत में उदारीकरण की नीति जब शुरू की गई तथा विदेशी पूँजी के लिए रास्ता चौड़ा किया जाने लगा, भारतीय उद्योगपतियों के एक वर्ग ने इस पर असंतोष जाहिर किया था। इन्हें 'मुंबई क्लब' के नाम से जाना जाता है। इनकी एक माँग यह भी थी कि विदेशी पूँजी को जो सुविधाएँ दी जा रही हैं, वही सुविधाएँ देशी पूँजी को भी दी जाएँ। लेकिन यह विरोध अधिक समय तक क्यों नहीं टिक पाया ? या, इसने कोई संगठित रूप क्यों नहीं लिया ? क्योंकि भारतीय पूँजी और विदेशी पूँजी के चरित्र में कोई तात्विक फर्क नहीं है। मुंबई क्लब के बहुत-से उद्योगपति ऐसे हैं, जिन्होंने विदेशों तक अपनी शाखाएँ खोली हैं और जिनके उत्पादों का निर्यात होता है। जब ये स्वयं पूँजी के अंतर्राष्ट्रीयकरण की प्रक्रिया में शामिल हैं, तो इनसे यह उम्मीद करना अतार्किक है कि ये इस प्रक्रिया की कोई निश्चित सीमा तय करने के लिए संघर्ष करेंगे। उन्हें जल्द ही यह एहसास हो गया कि विदेशी पूँजी अपनी शर्तों

---

1. पेंगुइन संस्करण, 1982, पृष्ठ 183

पर आएगी—हमारी शर्तों पर नहीं।

इसके साथ ही यह भी सच है कि जिस तरह विदेशी पूँजी भारत में आ रही है, उसी तरह भारतीय पूँजी भी विदेश जा रही है। तो क्या हमें इस तथ्य से प्रसन्न नहीं होना चाहिए कि भारतीय पूँजी विदेश में अपना स्थान बना रही है, भारत की निजी और सार्वजनिक कंपनियाँ विदेशों में कारखाने स्थपित कर रही हैं या वहाँ कारखाने स्थापित करने में मदद कर रही हैं या हमारे निर्यात तेजी से बढ़ रहे हैं ? फिलहाल तो प्रसन्न होने का कोई कारण नहीं दिखाई देता, क्योंकि भारत का उद्योगपति विदेश में जो पूँजी निवेश कर रहा है, उसकी विदेश से अधिक जरूरत देश में है। भारत का अभी पूरा तो छोड़, आंशिक उद्योगीकरण भी नहीं हुआ है। उद्योगीकरण की रफ्तार तेज करने के लिए भारी मात्रा में पूँजी निवेश की जरूरत है। यह जरूरत है, तभी विदेशी पूँजी की चिरौरी-मिनती की जा रही है और हर अंतर्राष्ट्रीय आर्थिक सम्मेलन में भारतीय प्रतिनिधियों द्वारा यह घोषित किया जाता है कि कृपया हम पर शक न करें—हम उदारीकरण की नीतियों से पीछे हटनेवाले नहीं हैं। राष्ट्रीय प्रश्न यह है कि विदेशी पूँजी के प्रति यह विनयशीलता क्यों, जबकि तनिक-सी कठोरता बरत कर भारतीय पूँजी पर ही यह दबाव डाला जा सकता है कि वह कुछ दशकों तक भारत की सीमाएँ पार करने का खयाल छोड़ दे और देश का ही उद्योगीकरण करने की तरफ ध्यान दे। विदेशों के बारे में तब सोचा जाएगा, जब हम अपने देश का उद्योगीकरण पूरी तरह कर चुके होंगे। इस सिलसिले में यह तर्क बेहूदा है कि आखिर विदेशी निवेश से भी मुनाफा होता है और उस मुनाफे का इस्तेमाल राष्ट्रीय उद्योगीकरण के लिए किया जा सकता है। पहली बात तो यह है कि सिर्फ इस मुनाफे से देश में जितना रोजगार पैदा होगा, यह मुनाफा देनेवाली और विदेश में लगी पूँजी से उससे कहीं ज्यादा रोजगार देश के बाहर पैदा होगा और दूसरी बात यह है कि इस बात की क्या गारंटी है कि मुनाफे की यह रक़म भी किसी और देश में पूँजी निवेश पर खर्च नहीं कर दी जाएगी, जहाँ उससे ज्यादा मुनाफा मिलेगा जितना भारत में मिल सकता है।

यही सवाल बढ़ते हुए निर्यातों के बारे में भी किया जा सकता है। एक छोटा-सा उदारहण लीजिए। काफी समय से भारतीय साइकिलों का विश्व बाजार बढ़ रहा है। क्या यह हमारे लिए खुशी की बात है ? क्या देश में अभी भी करोड़ों लोग ऐसे नहीं हैं, अपनी साइकिल होना जिनका एक छोटा-सा स्वप्न है ? फिर भारत के लोगो को साइकिल से वंचित कर विदेशी नागरिकों के लिए भारत में साइकिलें क्यों तैयार की जा रही हैं ? क्योंकि विदेश के ये नागरिक उस साइकिल की कीमत अदा कर सकते हैं और हमारे देश के बहुत-से अभागे नागरिक इस स्थिति में नहीं हैं कि यह कीमत अदा कर सकें। एक दूसरा उदारहण लीजिए, जो इससे भी ज्यादा मार्मिक है। भारत तैयारशुदा कपड़ों के सबसे बड़े निर्यातकों में है। लेकिन क्या यह सच नहीं है कि भारत के करोड़ों लोगों के पास तन ढकने को कपड़े नहीं हैं ? हमारी पूँजी, हमारी राष्ट्रीय

पूँजी उनकी तनिक भी फिक्र नहीं करती, क्योंकि ये अर्धनग्न भले ही हों, पर इनमें क्रेता होने की क्षमता नहीं है। स्पष्टतः यह विसंगति इसलिए पैदा हुई है क्योंकि हम अपने ज्यादातर नागरिकों को उचित लाभप्रद रोजगार के अवसर नहीं दे पाए हैं। इसी का नतीजा है कि भारतीय नागरिक अपने राष्ट्रीय उत्पाद से भी वंचित है और उसका लाभ विदेशी उठा रहे हैं। इस समस्या का हल यही है कि भारत का उद्योगीकरण किया जाए, भारतीय लोगों की क्रयशक्ति बढ़ाई जाए और निर्यात पर नहीं, राष्ट्रीय माँग बढ़ाने पर जोर दिया जाए। भारत का निर्यात अगर बढ़ रहा है, तो इसका मतलब है कि भारत में ऐसे लोगों की कमी हो रही है, जो ये निर्यातित वस्तुएँ खरीद सकें। वस्तुतः यह निर्यात हमारी सापेक्षिक गरीबी बढ़ने का एक निश्चित चिह्न है। भारत में पैदा होनेवाली उम्दा हिलसा मछली, झींगा या स्वादिष्ट उम्दा आम और लीची यदि ज्यादा से ज्यादा विदेशियों के या विदेश में रह रहे भारतीयों के आहार की वस्तु बनते जा रहे हैं, तो वह भारत के लिए गर्व की नहीं, शर्म की बात है। भारत के उत्पाद सबसे पहले भारतीयों के होने चाहिए। जैसे भारत सबसे भारतीयों के लिए होना चाहिए।

कहा जा सकता है कि क्या इसी निर्यात की बदौलत हम भी उम्दा विदेशी सामान का उपभोग नहीं कर पा रहे हैं ? बेशक। लेकिन देखने की बात यह है कि यह उम्दा आयातित सामान देश के कितने प्रतिशत लोगों के काम आता है। हम लगभग 400 साइकिलों का निर्यात करते हैं, तब हमें एक विदेशी एस्ट्रा कार उपलब्ध होती है। यानी लगभग 400 लोगों को परिवहन के एक सस्ते और सुलभ साधन से वंचित कर हम एक ऐसे समृद्ध व्यक्ति को एक ऐयाश वाहन मुहैया करा रहे हैं, जिसके पास परिवहन का एक अच्छा और तेज साधन पहले से ही मौजूद होगा। स्पष्ट है कि आयात और निर्यात के बीच कोई तार्किक और मानवीय रिश्ता नहीं होगा, तो विदेश व्यापार विभिन्न देशों के बीच आवश्यकताओं की पूर्ति के स्वाभाविक आदान-प्रदान का माध्यम नहीं रह जाएगा, बल्कि वह एक ओर तो राष्ट्रीयता को कमजोर करेगा और दूसरी ओर उस अंतर्राष्ट्रीयता को प्रोत्साहित करेगा, जिसके पीछे कोई सार्थक विश्व दृष्टि नहीं, बल्कि उन्मुक्त आखेटवाद है।

बाजार की तानाशाही

बीसवीं शताब्दी ने अनेक प्रकार की तानाशाहियाँ तथा उनके खिलाफ संघर्ष देखा है। इनमें चार मुख्य हैं : फौज की तानाशाही, नस्ल की तानाशाही, विचारधारा की तानाशाही और बाजार की तानाशाही। पाँचवीं तानाशाही पुरुष की तानाशाही है, जिसका इतिहास लगभग उतना ही पुराना है जिनता सभ्यता का इतिहास। इसलिए इसकी तरफ उतना ध्यान नहीं दिया जाता। ध्यान देने की बात यह है कि किसी एक तानाशाही के खिलाफ संघर्ष जरूरी नहीं है कि दूसरे प्रकार की तानाशाही के खिलाफ भी संघर्ष हो, हालाँकि यह संबंध स्वाभाविक होना चाहिए, क्योंकि सभी तानाशाहियों में आपस में कुछ रिश्ता जरूर है।

फौज की तानाशाही समय-समय पर उदित और अस्त होती रही है। यह मुख्यतः एशिया, अफ्रीका और लैटिन अमेरिका तक सीमित रही है, जहाँ निरंकुश शासन की लंबी परंपरा रही है। वैसे तो निरंकुश शासन दुनिया भर में पाया जाता रहा है, किंतु यूरोप के मनुष्य ने उससे विद्रोह किया और क्रमशः जवाबदेह सरकार की स्थापना की। एशिया और अफ्रीका में आंतरिक शासक के खिलाफ इस विद्रोह की कोई परंपरा नहीं है। अतः यहाँ फौज की तानाशाही के लिए उर्वर जमीन रही है। यहाँ तक कि भारत जैसे देश में भी जहाँ का समाज अपनी आंतरिक संरचना में काफी स्वायत्त रहा है, सैनिक शासन के प्रति एक ललक भरा आग्रह देखा जाता रहा है। वैसे यूरोप के कुछ हिस्से भी समय-समय पर फौज की तानाशाही के अधीन आते रहे। किंतु अब दुनिया भर में यह माना जाने लगा है कि फौज का काम सरकार चलाना नहीं है। पिछले एक दशक में अनेक देशों में फौज की तानाशाही का अंत हुआ है। इसके बावजूद फौज अब भी किसी भी समाज की राजनीतिक स्थिरता का एक महत्वपूर्ण आधार है। जब स्थितियाँ नागरिक शासकों के नियंत्रण के बाहर चली जाती हैं, तो फौज को ही बुलाया जाता है। स्कैंडनेवियाई देशों ने दशकों से फौज का इस्तेमाल नहीं किया है। उनकी गिनती दुनिया के सबसे समृद्ध और सबसे सुखी समाजों में होती है। फिर भी उन्होंने

फौज को बरखास्त करना आवश्यक नहीं समझा है। संयुक्त राज्य अमेरिका दुनिया भर में बाजार की जो तानाशाही फैलाना चाहता है, उसका एक आधार उसकी सक्षम फौज भी है। अनेक अमेरिकी टिप्पणीकार और नीति निर्माता समय-समय पर यह विचार प्रकट कर चुके हैं कि अमेरिका को सैन्य क्षमता की अपनी सर्वोच्चता बनाए रखनी चाहिए, ताकि उसके आर्थिक हितों की रक्षा हो सके।

नस्ल की तानाशाही के सबसे खूंखार प्रतीक के रूप में इतिहास हिटलर को हमेशा याद रखेगा। लेकिन गौर से देखा जाए, तो उसकी राजनीति ब्रिटिश साम्राज्यवाद के एक प्रतिरोध के रूप में पैदा हुई थी। जर्मनी ने अठारहवीं और उन्नीसवीं शताब्दी के उपनिवेशवादी अभियान में हिस्सा नहीं लिया था। जब वह औद्योगिक रूप से मजबूत हुआ, तब तक दुनिया का औपनिवेशिक विभाजन हो चुका था। अतः जर्मनी ने अपने भीतर और अपने आसपास ही दाँत गड़ाना शुरू किया। नस्लवाद इसका वैचारिक आधार बना। जर्मनी के यहूदियों को इसका भयावह खमियाजा भुगतना पड़ा। लेकिन हिटलर की निगाह पूरी दुनिया पर थी। यह गौरतलब है कि उसके राजनीतिक साथी वे देश बने, जिनका अपना कोई उपनिवेश नहीं था, लेकिन जो आर्थिक शक्ति के रूप में उदित हो रहे थे। उपनिवेशवाद भी एक प्रकार से नस्ल की ही तानाशाही था—रंगीन जातियों पर गोरी जातियों का प्रभुत्व। लेकिन हिटलर ने इसे यूरोपीय समाज पर लागू करना चाहा। यह उसके त्वरित पतन का एक बड़ा कारण बना। इस तरह नस्ल की तानाशाही का सबसे बड़ा ऐतिहासिक ज्वार तो खत्म हुआ, लेकिन नस्ल के आधार पर भेदभाव जारी रहा। बाद में अफ्रीका के कई देशों को नस्ल की तानाशाही के खिलाफ संघर्ष छेड़ना पड़ा। दक्षिण अफ्रीका का सुधारवाद बताता है कि अब शोषण का यह रूप ज्यादा दिन तक टिका नहीं रह सकता। लेकिन जिस तरह फौज की तानाशाही खत्म होने के बाद भी फौज की निर्णायक स्थिति में फर्क नहीं आया है, उसी तरह नस्लवाद की छायाएँ भी अभी पूरी तरह नहीं मिटी हैं। उदाहरण के रूप में अमेरिका में नीग्रो लोगों के साथ गोरों के व्यवहार का जिक्र किया जा सकता है। इससे पता चलता है कि पश्चिमी मनुष्य का दिमाग अब नस्लवाद के खिलाफ है, लेकिन हृदय उसके साथ। यही कारण है कि मंदी का समय आते ही यूरोप के कई देशों में गैर-यूरोपीय समूहों के प्रति ईर्ष्या, क्रोध और हिंसा का भाव प्रबल होने लगता है। दुनिया के गोरे लोग काले लोगों को अपने बराबर का आदमी मान सकें, इसमें बहुत समय लगेगा। एशिया पश्चिमी नस्लवाद का शिकार रहा है। लेकिन पिछले कुछ समय से यहाँ भी नस्लवाद की तरंगें फूटती रही है। श्रीलंका का तमिल-सिंहल संघर्ष इसका एक रक्तिम अध्याय है। भारत के हिंदुत्व के ताजा उभार को ठीक-ठीक नस्लवादी नहीं कहा जा सकता, क्योंकि अधिकांश मुसलमान उसी नस्ल के हैं जिस नस्ल के हिंदू हैं, लेकिन इस पर नस्लीय विचारधारा की छाया जरूर है। इसके साथ हिंदू राष्ट्र के स्वप्न को जोड़ कर देखा जाए तो तस्वीर और साफ हो जाती है। यह एक नस्ल को दो उप-नस्लों में बाँटने का षड्यंत्र है।

लेकिन हिंदूवाद की मुसीबत यह है कि वह उस दौर में उग्र होना चाहता है, जब दुनिया भर में नस्लवाद के विरुद्ध संघर्ष चल रहा है। अतः एक स्फुलिंगधर्मी राजनीतिक ताकत से ज्यादा उसका भविष्य नहीं।

लेकिन इस शताब्दी की सबसे रोमांचक घटना विचारधारा की तानाशाही का बहुत मजबूत रूप से उभरना और फिर ध्वस्त हो जाना है। स्पष्टतः संकेत साम्यवादी व्यवस्था की तरफ है। वैसे तो कोई भी आक्रामक विचार तानाशाही की छाया लिए हुए होता है और समय-समय पर विभिन्न विचारधाराओं ने अपनी तानाशाह दुनिया बनाने की कोशिश भी की है, लेकिन कोई भी विचारधारा उस हद तक सफल नहीं हो सकी, जिस हद तक साम्यवाद। वस्तुतः यह एकमात्र व्यवस्था है, जिसने तानाशाही को इतिहास और आदर्श से जोड़ कर उदात्त बनाने की कोशिश की। साम्यवादी शासनों ने अपने को 'सर्वहारा की तानाशाही' का प्रतिनिधि बताया। मानो 'सर्वहारा' शब्द जुड़ जाने से तानाशाही कोई पवित्र चीज हो जाती हो। यह सवाल भी अपनी जगह है कि जिसमें तानाशाही की क्षमता हो, वह फिर भी सर्वहारा कैसे रह सकता है ? जाहिर है, तानाशाही सर्वहारा की नहीं, उसके नाम पर शासन करनेवाली पार्टी की थी। उसकी वैचारिक असहिष्णुता इतनी उग्र थी कि उसने भिन्न विचारधाराओं को देश निकाला देने की कोशिश तो की ही, उन विचारधाराओं को भी नहीं बख्शा, जो मूलतः साम्यवादी ही थीं, किंतु जिनका साम्यवाद के सत्तारूढ़ संस्करण से मेल नहीं था। यह तानाशाही अभी हाल तक अजेय दिखाई पड़ती थी, किंतु अब उसके मुख्य दुर्ग ध्वस्त हो चुके हैं। यही नहीं, वहाँ अब पूँजीवाद की उलटी गंगा बहने लगी है। साम्यवाद को अगर जीवित रहना है, तो वह अब अन्य विचारों के साथ खुली प्रतिद्वंद्विता करके ही जीवित रह सकता है।

यह दिलचस्प है कि जहाँ अन्य प्रकार की तानाशाहियों का बुरा हाल हो रहा है, वहीं एक तानाशाही दिन-प्रतिदिन मजबूत होती जा रही है। यह बाजार की तानाशाही है। इसकी मुख्य वजह यह है कि इसका तानाशाही चेहरा हमारी आँखों से ओझल रहता है। वैसे तो किसी भी तानाशाही के बारे में यह सच है कि वह अपने उभार काल में तानाशाही प्रतीत नहीं होती। मसलन हिटलर या लेनिन के अनुयायियों को क्या इस बात का एहसास था कि वे तानाशाह रास्तों पर चल रहे हैं ? तानाशाही के अभ्युदय का संक्रामक प्रभाव भी होता है। जब समाज के प्रमुख लोग तानाशाही का समर्थन करने लगते हैं, तो जिन पर तानाशाही आरोपित की जाती है, उन्हें भी लगता है कि यही सर्वश्रेष्ठ रास्ता है—सिवाय उनके, जो इसके सीधे शिकार होते हैं और अपने अनुभव का तिरस्कार नहीं कर सकते। बाजार की तानाशाही का असली चेहरा हमारी आँखों से इसलिए छिपा रहता है कि जो चीजें बाजार के प्रतिकूल पड़ती हैं, उन्हें पिछड़ेपन का प्रतीक घोषित कर दिया जाता है (जैसे दातून) और बाजार जिन चीजों का उत्पादन बढ़ाना चाहता है (जैसे टूथ ब्रश) उनका लगातार गौरवान्वयन किया जाता

है। लेकिन बाजार की असली ताकत विषमता के हजारों स्तरों में है। किसी डिपार्टमेंटल स्टोर में यदि किसी खास समय 25 व्यक्ति अपनी पसंद की चीजें खरीद रहे हैं, तो उनमें से अधिकतर की क्रय-क्षमता अलग-अलग होगी। एक ही चीज एक को महँगी लगेगी और दूसरे को सस्ती या कहिए कि उसे कीमत की कोई परवाह ही नहीं होगी। कीमतों से क्रयशक्ति का यह रिश्ता बाजार का है। इस तरह बाजार एक अदृश्य ताकत के रूप में हम सभी के बीच काम करता रहता है, हालाँकि उसके नतीजे सर्वथा दृश्यमान होते हैं। एक सफल तानाशाही इसी तरह काम करती है। वस्तुतः कोई भी तानाशाही इकहरी नहीं होती। उसके कई स्तर होते हैं, जिन्हें सहायक या उप-तानाशाहियाँ कहा जा सकता हे। इन सबको मिला कर ही तानाशाही का तंत्र बनता है और तभी वह कारगर होता है। अर्थात जिस प्रकार हिटलर, स्तालिन या जियाउल-हक के शासन में कोई एक तानाशाह नहीं था—सैकड़ों या हजारों तानाशाह थे, उसी तरह बाजार की तानाशाही भी इसीलिए काम कर पाती है कि इसका तंत्र असंख्य छोटे-बड़े तानाशाहों को मिला कर बनता है और चूँकि ज्यादातर लोगों का जीवन दर्शन बाजारवाद का ही दर्शन होता है—खेद है कि उनका भी, जो इस दर्शन के शिकार होते हैं, इसीलिए यह स्वाभाविक और उचित भी जान पड़ता है।

दुर्भाग्य से सभ्यता की मुख्य धारा का विकास बाजार के भी विकास का इतिहास है। यदि कोलगेट और फोरहैंस विश्व बाजार व्यवस्था का अंग है, तो दातून स्थानीय बाजार व्यवस्था का। परंपरागत मेले भी एक प्रकार का बाजार ही हैं। वस्तु विनिमय प्रथा को बाजार का अत्यंत प्रारंभिक स्वरूप कहा जा सकता है और यह अभी भी आदिवासी समूहों में जीवित है। लेकिन आधुनिक युग के पूर्व बाजार तानाशाह नहीं बन सका, तो इसीलिए कि बाजार के पीछे आधुनिक मशीन का बल नहीं था। मशीन पहले भी थी, पर वह मनुष्य का श्रम हलका करती थी। आधुनिक मशीन सिर्फ इतना नहीं करती। वह पूँजीवाद की छत्रछाया में एक आततायी व्यवस्था भी पैदा करती है, जो स्वभाव से ही किसी एक देश तक सीमित नहीं रह सकती। यह अकारण नहीं कि पूँजीवाद और उपनिवेशवाद दोनों एक साथ पैदा हुए। वस्तुतः उपनिवेशवाद के बिना पूँजीवाद चल ही नहीं सकता था। शुरू में उसने अपने ही देश के आदमी की देह पर दाँत गड़ाए। यूरोप में जब कारखाने स्थापित होने लगे, तो यूरोपीय श्रमिकों का हाल आज के भारतीय श्रमिकों से भी बदतर था। लेकिन औपनिवेशिक शोषण और तकनीकी उन्नति से क्रमशः उसने अपने लोगों के लिए समृद्धि का जीवन पैदा कर लिया और एशिया तथा अफ्रीका के देशों में व्यापक कंगाली पैदा कर दी। यह बाज़ार की तानाशाही का कमाल था। वस्तुतः कोई भी बाजार ऐसा नहीं हो सकता, जिसमें सब लोग समान क्रयशक्ति के साथ मौजूद हों। लेकिन जब न केवल क्रयशक्तियों के बीच विषमता बहुत ज्यादा हो, बल्कि इनके बीच लेन-देन से यह विषमता बढ़ती ही जाती हो, तो बाजार तानाशाह की तरह आचरण करने लगता है। वह एक• पूर्णतः

विध्वंसात्मक ताकत बन जाता है।

बाजार की इस विध्वंसात्मक ताकत को पहचानने के कारण ही सोवियत संघ और चीन-जैसे देशों ने जब अपने आर्थिक पुनर्निर्माण की यात्रा शुरू की, तो उन्होंने न केवल देश के अंदर बाजार की ताकत को उभरने नहीं दिया, बल्कि विश्व बाजार से भी बहुत सीमित संबंध रखा। यदि उन्होंने ऐसा न किया होता, तो वे भी आज भारत की तरह गरीबी और बेरोजगारी की जंजीरों से बंधे घिस रहे होते निःसंदेह इनकी प्रारंभिक आर्थिक सफलता के और भी कारण थे। एक बुनियादी कारण विचारधारा की तानाशाही था, जिसके तहत अनेक वर्गों तथा अनगिनत लोगों पर जुल्म किया गया। उदाहरण के लिए किसान वर्ग। चूँकि साम्यवादी व्यवस्था में किसानों को प्रतिगामी ताकत माना जाता था, इसलिए उनसे अतिरिक्त मूल्य उगाहने का काम 'क्रांतिकारी' उत्साह के साथ किया गया। वस्तुतः यही प्रवृत्ति इन व्यवस्थाओं की बाद की कमजोरी और पतन का कारण बनी। चीन दूसरे रास्ते पर चल रहा है। उसने किसानों के बल पर ही अपना आर्थिक विकास किया और उन्हें उद्योगीकरण की प्रक्रिया में शामिल किया। माओ का सपना था कि हर किसान के घर के पीछे एक औजार बनानेवाली भट्ठी होनी चाहिए। लेकिन चीन अपनी क्रांति यात्रा को एक सीमा तक ही आगे ले जा सका। चूँकि क्रांतिकारी उत्साह मंद पड़ चुका था, इसलिए उत्पादन बढ़ाने के लिए आर्थिक प्रलोभन अनिवार्य हो गए। धीरे-धीरे बाजार व्यवस्था के अन्य रूप भी अपना स्थान ग्रहण करते गए और आज स्थिति यह है कि क्रांतिकारी उद्देश्यों से बनाई गई सारी व्यवस्थाएँ धीरे-धीरे पूँजीवाद के उपकरणों के सामने घुटने टेक रही हैं। फिर भी चूँकि चीन की आंतरिक व्यवस्था अभी भी काफी हद तक वहाँ की राजनीतिक व्यवस्था द्वारा नियंत्रित है, इसलिए विश्व बाजार में चीन की हैसियत काफी मजबूत है। वह अपनी शर्तों पर व्यापार करता है तथा निवेश को आमंत्रित करता है। यहाँ यह मिथक लहू-लुहान नजर आता है कि बाजार व्यवस्था का लोकतंत्र से अनिवार्य संबंध है। भारत में आजादी के बाद से लगातार लोकतंत्र रहा है—आपातकाल के 19 महीनों को छोड़ कर, और चीन में क्रांति के बाद लगातार सर्वसत्तावादी शासन रहा है तथा आज भी बहुत ज्यादा ढीला नहीं हुआ है, फिर भी 1990, 1991, 1992, 1993 और 1994 में भारत और चीन में विदेशी प्रत्यक्ष निवेश की राशियाँ इस प्रकार थीं : भारत में .2 अरब, .2 अरब, .3 अरब, .6 अरब और 1 अरब, जबकि चीन में 3.5 अरब, 4.4 अरब, 11.2 अरब, 27.5 अरब और 33.8 अरब। स्पष्ट है कि मुनाफे की खोज में लोकतांत्रिक मूल्यों की बलि दी जा सकती है या यों कहिए कि लक्ष्य सिर्फ मुनाफा होगा, तो लोकतांत्रिक मूल्य हमेशा दूसरे दर्जे का यथार्थ बने रहेंगे। बाजार और लोकतंत्र न तो एक-दूसरे के पर्याय हैं और न पूरक : वे एक-दूसरे के दुश्मन हैं।

भारत ने आधुनिक दुनिया में आँख खोली, तो सबसे पहले उसे बाजार की तानाशाही का ही साक्षत्कार हुआ। ब्रिटिश उपनिवेशवाद भारतीय उद्योग-धंधों को

अंधाधुंध ढंग से नष्ट कर रहा था। महात्मा गांधी का खादी का अर्थशास्त्र बाजार की इस तानाशाही के खिलाफ एक सर्वथा मौलिक और दृढ़ विद्रोह था। उन्होंने यह सिद्धांत प्रतिपादित किया कि अर्थव्यवस्था का केंद्रबिंदु गाँव होना चाहिए तथा इतने उत्पादन की जरूरत नहीं है जिससे चीजों को बड़े पैमाने पर बाजार में ले जा कर बेचना पड़े। आत्मनिर्भर गाँव उनकी वैकल्पिक सभ्यता के वाहक थे। लेकिन यह शायद एक आदिम व्यवस्था है जो एक आदर्श के रूप में तो मोह सकती है, लेकिन जिसका आधुनिक व्यावहारिक संस्करण क्या होगा, यह किसी को नहीं मालूम। यह भी एक कारण था कि खादी को स्वाधीनता संघर्ष की वर्दी के रूप में तो स्वीकार किया गया, लेकिन वह गांधी के जीवन काल में भी भारतीय अर्थव्यवस्था का आधार नहीं बन सकी। गांधी के प्रिय शिष्य आधुनिक मिलें खोल रहे थे और गांधी मौन थे।

लेकिन बाजार के प्रति संदेह और घृणा उस योजनाबद्ध विकास की मूल प्रेरणा अवश्य बने, जिसकी नींव पर स्वतंत्र भारत के आर्थिक विकास का अभियान शुरू किया गया। यह अभियान अन्न में कुछ हद तक आत्मनिर्भरता के अलावा कोई और बड़ा लक्ष्य प्राप्त नहीं कर सका, इसके अनेक कारण हैं। मुख्य कारण यह है कि यह अभियान अंततः बाजार की तानाशाही कायम करनेवाला ही साबित हुआ। बाजार का लोकतंत्र बनाने की दो जरूरी शर्तें इस प्रकार थीं—(1) देश की पूरी आबादी को बाजार के दायरे में लाया जाता। (2) बाजार में सबकी हैसियत कमोबेश बराबर होती। बाजार की तानाशाही एकदम कहर न ढा दे, इसलिए सब्सिडी, मूल्य नियंत्रण, एकाधिकार न बनने देना इत्यादि कदम उठाए गए। लेकिन दरिद्रनारायण की सहायता के अधिकांश कदम चूँकि एक अंदर से खोखली होती जाती अर्थव्यवस्था पर भार साबित हो रहे थे और इनकी जरूरत घटने के बजाय बढ़ती ही जा रही थी, अतः सरकार के लिए इन्हें जारी रखना भी कठिनतर होने लगा। यदि मिश्रित अर्थव्यवस्था को तनिक भी ईमानदारी से चलाया गया होता, तो विभिन्न वर्गों को सब्सिडी की जरूरत लगातार कम होते जानी चाहिए थी।

अब भारत एक नए युग में प्रवेश कर चुका है। बाजार को अपने अनुकूल करने में विफल हो जाने के कारण उसने बाजार के आगे घुटने टेक दिए हैं। यह भारतीय मध्य वर्ग का शेष जनता से अंतिम विदा गीत है। इसके पूर्व मध्य वर्ग को उम्मीद थी कि वह शेष जनता के साथ करुणा (चाहे वह कितनी ही अधूरी और छद्म हो) का रिश्ता रखते हुए भी अपने जीवन स्तर को उच्चतर करता रह सकता है। लेकिन अब भीतरी बाजार को उन्मुक्त किए बिना तथा विश्व बाजार से निर्बंध रिश्ता बनाए बिना यह असंभव प्रतीत होने लगा है। भारतीय बाजार का लाभ उठानेवाली ताकतों को समझ में आ गया है कि विश्व बाजार के सहयोग के बगैर वे अपनी गतिविधियों का विस्तार नहीं कर सकतीं। विदेशी पूँजी को खुला निमंत्रण इसका अपरिहार्य नतीजा है। दक्षिण-पूर्व एशिया के कुछ छोटे-छोटे देशों की समृद्धि इसका एक प्रेरणास्रोत है,

लेकिन इसकी जाँच करना जरूरी नहीं समझा गया कि क्या यह रणनीति भारत जैसे बड़े देश का व्यापक उद्योगीकरण कर सकती है। दूसरी बड़ी प्रेरणा सोवियत रूस और पूर्वी यूरोप के देशों द्वारा बाजार व्यवस्था का स्वागत करना है।

लेकिन ये सब मुख्य बातें नहीं हैं। मुख्य बात यह है कि भारत के आतंरिक बाजार में इतनी शक्ति नहीं रही कि वह अपने बल-बूते अपने को टिकाए रख सके या अपना विस्तार कर सके। क्या विश्व बाजार भारतीय बाजार को स्वस्थ और ऊर्जस्वी बना सकेगा ? इसका उत्तर एक प्रतिप्रश्न से ही दिया जा सकता है : क्या कोई तानाशाही लोकतंत्र को मजबूत कर सकी है ?

बाजार एक अद्‌भुत चीज है। वह अत्यंत सहज और स्वाभाविक प्रतीत होता है, क्योंकि उसके बीच ही हमारा जन्म और पालन-पोषण होता है। लेकिन यह उतना स्वाभाविक भी नहीं है, यह हम शिशुओं के आचरण को देख कर समझ सकते हैं। शिशु हर चीज को अपना समझता है और उसकी तरफ इस तरह लपकता है जैसे उस पर किसी और का अधिकार नहीं हो सकता। लेकिन धीरे-धीरे उसके भीतर बाजार के संस्कार डाले जाते हैं और तब अपने और पराए के बीच मौजूद भेद को अनुभव करने लगता है। यही समय दुनिया से उसके मोहभंग का होता है। इसी समय वह सबसे ज्यादा जिद्दी होता है और सबसे ज्यादा शरारत करता है। जैसे-जैसे वह व्यक्ति होता जाता है, उसे निर्वैयक्तिक बाजार व्यवस्था से मुठभेड़ करनी पड़ती है। यह निर्वैयक्तिकता ही बाजार की केन्द्रीय शक्ति है। आधुनिक राज्य भी एक निर्वैयक्तिक चीज है। इसीलिए लोकतंत्र भी एक सीमा तक ही सफल होता है। बाजार जिस हद तक निर्वैयक्तिक है, उस हद तक वह हमेशा संदिग्ध बना रहेगा। पश्चिमी दुनिया ने बाजार की संदिग्धता से अपने ढंग से मुठभेड़ की है। वहाँ अब जन स्वास्थ्य, जन सुरक्षा और पर्यावरण के हित बाजार के मूल्यांकन की प्रमुख कसौटियाँ हैं—यद्यपि इस बात की चिंता बिलकुल नहीं की जाती कि उनका यही पवित्र बाजार एशिया, अफ्रीका के समाजों में क्या करता है। भोपाल गैस ट्रेजेडी के प्रति अमेरिकी संवेदनहीनता का रहस्य यही है। लेकिन क्या इस ट्रेजेडी के प्रति भारत के शासक वर्ग ने उससे कहीं ज्यादा संवेदनहीनता नहीं दिखाई ? तीसरी दुनिया के लोकतांत्रिक देशों में बाजार की तानाशाही के प्रति सच्चा प्रतिरोध विकसित होना अभी बाकी है। यह वस्तुतः राजनीतिक लोकतंत्र की ही एक समस्या है। यह अकारण नहीं कि इन देशों के लोकतंत्र में भी तानाशाही के काफी तत्व छिपे हुए हैं।

एक अत्यंत विषम व्यवस्था में भी लोकतंत्र एक झूठी तसल्ली पैदा करता है। वह सबको अभिव्यक्ति की आजादी और एक-एक वोट देता है। हर वोट की कीमत बराबर है। बाजार भी यही करता है। उसके दरवाजे सबके लिए खुले होते हैं। मिल मालिक और उसका चपरासी दोनों समान अधिकार में उसमें दाखिल हो सकते हैं। यह अनुमान करना कठिन नहीं है कि इनमें से कौन बाजार का नियंत्रण करेगा और

कौन उसका शिकार होगा। लेकिन यह बाजार की तानाशाही नहीं है। यह उसका स्वभाव है। जब तक बाजार रहेगा और विषमता रहेगी, तब तक बाजार बाजार ही रहेगा, परिवार नहीं हो सकता। बाजार तानाशाह तब बनता है, जब वह किसी समाज से अपने आर्थिक विकल्प तय करने का अधिकार छीन लेता है। विश्व बाजार पहले भी था। तब दुनिया भर के व्यापारी अपने-अपने देश का सर्वोत्कृष्ट उत्पादन ले कर एक-दूसरे से विनिमय किया करते थे। इससे दोनों लाभान्वित होते थे। आज का विश्व बाजार ऐसा नहीं है। वह शासक और शासित पैदा करता है। राष्ट्रीय बाजार भी ऐसा कर सकता है, लेकिन उसकी एक लोकतांत्रिक काट होती है। विश्व बाजार पर ऐसा कोई दबाव नहीं है। दरअसल, वह इतने अदृश्य ढंग से काम करता है कि उसके तिलिस्म को समझ पाना भी कठिन होता है। उसका ट्रेजिक पहलू यह है कि इस तिलिस्म में प्रवेश करना जितना आसान होता है, उससे निकलना उतना ही मुश्किल। यकीन न हो तो दक्षिण अमेरिका के देशों से पूछिए।

क्या बाजार की तानाशाही को बाजार के लोकतंत्र में बदला जा सकता है ? इस दिशा में कुछ प्रयोग जरूर हुए हैं। उदाहरण के लिए जापान के सिकात्सु क्लब को लिया जा सकता है। जब 70 के दशक में मिनामाता नाम की एक नई बीमारी फैली, तो जापान की गृहिणियों ने पर्यवेक्षण और विचार-विमर्श के द्वारा यह निष्कर्ष निकाला कि इस बीमारी का कारण खाद्य पदार्थों में घुला हुआ जहर है, जो औद्योगिक उत्पादन से आता है। उन्होंने पाया कि कृषि उत्पादन को बढ़ाने के लिए रासायनिक पदार्थों का प्रयोग माँ के दूध तक को प्रदूषित कर रहा है। अतः उन्होंने संगठित हो कर उपभोक्ता के रूप में हस्तक्षेप किया। उन्होंने दूध बेचनेवाली डेयरियों पर दबाव डाला कि वे अपने दुधारू पशुओं को सिर्फ ऐसा चारा खिलाएँ जो किसी भी प्रकार के प्रदूषण से मुक्त हो। फिर उन्होंने कृषि प्रणाली में हस्तक्षेप करना शुरू किया तथा ऐसी कृषि की वकालत की, जो जापान को खाद्य पदार्थों के मामले में आत्मनिर्भर बनाए और कृषि पदार्थों को प्रदूषण से मुक्त रखे। इसके लिए उन्होंने किसानों से सीधा रिश्ता भी बनाया और उनसे यह समझौता किया कि यदि वे आवयविक खादों का इस्तेमाल करें—रासायनिक खादों का नहीं, तो उनका सारा उत्पादन सिकात्सु क्लब खरीद लेगा। इस तरह उपभोक्ता और उत्पादक के बीच एक सीधा—लोकतांत्रिक रिश्ता बना। सिकात्सु क्लब का यह अभियान क्रमशः लोकप्रिय होता गया और 1989 में 1 लाख 70 हजार परिवार इसके सदस्य थे।[1]

इस तरह के कई और उपभोक्ता आंदोलन पिछले कुछ दशकों में उभर कर सामने आए है। स्वयं पूँजीवाद के सबसे बड़े प्रवक्ता देश संयुक्त राज्य अमेरिका में

---

1. अधिक विवरण के लिए देखिए 'कंज्यूमर करेंट्स इन जापान', संपादक : कत्सुको नोमुरा, हेदेकी नाकाहारा और भीके कत्सुबे, द इंफॉर्मेशन सेंटर फॉर द पब्लिक सिटिजन्स, तोक्यो, 1983 तथा 'ए न्यू वर्ल्ड ऑर्डर : ग्रासरूट मूवमेंट्स फॉर ग्लोबल चेंज', लेखक : पॉल एकिन्स, रूटलेज, लंदन, 1992

उपभोक्ताओं ने संगठित हस्तक्षेप द्वारा स्थिति में सुधार लाने की कोशिश की है। लेकिन यह बाजार की निर्मम व्यवस्था के साथ एक तरह की गुरिल्ला लड़ाई है, जिसमें उपभोक्ता के हितों की जीत एक सीमा तक ही हो सकती है, क्योंकि उपभोक्ता बिखरे हुए होते हैं, उनकी जाँच-शोध करने की क्षमता सीमित होती है और औद्योगिक तंत्र एक भीमकाय तंत्र है जो विश्व बाजार के निरंतर खुलते जाने से और ज्यादा भीमकाय होता जाता है। यह कहाँ की बुद्धिमानी है कि हम एक ओर तो राक्षस पैदा करें—उसे लगातार विशालकाय होने की सुविधा प्रदान करें और फिर उससे लड़ने के नए-नए उपाय खोजें ? बाजार का लोकतंत्रीकरण एक असंभव स्वप्न है। हाँ, लोकतंत्र को जरूर ऐसा बनाया जा सकता है, जिसमें बाजार की व्यवस्था नहीं, बल्कि मानवीय संबंधों की व्यवस्था काम करे। लोकतंत्र और बाजार दोनों एक साथ मौजूद हों, तो लोकतंत्र बाजार को जितना संयमित करेगा, बाजार उससे ज्यादा लोकतंत्र के साथ भितरघात करेगा। जो लोग बाजार को लोकतंत्र का पर्याय बताते हैं, वे न तो बाजार को जानते हैं और न लोकतंत्र को या जानते सभी कुछ हैं और दूसरों को बेवकूफ बनाते हैं यानी दुहरा जीवन जीते हैं। ऐसे लोगों की अधिकता भी बाजार व्यवस्था की ही देन है।

भारत जैसे देशों में बाजार व्यवस्था क्या गुल खिला सकती है, इसके कई लोमहर्षक उदाहरण जीन ड्रेज और अमर्त्य सेन ने अपनी पुस्तक 'हंगर ऐंड पब्लिक ऐक्शन'[2] में दिए हैं। यहाँ बांग्लादेश में 1974 में पड़े अकाल से संबंधित कुछ तथ्य प्रस्तुत किए जा रहे हैं। बांग्लादेश में जिस साल अकाल पड़ा, उस साल वहाँ अनाज की प्रतिव्यक्ति उपलभ्यता 1967 से 1976 के बीच, दो वर्षों को छोड़ कर, सबसे ज्यादा है। ड्रेज और सेन ने इन दस वर्षों में अनाज की प्रतिव्यक्ति उपलभ्यता के आँकड़े[3] दिए हैं जो अगले पृष्ठ पर प्रकाशित हैं।

दृष्टव्य यह भी है कि 1974 के बांग्लादेश अकाल में जो जिले सर्वाधिक अकाल पीड़ित थे और जहाँ सबसे ज्यादा लोग भूख से मरे, यह वही जिले थे, जहाँ अनाज की प्रतिव्यक्ति उपलभ्यता गैर-अकालग्रस्त जिलों की तुलना में ज्यादा थी। 1943 के बंगाल के अकाल के बारे में मशहूर है कि जिन दिनों लोग कीट-पतंगों की तरह कलकत्ता की सड़कों पर मर रहे थे, दुकानों में अनाज का पर्याप्त भंडार था। 1997 का भारत उसी घटना को लघु तथा विकेंद्रित पैमाने पर दुहरा रहा है। एक तरफ हर साल अनाज का रिकॉर्ड उत्पादन हो रहा है और दूसरी साफ कुछ-कुछ महीनों के अंतराल से देश के विभिन्न हिस्सों से भूखे लोगों द्वारा अनाज के गोदामों और अनाज से भरे ट्रकों पर हमले की खबरें आती रहती हैं। स्पष्ट है कि बाजार व्यवस्था को और ज्यादा अपनाने पर प्राचुर्य और संपन्नता का एक वातावरण तैयार होगा, तो दूसरा

---

2. ऑक्सफोर्ड यूनिवर्सिटी प्रेस, दिल्ली, 1993

3. पूर्वोद्धृत, पृष्ठ 27

वातावरण भुखमरी, दरिद्रता और अभावग्रस्तता का तैयार होगा। लेकिन भारत के शासक वर्ग को यह मान कर नहीं चलना चाहिए कि इन दोनों वातावरणों के बीच कोई रिश्ता नहीं होगा। सूरत में प्लेग और दिल्ली में डेंगू फैला था, तो उससे अमीर-गरीब सभी प्रभावित हुए थे।

वर्ष	प्रतिव्यक्ति उपलभ्यता (आउंस/दिन)	सूचकांक
1967	15.0	100
1968	15.7	105
1969	16.6	111
1970	17.1	114
1971	14.9	99
1972	15.3	102
1973	15.3	102
1974	15.9	106 (अकाल !)
1975	14.9	99
1976	14.8	99

विभिन्न महानगरों के संपन्न इलाकों में अपराध लगातार बढ़ रहे हैं—खासकर दिल्ली में आर्थिक कारणों से होनेवाली आत्महत्याएँ भी लगातार बढ़ रही हैं। इस सबसे हम अनुमान लगा सकते हैं कि बाजार की तानाशाही का शिकंजा जैसे-जैसे मजबूत होगा, हम किस तरह के समाज में रह रहे होंगे।

दुनिया से जुड़ना

दुनिया से जुड़ना कोई ऐसी चीज नहीं है, जिसके बारे में हमें आज ही पता चला है। जब से मनुष्य को एहसास हुआ है कि उसका अपना इलाका ही पृथ्वी का आदि-अंत नहीं है—दुनिया बहुत बड़ी है, तभी से वह दुनिया से जुड़ने का प्रयास करता रहा है। लोगों ने जिज्ञासावश लंबी-लंबी यात्राएँ की हैं। अपना स्थान छोड़ने के पीछे भौतिक प्रेरणाएँ भी क्या बलवती नहीं रही हैं ? जिस तरह एक वैज्ञानिक तरह-तरह के जोखिम उठा कर पृथ्वी की प्रदक्षिणा करता है, उसी तरह व्यापारियों ने भी तरह-तरह के जल और स्थल मार्गों का आविष्कार किया और पर्याप्त जोखिम उठाई। उनका एकमात्र उद्देश्य धनोपार्जन था, फिर भी उन्होंने दुनिया को सांस्कृतिक स्तर पर जोड़ने में बहुत उपयोगी भूमिका निभाई। चूँकि अभी हाल तक दुनिया भर में टेक्नोलॉजी का स्तर लगभग एक जैसा था, इसलिए इस व्यापारिक विनिमय में शोषण की संभावना नहीं थी। यह आदान-प्रदान का ही एक परिष्कृत रूप था। सच तो यह है कि वीसा-पासपोर्ट की शुरुआत के पहले (जो इस शताब्दी के पूर्वार्ध की घटनाएँ हैं) दुनिया आज के मुकाबले कहीं ज्यादा खुली हुई थी। वह अधिक जुड़ी हुई नहीं थी, तो इसलिए कि संचार और यातायात के साधन कम तथा अविकसित थे। जो यात्राएँ आज कुछ घंटों में संपन्न की जा सकती हैं, वे पहले महीनों नहीं, वर्षों की माँग करती थीं। फिर भी भूगोल को पाटने का चाव ऐसा था कि दुनिया के अधिकांश देशों के लोग दुनिया के अधिकांश देशों में गए। ईसाइयत तीसरी शताब्दी में ही भारत पहुँच चुकी थी और इस्लाम को यूरोप ने जाना, उसके पहले ही एशिया उससे परिचित हो चुका था। ईसा की पाँचवीं-छठी शताब्दी में दुनिया का कोई बंदरगाह नहीं था, जहाँ भारतीय पोत नहीं जाते थे।

दुनिया को—या उसके बहुत-से हिस्सों को—जोड़ने का काम एक और तरीके से हुआ। यह था विदेशी आक्रमण या साम्राज्यवाद। जब जुड़ाव स्वैच्छिक होता है, उसकी हानियों या लाभों पर अपना नियंत्रण होता है। जब आपको किसी और से

जुड़ने के लिए बाध्य कर दिया जाता है तो वह सीधे आपके स्वत्व पर हमला है। इस तरह के हमले सिर्फ राज्य विस्तार के लालच से नहीं हुए; सभ्यता का विस्तार भी एक मुख्य प्रेरणा रही है। शायद भारतीय सभ्यता एकमात्र अपवाद है जिसने अपने फैलाव के लिए हिंसक उपायों का सहारा नहीं लिया। दूसरी सभ्यताएँ हिंसा के बल पर या हिंसा के साथ फैलीं। बड़े-बड़े साम्राज्य भी ताकत के सहारे बने। फिर भी इन साम्राज्यों की विनाश क्षमता सीमित थी, क्योंकि इनमें से किसी के भी पास ऐसी टेक्नोलॉजी नहीं थी, जो आर्थिक शोषण को एक स्वाभाविक दिखनेवाली जीवन प्रणाली में बदल सके। जो कुछ था, वह सीधी लूट थी, जो विकर्षण पैदा करता था। यही कारण है कि कोई भी साम्राज्य ज्यादा दिन तक टिक नहीं सका।

पूँजीवाद के विकास से दुनिया पूरी तरह बदल गयी। अब यह अच्छी तरह स्थापित हो गया कि विश्व बाजार के बिना यूरोपीय पूँजीवाद विकसित हो ही नहीं सकता था। पूँजीवाद कोई राष्ट्रीय घटना नहीं थी : यह मूलतः एक विश्व घटना थी। मजेदार बात यह है कि उसने दो परस्पर विरोधी काम किए—एक तो राष्ट्र को जन्म दिया यानी राष्ट्रीय सीमाओं की अनुल्लंघनीयता का सिद्धांत स्थापित किया और दूसरे, एक राष्ट्र के लोगों को दूसरे राष्ट्रों के अंदर जा कर उद्योग-व्यापार के संबंध बनाने को बाध्य कर दिया। उद्योग-व्यापार के ये संबंध उद्योग-व्यापार के पहले के संबंधों का विस्तार नहीं थे। पूँजीवाद के उद्‌भव के पहले दुनिया भर में टेकनोलॉजी का स्तर बहुत ज्यादा ऊँचा नहीं था। कुछ इलाकों में जरूर कार्य कुशलता का विशेष दिशा में विकास हुआ, लेकिन इसे आप चाहें तो विशिष्टीकरण की कोटि में रख सकते हैं। इसका लाभ यह होता था कि हर क्षेत्र की विशिष्ट वस्तु का उपभोग दूसरे क्षेत्रों के विशिष्ट लोग कर लेते थे, किंतु इसके कारण शोषण का कोई रिश्ता नहीं बनता था। कार्ल मार्क्स ने अपनी प्रसिद्ध पुस्तक 'कैपिटल' में दिखाया है कि किस प्रकार विनिमय से अतिरिक्त मूल्य पैदा नहीं हो सकता। पूँजीवाद ने, जो यूरोप में हुई औद्योगिक क्रांति पर आधारित था, विनिमय के मूलभूत सिद्धांत को ही बदल दिया। विदेश व्यापार के बीच से अतिरिक्त मूल्य पैदा करने की स्थितियाँ बनीं, जिसने बाद में नग्न उपनिवेशवाद का रूप ले लिया। ईस्ट इंडिया कंपनी का राज महारानी विक्टोरिया के शासन में बदल गया। इस तरह पूँजीवाद के भीतर शुरू से ही एक द्वंद्वात्मकता थी। राष्ट्र की सीमाएँ खींचें बिना पूँजीवाद भौतिक साधनों पर स्वामित्व का बँटवारा नहीं कर सकता था न श्रमिकों के बाजार को अनुशासित कर सकता था। लेकिन राष्ट्र के बाहर गए बिना वह दूसरे समुदायों का आर्थिक शोषण भी नहीं कर सकता था। इस तरह पूँजीवाद अपने विकासमान चरण में एक तरफ तो राष्ट्रीयता के मूल्यों को बढ़ावा देता है और दूसरी तरफ वह विश्व बाजार का भी स्वप्न देखता है। शुरू में यह विश्व बाजार उपनिवेशवाद के द्वारा जोर-जबरदस्ती बनाया गया, लेकिन जब यह संभव नहीं रह गया तो आर्थिक साम्राज्यवाद और अंतर्राष्ट्रीय वित्त संस्थाओं का सहारा लिया जाने लगा। अब तोप

के जरिए नहीं, विदेशी मुद्रा के जरिए अपनी बात मनवाई जाती है।

दुनिया अगर एक गाँव है तो वह एक खूबसूरत जगह हो सकती है। गाँव में भी विषमताएँ होती हैं, लकिन अपनापा भी होता है या हो सकता है। लेकिन दुनिया अगर एक बाजार है, तो उससे डरना चाहिए। बाजार द्वारा लाया गया एकीकरण हमेशा छद्‌म एकीकरण होता है। यदि हमें निमंत्रण विश्व समाज का नहीं, विश्व बाजार का है, तो यह चिंता की बात है। यदि यह एकीकरण सिर्फ संचार क्रांति के कारण हुआ होता, शोध और गवेषणा के स्तर पर भी होता और राजनीति तथा कानून के स्तर पर भी होता। लोग दुनिया में कहीं भी आने-जाने के लिए स्वतंत्र होते, वैज्ञानिक कामों में पूर्ण पारस्परिक सहकार होता (एक ही विषय पर हर देश में अलग-अलग शोध नहीं हो रहा होता) और राजनीतिक स्तर पर हम विश्व संसद तथा विश्व सरकार की ओर बढ़ रहे होते। दुनिया की यह राजनीतिक एकता उन देशों के लिए बहुत उपयोगी होती, जहाँ अलगाववादी आंदोलन चल रहे हैं। यदि किसी भी देश के किसी भी समुदाय को अपने साथ होनेवाले अन्यायों के खिलाफ किसी विश्व संस्था में अपील करने का अधिकार और वहाँ से न्याय प्राप्त करने का आश्वासन हो, तो वह अपना अलग देश बनाने के बारे में क्यों सोचेगा ? स्पष्ट है कि बहुत-सी समस्याएँ होती हैं जो परंपरागत संप्रभु राष्ट्र-राज्यों के ढाँचे में सुलझ नहीं सकतीं। मानव अधिकारों का मामला भी ऐसा ही है।

वस्तुतः यह संचार क्रांति भी एक खूबसूरत धोखा है। यह सिर्फ सूचना क्रांति नहीं है। यह सच है कि आज सूचनाओं के व्यापक विस्फोट से आधुनिक मनुष्य पहले की तुलना में कहीं ज्यादा जानता है और दिलचस्पी हो तो और अधिक जान सकता है, लेकिन आम आदमी को सूचनाओं, परामर्शों और मनोरंजन का जो तंत्र प्रभावित कर रहा है, वह एक सधा हुआ व्यावसायिक तंत्र है। न केवल उसके उद्देश्य व्यावसायिक हैं, बल्कि उसका भौतिक आधार उपभोक्ता अपसंस्कृति पर टिका हुआ है। इसी प्रक्रिया में स्टार टीवी, सी.एन.एन., बी.बी.सी. आदि ने फिलहाल एशिया पर धावा बोला हुआ है। यदि यह सिर्फ सूचना क्रांति होती या इसका उद्देश्य सूचनाओं का प्रसार होता तो सबसे पहले अँधेरे महादेश अफ्रीका की तरफ ध्यान जाता, जहाँ आधुनिक सूचनाओं की सबसे ज्यादा जरूरत है। लेकिन अब भी वहाँ बाइबिल ही भेजी जाती है, आधुनिक जीवन विन्यास की खबरें नहीं। जब अफ्रीका भी एक आधुनिक बाजार हो जाएगा—शायद पूरा अफ्रीका कभी नहीं, उसका एक हिस्सा, तो वहाँ भी मदमाते विज्ञापन और सनसनाते समाचार दिखाएँ जाएँगे।

अगर यह दुनिया सिर्फ बाजार के जरिए जुड़ती है—समाज के स्तर पर और ज्यादा प्रतिबंधित होती है, तो स्पष्ट है कि यह एक डरावनी और खतरनाक दुनिया होगी। इसलिए कि यह कोई एक दुनिया नहीं है, जिसमें हम रहते हैं। दुनिया के जो हिस्से विकसित हैं, वे आपस में जुड़ें तो दोनों लाभान्वित हो सकते हैं। यूरोप और

अमेरिका दोनों जुड़ें तो वे एक-दूसरे की कमियाँ पूरी कर सकते हैं। जापान और अमेरिका का आर्थिक संबंध दोनों के लिए लाभप्रद हो सकता है। इसी तरह दुनिया के गरीब हिस्से आपस में जुड़ें तो यह भी लाभप्रद हो सकता है। उनकी समस्याएँ एक जैसी हैं, अतः वे उनका साझा समाधान कर सकते हैं। हालाँकि सिर्फ बाजार के जरिए जुड़ना तब भी समस्यापूर्ण होगा, क्योंकि बाजार में जितना सहकार होता है, उससे कहीं ज्यादा द्वंद्व होते हैं। राष्ट्रीय बाजार में कम, अंतर्राष्ट्रीय बाजार में ज्यादा। जिस पर गरीब और अमीर राष्ट्रों का जुड़ना एक मुश्किल चीज हैं। क्या उनके बीच सहज संबंध हो सकते हैं ? क्या वे चीजों को एक नजरिए से देख सकते हैं ? क्या उनके स्वार्थ एक हो सकते हैं ? फिर गरीब देशों को अमीर देशों से जुड़ने के लिए क्यों बाध्य और प्रेरित किया जा रहा है ? और , गरीब देशों के शासक वर्ग में अमीर देशों से जुड़ने की ख्वाहिश क्यों देखने में आ रही है ?

कारण बहुत साफ है। गरीब देशों के शासक वर्ग ने अपने देशों को ऐसा नहीं बनाया है कि वहाँ की पूरी श्रमशक्ति आधुनिक उत्पादकता हासिल कर सके। यदि ऐसा होता, तो इस विश्व जुड़ाव से ज्यादा दिक्कत नहीं होती। दिक्कत इसलिए होती है कि इन देशों का एक बहुत छोटा-सा हिस्सा ही आधुनिक क्षेत्र में आ पाया है। शेष लोग उत्पादन और उपभोग के स्तर पर अठारहवीं या उन्नीसवीं शताब्दी में रहते हैं। उदाहरण के लिए ऊर्जा के उपभोग को ही लीजिए। 1994 में भारत में प्रति व्यक्ति ऊर्जा उपभोग (तेल की समतुल्यता में) सिर्फ 243 किग्रा. था, जबकि संयुक्त राज्य अमेरिका में यह 7, 905 किग्रा. (यानी 32 गुना), कनाडा में 7,795 किग्रा. (यानी लगभग 32 गुना), जर्मनी में 4,097 किग्रा. (यानी 16 गुना) और रूस में 4,038 किग्रा. (यानी लगभग 16 गुना) था। स्पष्ट है कि भारत भूमंडल के उस हिस्से में आता है, जहाँ का जनसाधारण आधुनिक क्षेत्र में प्रवेश नहीं कर पाया है। इस तरह विकसित और अविकसित देशों के हित गहरे रूप से परस्पर विरोधी हो चुके हैं। पिछड़ी हुई आबादी का हित इसमें है कि पहले देश का उद्योगीकरण हो, फिर वह दुनिया से जुड़े। आधुनिक सुविधाओं का उपभोग करनेवाली आबादी का स्वार्थ यह है कि पहले दुनिया से जुड़ो—उससे जो भी उद्योगीकरण होता है, वह हो। इसका कारण यह है कि गरीब देशों में इतनी आंतरिक शक्ति पैदा नहीं हो पाई है कि वह अपनी इस आधुनिकीकृत आबादी की बढ़ती हुई इच्छाओं को पूरा कर सके। देश में आंतरिक साधनों से जो चीजें पैदा होती हैं या हो सकती हैं, सिर्फ उनसे इस वर्ग का काम नहीं चल सकता। साथ ही, उसमें इतनी क्षमता भी नहीं है कि वह अपने उद्यम से ये चीजें पैदा कर दिखाए। न उतनी पूँजी है, न वैसी टेक्नोलॉजी और न उतनी प्रबंध क्षमता। अतः वह नकली और धूर्त विश्ववाद को आमंत्रित करता है।

यह विश्ववाद धूर्ततापूर्ण इसलिए है कि इसके पीछे राष्ट्रहित की कोई वास्तविक प्रेरणा नहीं है। अमीर देशों का पूँजीवाद विश्ववादी होते हुए भी सबसे पहले अपने

देश के प्रति वफादार होता है। किसी बहुराष्ट्रीय कंपनी का मालिक विश्व नागरिक नहीं हो जाता। वह दूसरे देशों से समृद्धि बटोर कर अपने देश को समृद्ध करता है। लेकिन गरीब देशों का पूँजीवाद राष्ट्रविरोधी होता है, क्योंकि वह अन्य देशों के पूँजीपतियों को समृद्ध कर अपनी समृद्धि खोजता है और इस प्रक्रिया में इस बात की कतई परवाह नहीं करता कि उसके देश के करोड़ों लोगों का क्या होगा। यह विश्ववाद गरीब देशों का तेजी से उद्योगीकरण नहीं करता, बल्कि उनके उद्योगीकरण की रही-सही संभावनाओं को भी नष्ट कर डालता है। शुरू में जरूर कुछ उद्योग-धंधे दिखाई पड़ते हैं। आयात-निर्यात बढ़ने से कुछ आर्थिक सक्रियता भी आती है। लेकिन इसमें इतनी शक्ति नहीं होती कि पूरी आबादी का जीवन स्तर ऊँचा कर सके। आबादी का एक बड़ा हिस्सा आधुनिकता के इस लेन-देन से बहिष्कृत रहता है। जो लोग इस बाजार से बाहर हैं, वे क्रमशः और दूर होते जाते हैं।

मौजूदा दौर के भूमंडलीयकरण की एक बड़ी विशेषता यह है कि यह सिर्फ पूँजी की अबाध आवाजाही को आमंत्रित करता है और श्रमिकों के विश्व विचरण को तरह-तरह से अनुशासित करता है। मधु किश्वर ने, जो दुर्भाग्य से अब उदारीकरण की समर्थक हो गई हैं, अपने एक शोधपूर्ण लेख[1] में अनेक उदारहण देकर यह सिद्ध किया है कि किस प्रकार गरीब लोगों के विश्व संचरण में बाधा डालना गरीब इलाकों की गरीबी को बनाए रखने का एक अंतर्राष्ट्रीय पूँजीवादी षड्यंत्र है। वे बताती हैं, 'अभी हाल तक इतिहास में लोग गरीबी की स्थिति और भूमि/संसाधनों पर पड़ते दबाव से निपटने का जो सीधा-सरल उपाय अपनाते रहे हैं, वह था कमीवाले या अधिक अत्याचारवाले इलाके से निकल कर किसी बेहतर स्थान पर जा कर बस जाना। उदाहरणतः जब भी लंबा अकाल पड़ता या अन्य कारणों से भूमि कम उपजाऊ हो जाती, तो लोग किसी नए या खुशहाल इलाके में जा बसते। इसी तरह संसार के एक कोने से दूसरे कोने में कबीलों और जनसमूह का आव्रजन होता रहा।' लेकिन 'सत्तरहवीं शताब्दी में आधुनिक यूरोपीय देशों ने अपने बढ़ते औपनिवेशक साम्राज्यों की सीमा से बाहर जन समुदायों के आव्रजन पर प्रतिबंध लगाने की शुरुआत की और बीसवीं शताब्दी आते-आते ये प्रतिबंध राष्ट्र-राज्यों के बीच उग्रता की चरम स्थिति तक पहुँच गए। उन सभी अन्य समाजों के लिए, जो बाद में यूरोपीय राष्ट्रों की तरह राष्ट्र-राज्य बने या उस रूप में संगठित हुए, ये प्रतिबंध एक प्रकार के मॉडल साबित हुए।...यहाँ यह बात ध्यान में रखना बहुत महत्वपूर्ण है कि यूरोपीय राष्ट्र-राज्यों ने ये प्रतिबंध तब लगाने शुरू किए जब यूरोपीय देशों ने छल-बल व अन्य तरीकों से विश्व के सबसे समृद्ध भूखंडों पर कब्जा कर लिया था।'

---

1. 'खुली दुनिया : बँधे लोग', राजकिशोर द्वारा संपादित 'विनाश को निमंत्रण : भारत की नई अर्थनीति', (वाणी प्रकाशन, नई दिल्ली), पृष्ठ 30-39

दिलचस्प यह है कि विकसित देश श्रमिकों के आवागमन पर आज कठोर प्रतिबंध लगा रहे हैं, लेकिन जब उन्हें सस्ते श्रम की जरूरत थी, उन्होंने 'अपने उपनिवेशों के बीच आबादी का बड़ी संख्या में स्थानांतरण किया। यह स्थानांतरण श्रम का था, जिसे उन्होंने कड़े प्रतिबंधों और नियंत्रणों के तहत किया। ब्रिटिश उपनिवेशवादी भारतीयों को बंधुआ मजदूरों के रूप में अन्य स्थानों के अलावा अफ्रीका और फिजी भी ले गए।' लेकिन स्थिति बदलते ही पूँजीवाद किस प्रकार अपना दर्शन बदल लेता है, इसका उदाहरण यह है : '60 और 70 के दशकों में उच्च तकनीकी दक्षतावाले भारतीय डॉक्टरों और इंजीनियरों को अमेरिका जा कर बसने के लिए विशेष प्रोत्साहन दिए गए, क्योंकि अमेरिका के पास प्रशिक्षित पेशेवर लोगों की कमी थी। लेकिन जब अमेरिका की आवश्यकता पूरी हो गई, तो उसने कड़े आव्रजन कानून लागू कर दिए। आज एक भारतीय महिला को अमेरिका में बसे अपने पति के पास जा कर रह पाने या मिलने भर के लिए वीसा पाने में वर्षों लग जाते हैं।' इस विडंबना पर टिप्पणी करते हुए मधु किश्वर लिखती हैं कि 'मानव इतिहास में यह पहली बार ऐसा हो रहा है कि राजनीतिक सीमाओं से बाहर बिना सरकारी अनुमति के खुद अपनी मेहनत से रोजी-रोटी कमाने को एक अपराध करार कर दिया गया है।' और इस निष्कर्ष पर पहुँचती हैं कि 'स्पष्टतः मुक्त व्यापार तब तक मुक्त नहीं है, जब तक सिर्फ मुद्रा यात्रा कर सकती है—लोग नहीं।'

लेकिन यथार्थ का दबाव ऐसा होता है कि उसके आगे कानून अलंघ्य दीवार का काम नहीं कर सकते। यही कारण है कि दुनिया भर में वैध-अवैध आव्रजन की समस्या बनी हुई है। पिछले दिनों प्रसिद्ध अर्थशास्त्री राबर्ट जे. सैमुएल्सन ने इस तथ्य पर प्रकाश डाला है कि अमेरिका में वास्तविक गरीबी उतनी नहीं है, जितनी आँकड़ों के आइने में दिखाई देती है। गरीबों में उनकी संख्या ज्यादा है, जो पास के और दूर के गरीब देशों से आए हैं। चूँकि ये लोग रोजगार की तलाश में आते हैं और जीवन से इनकी प्रत्याशा बहुत कम होती है, इसलिए वे कम मजदूरी पर भी काम करने लगते हैं और इनकी आय इतनी ज्यादा नहीं होती कि ये अपने स्वास्थ्य का बीमा करवा सकें। इस तरह अमेरिका शेष दुनिया से गरीबी का आयात कर रहा है। आँकड़े पेश करते हुए सैमुएल्सन ने बताया है कि 1970 से 1994 के बीच बाहर से आनेवालों का प्रतिशत 4.8 से बढ कर 8.7 हो गया, यानी लगभग दोगुना। '50 के दशक में यूरोप और कनाडा से आनेवालों की संख्या ज्यादा थी, अब मेक्सिको, लातिन अमेरिका तथा एशिया से आनेवालों की संख्या ज्यादा है। शोध से पता चलता है कि 1970 के दशक के प्रारंभ से गरीबी में एक चौथाई से आधी तक की वृद्धि इन आव्रजकों की वजह से ही है। इसके कारण अमेरिकी समाज में विषमता भी बढ़ रही है। सैमुएल्सन का कहना है कि ऐसा नहीं है कि अमेरिकी समाज में गरीबी, अपराध आदि की समस्याएँ नहीं हैं, लेकिन इसमें भी संदेह नहीं कि गरीब आव्रजकों के कारण ही

ये समस्याएँ और गहरी तथा पेचीदा हुई हैं। वह अपने मन की बात बार-बार छिपाने की कोशिश करते हैं, लेकिन उनकी यह इच्छा बार-बार और तरह-तरह से प्रकट होती है कि यदि ये आव्रजक अमेरिका में मौजूद न होते, तो अमेरिकी समाज कितना बेहतर हो सकता था।

यह एक अर्थशास्त्री का वक्तव्य है, जिसके पीछे कोई राजनीति नहीं है, ऐसा नहीं कह सकते। लेकिन अर्थशास्त्री ने राजनीतिक मुहावरों का इस्तेमाल नहीं किया है और न ही कोई राजनीतिक एजेंडा पेश किया है। यहाँ तक कि वह साफ-साफ यह भी नहीं कहता कि गरीबी का यह आयात रोका जाना चाहिए। वह आधुनिक विद्वान की तरह तटस्थ तथा वस्तुपरक बने रहना चाहता है और आर्थिक कसौटियों का इस्तेमाल करते हुए यह सिद्ध करना चाहता है कि अमेरिका का आर्थिक कार्यवृत्त वास्तव में बहुत अच्छा है—यदि वह कुछ मामलों में बुरा दिखाई पड़ रहा है, तो इसका एक बड़ा कारण बाहर से आनेवाले गरीब हैं। वे भारी संख्या में आकर अमेरिकी समाज का जीवन स्तर गिरा देते हैं।

क्या अर्थशास्त्र कोई राष्ट्रीय विज्ञान है ? यदि वह मानवशास्त्र का ही एक हिस्सा है, तो आव्रजन के कारण फैलनेवाली गरीबी पर विचार करने के साथ-साथ इस पहलू पर भी ध्यान दिया जाता कि दुनिया के उन हिस्सों में इतनी गरीबी क्यों है, जहाँ से लोग भाग-भाग कर अमेरिका आते हैं ? गुन्नार मिर्डल भी अर्थशास्त्री ही हैं, जिन्होंने 'विश्व निर्धनता की चुनौती' नामक किताब लिखी थी और यह बताया था कि इस चुनौती का सामना नहीं किया गया, तो समृद्ध विश्व भी समस्यामुक्त नहीं हो सकता। सैमुएल्सन के तथ्य उस चेतावनी की चरितार्थता को ही अभिव्यक्त करते हैं। यह नहीं कहा जा सकता कि शेष विश्व की गरीबी के लिए अमेरिका ही सीधे-सीधे जिम्मेदार है, यद्यपि इसमें कोई संदेह नहीं कि पश्चिम द्वारा शुरू किए गए उद्योगीकरण तथा साम्राज्यवादी लूट के कारण ही विश्व स्तर पर इतनी विषमता दिखाई देती है। पहले गरीबी थी, तो दुनिया भर की गरीबी थी। सिर्फ वे हिस्से ज्यादा सुखी थे, जहाँ प्रकृति उदार थी। लेकिन आज दुनिया के ऐसे अनेक हिस्से अमीर हैं, जहाँ प्रकृति उदार नहीं है। चूँकि अमीरी का चरित्र बदल गया है, इसलिए गरीबी भी स्वाभाविक गरीबी नहीं है। वह एक विशेष स्थिति की उपज है। यह विशेष स्थिति चूँकि पश्चिम के औपनिवेशिक वर्चस्व से पैदा हुई है, इसलिए इसका समाधान भी इस वर्चस्व का समाप्त करने से ही निकलेगा। अमेरिकी समाज निश्चय ही बेहतर कर रहा है, लेकिन यदि वह गरीबी हटाने के विश्व एजेंडा पर भी काम करे, तो वह पाएगा कि न केवल आव्रजन की समस्या धीरे-धीरे खत्म हो रही हैं, बल्कि उसका अपना समाज भी हर दृष्टि से संतुलित हो रहा है। आप दूसरों के घरों में चिनगारियाँ फेंकेगे, तो आपके घर पर भी आँच आए बिना नहीं रह सकती।

स्पष्ट है कि जब तक शेष विश्व में गरीबी और अभाव है, संपन्न समाज सुखी

नहीं रह सकते। वे अपने दरवाजे चाहे कितनी मुस्तैदी से बंद रखें और गैरकानूनी आव्रजकों को देखते ही गोली मार दें या नाव अथवा हवाई जहाज में बैठा कर उलटे पैर लौटा दें, फिर भी वे आएँगे और जान की बाजी लगाकर आएँगे, क्योंकि इसके अलावा उनके पास कोई और विकल्प नहीं है। यही कारण है कि इधर दोनों प्रवृत्तियाँ बढ़ रही हैं। एक ओर तो कानूनी और गैरकानूनी आव्रजकों की संख्या में इजाफा हो रहा है और दूसरी ओर पश्चिमी देशों में इन पर रोक लगाने के लिए तरह-तरह के नए और कड़े कानून बनाए जा रहे हैं। यह मान्यता गलत नहीं है कि फ्रांस, जर्मनी आदि देशों में जो नया फासीवाद दिखाई पड़ रहा है, उसका एक कारण बाहर से आनेवालों द्वारा पैदा की गई गरीबी तथा अन्य समस्याएँ भी हैं। बेशक इसके पीछे असहिष्णुता तथा समस्याओं की सतही समझ है। लेकिन जब उन समाज़ों के विद्वान और राजनीतिज्ञ कोई उदार विश्व दृष्टि पेश नहीं करेंगे तथा दुनिया के बदलते हुए चरित्र पर प्रकाश नहीं डालेंगे और पश्चिमी समाज का आंतरिक संकट बढ़ता जाएगा, तो ऐसी प्रतिक्रियाएँ क्यों नहीं पैदा होंगी ? फासीवाद का उचित जवाब सिर्फ उसकी भर्त्सना करना नहीं, बल्कि ऐसी परिस्थितियाँ पैदा करना है, जिनमें मनुष्य उदार तथा संवेदनशील बने। जाहिर है, इसका एक भौतिक पहलू हमेशा रहेगा।

क्या इस स्थिति में हमारे लिए भी कुछ शिक्षा छिपी हुई है ? इस संदर्भ में भारतीय जनता पार्टी के उस सतत अभियान की स्मरण आए बिना नहीं रहता, जो वह बांग्लादेशी आव्रजकों के खिलाफ छेड़े रहती है। कई राज्यों में भाजपा की सरकारें बनीं, तो वहाँ यह अभियान विशेष रूप से चलाया गया कि विदेशी नागरिकों की पहचान की जाए। इसमें तकनीकी रूप से कुछ भी गलत नहीं था, लेकिन इस प्रक्रिया में बहुत-से लोगों को गंभीर असुविधा हुई। भाजपा का कहना है कि वह मुसलमानों की विरोधी नहीं हैं, लेकिन यह कैसे सहन किया जा सकता है कि कई करोड़ की तादाद में विदेशी नागरिक भारत में आ कर रहें और न केवल अनेक प्रदेशों की जनसांख्यिकी संतुलन बिगाड़ें, बल्कि आम तौर पर भी समस्या पैदा करें। भारत एक गरीब देश है और जब इतनी भारी संख्या में आस-पास के गरीब यहाँ आते हैं, तो वे सांस्कृतिक विभिन्नताओं के कारण कई प्रकार की समस्याएँ पैदा करते हैं। अब गृह मंत्री लालकृष्ण आडवाणी पूरे देश में परिचय पत्र योज़ना लागू करने की बात कर रहे हैं, ताकि गैरकानूनी आव्रजकों की शिनाख्त हो सके। भाजपा के इन अभियानों में क्या हमें सैमुएल्सन की वाणी नहीं सुनाई पड़ती ? स्पष्टतः अमेरिका और एशिया का जो रिश्ता है, वही रिश्ता दक्षिण एशिया में भारत और उसके आस-पास के गरीब देशों का है। पानी की तरह गरीबी की भी एक स्वाभाविक धार होती है।

इस पर दूसरे दलों की क्या प्रतिक्रिया होती है ? वे गैरकानूनी आव्रजन के इस तथ्य पर परदा डालना चाहते हैं। वे आव्रजकों के बीच अपना राजनीतिक आधार बनाते हैं और उनकी सहायता से चुनाव जीतने की कोशिश करते हैं। वे गैरकानूनी तरीके

से भारत की नागरिकता का भी वितरण करते हैं। कहना न होगा कि इससे समस्याएँ और पेचीदा होती हैं। इससे भाजपा की आलोचना को और वैधता ही मिलती है। हमें यह अनुभव करना चाहिए कि यह एक वास्तविक समस्या है और इसका उचित समाधान नहीं किया गया, तो इससे फासीवादी विचारधारा को प्रोत्साहन मिल सकता है। बेशक बाहर से, गरीबी के कारण, आनेवालों के साथ अपराधी की तरह व्यवहार नहीं होना चाहिए। लेकिन उनकी शिनाख्त तो होनी ही चाहिए। दुनिया भर के देश यदि इस तरह के आँकड़े जमा करेंगे, तभी यह स्पष्ट होगा कि यह सापेक्षिक गरीबी की एक विश्व समस्या है तथा इसका समाधान गरीबी दूर करने के एक विश्व एजेंडा से ही संभव है। वस्तुतः यह समस्या राष्ट्र के भीतर भी तरह-तरह से सिर उठाती है। गाँवों के लोग शहरों की तरफ भाग रहे हैं और वहाँ के जनजीवन को कठिन बना रहे हैं। इस समय सभी एशियाई शहर अत्यंत विस्फोटक स्थिति में है। यदि वहाँ आबादी का दबाव समय रहते कम नहीं किया गया, तो सहज नागरिक जीवन असंभव हो जाएगा। जाहिर है, इसका इलाज तो वही है कि शहरों में लोगों के आने पर कड़ी रोक लगा दी जाए। इलाज तो वही है, जो विश्व स्तर पर लागू होता है यानी क्षेत्रीय विषमता कम की जाए। जब इस तरह की एक स्वाभाविक दृष्टि बन जाएगी, तो वह सभी स्तरों पर लागू होती। दुर्भाग्य यह है कि आज दुनिया उलटी दिशा में बढ़ रही है। पूँजी के अंतर्राष्ट्रीय आवागमन को प्रोत्साहित किया जा रहा है और श्रम को उसके देश में रोका जा रहा है। यह स्मरण रखने की जरूरत है कि यदि पूँजी का कोई देश नहीं होता, तो गरीबों का भी कोई देश नहीं होता।

स्पष्ट है कि भूमंडलीयकरण और विश्ववाद एक नहीं हैं। भूमंडलीकरण एक आर्थिक परिघटना है, जबकि विश्ववाद मुख्यतः एक राजनीतिक-सामाजिक चेतना है। विश्ववादी अपनी मातृभूमि या पितृभूमि के प्रति लगाव अनुभव करते हुए धरती माता के साथ भी जुड़ाव महसूस करता है। इस पर डॉ. राममनोहर लोहिया ने एक बहुत अच्छी टिप्पणी लिखी थी, जिसका शीर्षक था 'भारतमाता धरतीमाता।'[2] इस टिप्पणी का एक हिस्सा यहाँ प्रस्तुत किया जा रहा है–

'जनरल थिमैया साइप्रस में मरे, लेकिन उनका शव हजारों मील दूर बंगलूर, भारत में ला कर दफनाया गया। जनरल निम्मो कश्मीर का काम करते हुए पाकिस्तान में मरे, लेकिन उनके शव को ब्रिसबेन, आस्ट्रेलिया ले जाया गया। ये दोनों संयुक्त राष्ट्र संघ का काम कर रहे थे। दुनिया एक है, लेकिन दुनिया में काम करनेवाले लोग भी, चाहे, जहाँ मरें, लाए जाते हैं अपने देश में। शर्त खाली यह है कि वे या तो इतने अमीर हों अथवा इतने मशहूर हों कि उनकी लाश पर ऐसा खर्चा किया जा सके।

'एक तोता-रटंत चाल पड़ गई है कि दुनिया सिकुड़ गई है। लोग कुछ ही घंटों

2. ओंकार शरद द्वारा संपादित 'भारतमाता-धरतीमाता' (लोकभारती प्रकाशन, इलाहाबाद) में संकलित

में एक कोने से दूसरे कोने तक पहुँच सकते हैं। यह भी कहा जाता है कि राष्ट्रीयता कम हो रही है और अंतर्राष्ट्रीयता बढ़ रही है। लेकिन मरे शरीर के साथ जो कुछ किया जाता है, उससे यही साबित होता है कि दुनिया फैल रही है और राष्ट्रीयता बढ़ रही है।'

'यह सही है कि मरनेवालों के अपने स्वजन और रिश्तेदार होते हैं। आखिरी बार चेहरा देखने की तबीयत बड़ी तीव्र होती है। देश भी शायद सम्मान करना चाहता है। लेकिन पृथ्वी भी कुछ है या नहीं ? ये सब विभिन्न राष्ट्रीयता माताएँ ही रहेंगी अथवा पृथ्वीमाता की भी कोई जगह है ? हमें तो इसे विष्णु पत्नी कहना ज्यादा अच्छा लगता है, यह समुद्रवसना, पर्वततनया पृथ्वी। ऐसी विशाल प्रेमिका के किसी भी कोने में जलाया या दफनाया जाना कितना रोमांचकारी है।'

भूमंडलीकरण एक खतरनाक चीज है, लेकिन विश्ववाद का कोई विकल्प नहीं है। ज्ञान, चिकित्सा और सुरक्षा के क्षेत्र में दुनिया में जो कुछ भी आधुनिकतम है, वह प्रत्येक देश को किसी भी कीमत पर प्राप्त करने की कोशिश करनी चाहिए। यदि यक्ष्मा का कोई नया उपचार अमेरिका के पास है तो महँगा होने पर भी उसे खरीदा जाना चाहिए। इसी तरह आधुनिकतम ज्ञान प्राप्त करने के लिए लोगों को दूर-दूर भेजा जाना चाहिए। कला, साहित्य और संस्कृति के क्षेत्र में भी विश्ववादिता एक आकर्षक और जरूरी विचार है। लेकिन उपभोग के मामले में आधी से ज्यादा आबादी का पिछड़ी-से-पिछड़ी स्थितियों में पड़े रहना और मुट्ठी भर आबादी का विश्ववादी हो जाना राष्ट्रद्रोह से कम नहीं माना जा सकता। जिन्हें आधुनिकतम उपभोग की इतनी ही ललक है, उन्हें अपना देश छोड़ देना चाहिए और विदेश जा कर बस जाना चाहिए। निश्चय ही अनेक लालची भूमंडलवादी ऐसा कर भी रहे हैं। लेकिन सबके लिए तो अमीर देशों में जगह हो नहीं सकती। अतः वे अपने देश में ही अपना विदेश पैदा करने की कोशिश करते हैं। किसी भी गरीब देश के इसी वर्ग में विश्व बाजार से जुड़ने की छटपटाहट देखी जाती है। वह अपने देश की सर्वश्रेष्ठ चीजें कम कीमत पर विदेश भेजता है और विदेश की साधारण चीजें भी महँगे दामों पर अपने लिए मँगाना चाहता है। इस अर्थ में वह न अपने राष्ट्र का दोस्त है और न विश्व का, क्योंकि दोनों से ही उसके रिश्ते लालच के हैं। लोहिया की शब्दावली में वह विश्व-मित्र नहीं, विश्व-यार है। विचार करने की बात यह है कि विश्व आर्थिक व्यवस्था का नियमन करने के लिए तो विश्व व्यापार संगठन बन गया है, जो एक तरह से आर्थिक मामलों की विश्व सरकार है, लेकिन राजनीतिक क्षेत्र में, जहाँ संघर्ष सबसे ज्यादा तीखे और विध्वंसपूर्ण रहे हैं, कोई विश्व सरकार बनना अभी भी एक असंभव स्वप्न प्रतीत होता है।

दुनिया से जुड़ने की मनुष्य की इच्छा बहुत ही सहज और स्वाभाविक है। लेकिन देखने की बात यह है कि दुनिया से कौन जुड़ रहा है, क्यों जुड़ रहा है और जुड़ कर क्या कर रहा है। देखने की बात यह भी है कि जो विदेशी अपनी पूँजी और अपनी

मशीनें ले कर हमारे बीच आना चाहते हैं, उनका उद्देश्य क्या है। अगर वे सिर्फ व्यापारी हैं, तो उनसे ज्यादा खतरा नहीं हो सकता, क्योंकि वे जितने का माल लाएँगे, उतने का माल ले भी जाएँगे। लेकिन अगर वे हमारे संसाधनों से हमारी ही जमीन पर माल बना कर हमें बेचना चाहते हैं, तो यह निरापद नहीं हो सकता, क्योंकि तब ये क्यों चाहेंगे कि कभी हमें अपना माल बनाना खुद आ सके ? अंतर्राष्ट्रीय श्रम विभाजन समझ में आता है, लेकिन यह तो अंतर्राष्ट्रीय स्तर पर पूँजी और श्रम का विभाजन है, जिसमें एक देश की पूँजी दूसरे देश के श्रम और भूमि को अपना गुलाम बनाती है, जिससे स्थानीय स्तर पर पर्याप्त पूँजी निर्माण नहीं हो सकता। इस तरह अविकसित देशों का उद्योगीकरण अंततः बाधाग्रस्त ही होता है। बाजार में जरूरी नहीं कि युद्ध ही हो, दोस्ती भी हो सकती है। लेकिन जिस बाजार में गरीब और अमीर दोनों एक साथ टकराएँ, वहाँ दोस्ती कैसे कायम रह सकती है ? गरीब देशों का विश्व बाजार ऐसी ही घटना है और जब तक अंतर्राष्ट्रीय विषमता कायम है, तब तक ऐसी ही घटना रहेगी। यह भी निश्चित है कि विश्व बाजार और विश्व पूँजी से जुड़ने पर गरीब देश विश्व बिरादरी में हीनतर होते जाएँगे। विश्वास न हो तो उन देशों का मौजूदा हाल देख लीजिए, जिन्होंने हमसे ऐसा किया है। स्पष्टतः इशारा लैटिन अमेरिकी देशों की तरफ है, जिनमें से ज्यादातर कुछ समय की आर्थिक बेहतरी के बाद लगातार आर्थिक संकट में फँसे हुए हैं।

एक कदम आगे, एक कदम पीछे

पूँजीवाद अपना दर्शन यह बताता है कि समाज की आर्थिक गतिविधियों में सरकार को कम से कम दखल देना चाहिए। उसका काम तो मुख्य रूप से कानून-व्यवस्था की देखभाल करना है, ताकि लोग अपने-अपने हितों के अनुसार अपने जीवन का संचालन कर सकें। इसी का अनुकरण करते हुए उदारीकरण की नीति यह रेखांकित करती है कि सार्वजनिक क्षेत्र छोटे से छोटा होना चाहिए, कर कम से कम लगाए जाने चाहिए, निजी उद्योगों के मार्ग में अवरोध न्यूनतम होने चाहिए तथा सरकार सिर्फ इस पर निगाह रखे कि स्पर्धा के नियमों का पालन किया जाए एवं किसी प्रकार का अस्वस्थ एकाधिकार न पनप सके। उदारीकरण के समर्थक यह देख कर खुश हो सकते हैं कि हमारी भारत सरकार विश्व बैंक और अंतर्राष्ट्रीय मुद्रा कोष द्वारा दिखाए गए इस रास्ते पर बड़ी ईमानदारी के साथ चल रही है यानी एक गरीब और लोकतांत्रिक देश में जितनी ईमानदारी से चलना संभव है। यह सीमा इसलिए पैदा हो जाती है कि देश में गरीबों की संख्या बहुत ज्यादा है और सरकार को अगर लोकतांत्रिक प्रणाली से चलाना है तथा बहुसंख्यकों का वोट हासिल करना है, तो दुनिया के नए मालिक चाहे जो भी कहें, कुछ न कुछ ऐसे कार्यक्रम अपनाने ही पड़ेंगे, जिनसे राजकोष को भले ही क्षति होती हो, किंतु यह भ्रम पैदा होता है कि सरकार जन हितैषी है। वैसे शायद ही कोई लोकतंत्र हो, जो भ्रमों के सहारे न चलता हो। लेकिन उदारीकरण का रास्ता अपनानेवाले देश में यह भ्रम पैदा करना इसलिए जरूरी होता है, क्योंकि जनता अपने दैनिक अनुभव से यह देख रही होती है कि अर्थनीति उस दिशा में जा रही है जिधर पूँजी की शक्ति बढ़ती जाती है और श्रमिक या श्रम के अवसर से वंचित व्यक्ति की शक्ति घटती जाती है।

लेकिन कोई भी ऐसा भ्रम नहीं होता, जो अपने टूटने का सामान अपने साथ लिए न चलता हो। यही कारण है कि उदारीकरण की प्रक्रिया से गुजर रहे देशों के राजनीतिक प्रतिनिधि जब अंतर्राष्ट्रीय आर्थिक सम्मेलनों में भाग लेते हैं, तो वे अपने

गरीब लोगों का नहीं, अपने संपन्न लोगों का प्रतिनिधित्व करते हैं। बेशक ऐसे सम्मेलन व्यवसाय-वाणिज्य को बढ़ावा देने के लिए ही होते हैं और इस हद तक इनकी उपयोगिता उचित ही है। लेकिन व्यवहार में जो तस्वीर उभरती है, वह कुछ और ही है। यह तस्वीर प्रधान मंत्री को या वित्त मंत्री को एक सेल्समैन के रूप में पेश करती है। यह सेल्समैन संपन्न देशों को यह आश्वस्त करने की कोशिश करता है कि वे निश्चिंत हो कर उसके देश में निवेश कर सकते हैं। इस प्रक्रिया में तरह-तरह की घोषणाएँ की जाती हैं और यह तो होता ही है कि अक्सर याचक जैसी मुद्रा अपनाई जाती है। सवालों के जवाब इस तरह दिए जाते हैं जैसे कोई दोषी व्यक्ति अपनी सफाई दे रहा हो। कुल मिला कर माहौल यह बनाने की कोशिश होती है कि हम बड़े कष्ट में हैं—अगर आपने हमारे यहाँ निवेश नहीं किया तो बड़ी मुश्किल हो जाएगी। तीसरी दुनिया के देशों में यह दयनीयता एक नई घटना है, जिसके परिप्रेक्ष्य में भी इस बात का विश्लेषण किया जा सकता है कि नई अर्थनीति के कारण विकासशील देशों का आत्मगौरव कितना बढ़ा है।

ध्यान देने की बात है कि जब विकासशील देश आज के हिसाब से गलत अर्थनीति पर चल रहे थे, तब उनके शासकों में इस प्रकार की दीनता नहीं थी। बेशक वे गरीब थे, उनकी अर्थव्यवस्था तेज गति से नहीं बढ़ रही थी और वे इस अथवा उस शिविर की सदस्यता स्वीकार करने के लिए बाध्य थे, फिर भी वे अपना स्वाभिमान किसी हद तक बचाए रख सकते थे। इसका एक महत्त्वपूर्ण उदाहरण श्रीमती गांधी थीं, जिनकी नीतियों से निश्चय ही देश का काफी नुकसान हुआ, पर अंतर्राष्ट्रीय स्तर पर जिन्होंने राष्ट्रीय स्वाभिमान का बाल बाँका नहीं होने दिया। नेहरूवादी नीतियों की आज धज्जियाँ उड़ाई जा रही हैं और आज की अधिकांश बुराइयों के लिए उन्हें दोषी ठहराया जा रहा है, किंतु यह भुलाया नहीं जाना चाहिए कि उनके समय में भारत की विश्व छवि सबसे बेहतर थी। सच तो यह है कि भारत उन दिनों विश्व नेताओं में था। यहाँ तक कि राजीव गांधी के समय में भी, जब उदारीकरण की नीतियाँ एक दूसरे स्तर पर अपनाई जा रही थीं, विश्व मंचों पर भारत की इज्जत कोई कम नहीं थी। बल्कि स्थिति तो यह थी कि राजीव देश के मामलों में जितनी रुचि लेते थे, विश्व मामलों में उससे कहीं ज्यादा रुचि लेते थे। निश्चय ही यह कोई स्पृहणीय स्थिति नहीं थी, फिर भी इससे भारत का अंतर्राष्ट्रीय रुतबा तो बढ़ता ही था। आज जबकि हम यह मान रहे हैं कि हम पहले से कहीं बेहतर नीतियों पर चल रहे हैं और हमारा भविष्य ज्यादा उज्ज्वल है, विश्व मंचों पर हम इतने लाचार, दयनीय और याचक-से क्यों होते जा रहे हैं ? उदारीकरण का अर्थ यह तो नहीं है कि हम अपने राष्ट्रीय स्वाभिमान के प्रति इस कदर अनुदार बन जाएँ !

उदाहरण के लिए पहले के किसी भी ऐसे अवसर की तरह दावोस के विश्व आर्थिक मंच (1997) पर भी यह बात बार-बार दुहराई गई कि भारत ने उदारीकरण

का जो रास्ता चुना है, उसका वह परित्याग नहीं करेगा। यह बात देश में और विदेश में भी इतनी बार कही जा चुकी है कि इसे एक और बार सुन कर चिढ़ ही होती है। यह सच है कि संयुक्त मोर्चा सरकार में उदारीकरण की नीति को ले कर गंभीर मतभेद थे, किंतु इसमें कोई शक नहीं है कि वामपंथी चाहे जितना जोर लगा देते, मोर्चा सरकार की अर्थनीतिक दिशा में कोई खास परिवर्तन होनेवाला नहीं था। अतः इस बात को इतनी बार दुहराने की जरूरत क्या थी ? यदि उदारीकरण की नीति हम पर लादी नहीं गई है और हम इस पर विवेकपूर्ण चल रहे हैं, तब हमारी उद्घोषणा यह होनी चाहिए कि उदारीकरण की नीति के वांछित परिणाम नहीं निकले, तो हम इस पर पुनर्विचार भी कर सकते हैं। आखिरकार लक्ष्य उदारीकरण या अनुदारीकरण नहीं है। लक्ष्य तो यह है कि अर्थनीति ऐसी होनी चाहिए, जिससे देश समृद्ध हो, सबको रोजगार मिले तथा जनता का जीवन-स्तर बेहतर हो। यदि ये लक्ष्य अधूरे रहते हैं, तो हमें अपनी अर्थनीतिक दिशा के बारे में पुनर्विचार करने में क्यों संकोच होना चाहिए और इसे विदेशी निवेशकों के सामने स्पष्ट करने में भी क्या दिक्कत है ? बल्कि तब यह भी हो सकता है कि वे हमारे सामाजिक लक्ष्यों के प्रति ज्यादा जागरूक हों और अपने निवेश के चरित्र को ऐसा ही बनाएँ। कोई भी कल्पनाशील व्यक्ति यह देख सकता है कि किस रास्ते पर चलना ज्यादा फायदेमंद है।

याचकता की भी अपना समस्याएँ हैं। जब याचक बहुत ज्यादा हो जाएँ तो उनमें आपस में ही प्रतिद्वंद्विता होने लगती है। यह सच है कि चीन जैसे देश ने अपनी ठसक नहीं छोड़ी है, बल्कि वह एक तरह से अक्सर आक्रामक मुद्रा में ही रहता है और उसे इसका लाभ भी मिलता है। लेकिन इसका कारण यही है कि वह हर विश्व मामले में अपने राष्ट्रीय हितों का पूरा खयाल रखता है, जिसका सबसे भारी खमियाजा हमें ही भुगताना पड़ा है—हम अभी तक उससे अपनी छीनी हुई जमीन वापस नहीं ले पाए हैं। आर्थिक मामलों में चीन इसलिए भारी पड़ता है, क्योंकि उसने उदारीकरण का रास्ता तब अपनाया है जब वह अपनी अर्थव्यवस्था के बुनियादी निर्माण का काम पूरा कर चुका है। विदेशी पूँजी का स्वागत और स्वीकार वह भी करता है, पर अपनी शर्तों पर और इसके लिए वह कोई एहसान भी नहीं मानता, क्योंकि वह जानता है कि विदेशी पूँजी उस पर कोई एहसान करने नहीं आई है—वह अपना ही हित साधने आई है। इसके विपरीत भारत जैसे विकासशील देशों का रुख याचना और आत्मदया का रहता है। वे यह भूलते हैं कि विदेशी पूँजी वहीं जाएगी, जहाँ उसे सबसे ज्यादा लाभ दिखाई देगा। क्या इसी का नतीजा है कि विकासशील देशों में विकसित देशों को नई-नई सुविधाएँ देने की प्रतिस्पर्धा-सी चल रही है ? जाहिर है, इससे सबसे ज्यादा नुकसान विकासशील देशों का ही होगा।

इस संदर्भ में हम उस पुरानी कहावत की याद दिलाना नहीं चाहते जिसमें कहा गया है कि बिना माँगे तो मोती मिलता है और माँगने से भीख भी नहीं मिलती। वस्तुतः

सवाल माँगने और न माँगने का है ही नहीं। सवाल व्यावसायिक आदान-प्रदान का है। यह कहना उचित नहीं होगा कि हमें विदेशी पूँजी या टेक्नोलॉजी की जरूरत नहीं है। मनुष्य जिस हद तक राष्ट्रीय सीमाओं से परे है यानी विश्व मनुष्य है, उस हद तक पूँजी और टेक्नोलॉजी का विश्व स्तरीय आदान-प्रदान स्वाभाविक है और उचित भी। अतः हमें भी विदेशी पूँजी की कामना करनी चाहिए, जैसे वे विदेशी पूँजी की कामना करते हैं। हमें भूलना नहीं चाहिए कि स्वयं अमेरिका उन देशों में है जहाँ सर्वाधिक विदेशी पूँजी लगी हुई है। दिलचस्प यह है कि पुनः अमेरिका उन देशों में भी है जिनकी ढेर सारी पूँजी विदेशों में लगी हुई है। हाल ही के एक आँकड़े में बताया गया है कि विश्व के सबसे बड़े निर्यातक देश विश्व के सबसे बड़े आयातक देश भी हैं। इसका निष्कर्ष यही है कि पूँजी वहीं जाएगी जहाँ जाना उसके लिए सर्वाधिक लाभप्रद होगा। अगर हम चाहते हैं कि विदेशी पूँजी भारत आए तो हमें सबसे पहले अपने साधनों से अपनी अर्थव्यवस्था को मजबूत बनाना होगा। एक स्वस्थ शरीर ही ज्यादा भोजन पचा सकता है या कहें कि हासिल भी कर सकता है। वही यह चुन भी सकता है कि वह क्या आत्मस्थ करे और क्या नहीं। रुग्ण शरीर की उपलब्धि भी क्षीण होगी और ग्रहणशीलता भी। जब हमारी अपनी अर्थव्यवस्था मजबूत होगी तो हम न केवल बड़े पैमाने पर विदेशी पूँजी को आकर्षित कर सकेंगे, बल्कि अपनी शर्तें भी तय कर सकेंगे। तब पूँजी और टेक्नोलॉजी का आदान-प्रदान वैसे होगा जैसे एक स्वाभिमानी देश और दूसरे स्वाभिमानी देश के बीच होता है। फिलहाल तो यह संबंध एकतरफा नजर आता है और इसीलिए काफी हद तक विकृत भी। यही कारण है कि उदारीकरण का रास्ता एक कदम आगे—एक कदम पीछे का रास्ता बना हुआ है।

इसका एक दूसरा नमूना सिंगापुर में संपन्न विश्व व्यापार संगठन के पहले राष्ट्र प्रमुख स्तरीय सम्मेलन (1997) में दिखाई पड़ा। विश्व व्यापार संगठन के पहले राष्ट्र प्रमुख स्तरीय सिंगापुर सम्मेलन से अगर विकसित और अविकसित दोनों प्रकार के देश कुछ-कुछ संतुष्ट लौटे, तो यह स्वाभाविक ही था। विकसित देशों ने चाहा था कि वे पहली ही चोट में दुनिया में जहाँ चाहें निवेश करने का अधिकार प्राप्त कर लें। निश्चय ही यह विश्व व्यापार की मूल परिकल्पना के खिलाफ था। संगठन के पीछे बुनियादी धारणा यह थी कि विश्व व्यापार के नियमों में एकरूपता लाई जाए और उनमें मौजूद विषमताओं को दूर किया जा सके। यही कारण है कि तमाम मतभेदों और अंतर्द्वन्द्वों के बावजूद इसे मान्यता मिल सकी थी। इसमें कोई संदेह नहीं कि संगठन से सबसे ज्यादा फायदा अमीर देशों को ही था। गरीब देशों के लिए तो यह एक जंजीर ही थी। यही कारण है कि विकासशील देशों में इस समझौते का प्रगतिशील लोगों द्वारा खूब विरोध हुआ। किंतु ऐसा लगता है कि विकसित देश अपने औद्योगिक साम्राज्य का विकास करने की बहुत जल्दी में हैं। अगर उनमें थोड़ा सा सब्र होता, तो वे इस व्यवस्था को कुछ दिन चलने देते और तब कुछ नई बात सामने ले आते। आखिर दासता को

स्वीकार करने में सबको कुछ समय लगता है। विकसित देश ज्यादा समय नहीं देना चाहते, इसका प्रमाण है बहुपक्षीय निवेश समझौते का प्रस्ताव, जो स्वीकार हो जाता तो किसी भी देश को किसी भी देश में निवेश करने का अधिकार हासिल हो जाता। साथ ही श्रम मानकों पर भी उन्होंने अपनी जिद बनाए रखी। इसी गंभीर मुद्दे पर विकासशील देश इस हद तक ही झुके कि उस पर विचार करने के लिए अध्ययन दल बनाने को सहमत हो गए। इस तरह सिंगापुर से कोई पूरी तरह खुश नहीं लौटा। जो प्रगति हुई, वह छोटे-मोटे मामलों में ही। बड़े मुद्दे आगे के लिए मुलतवी हो गए। लेकिन इससे यह तो स्पष्ट हो ही जाता है कि विश्व व्यापार संगठन की भावी दिशा क्या है।

व्यापार की संभावनाएँ अनंत हैं। यह याद दिलाने की जरूरत नहीं है कि व्यापार के ही माध्यम से पूँजीवाद उपनिवेशवाद में बदला। ईस्ट इंडिया कंपनी भारत में व्यापार करने ही आई थी। अमेरिका में शुरू में व्यापारी ही गए थे। लेकिन उपनिवेशवाद एक बहुत ही क्रूर हथियार था। लोगों को अपनी गुलामी साफ-साफ दिखाई पड़ती थी। इसलिए उसके खिलाफ विद्रोह हुआ और अब प्रत्यक्ष उपनिवेशवाद कहीं नहीं है। लेकिन पूँजीवाद का मूल चरित्र बदला नहीं था—वस्तुतः वह कभी बदलेगा भी नहीं। यह कोई विचारधारा नहीं, बल्कि स्वार्थ की एक प्रणाली है। इसीलिए उपनिवेशवाद नए-नए रूपों में सामने आता रहा। कुछ काम उसने सीधे किया, कुछ के लिए विश्व बैंक का सहारा लिया गया। फिर भी उस पर कुछ दबाव था, क्योंकि सोवियत संघ में साम्यवादी व्यवस्था थी। वस्तुतः साम्यवादी व्यवस्था के कारण पूँजीवाद को अपना चरित्र कुछ बदलना पड़ा था। उसने साम्यवाद के रू-ब-रू कल्याणकारी राज्य की परिकल्पना पेश की। लेकिन जब साम्यवादी व्यवस्था कमजोर होने लगी, तो पूँजीवाद भी अनुदार होने लगा। विश्व व्यापार संगठन इसका प्रतीक तो है ही, वह इस बात का भी प्रतीक है कि बाजार व्यवस्था के समर्थक देश अपनी एक समानांतर व्यापार व्यवस्था बनाना चाहते थे। यह व्यवस्था बनी, क्योंकि दुनिया के अधिकतर देश अमेरिका, पश्चिम यूरोप, जापान वगैरह के आगे झुके हुए थे। उधर साम्यवाद भी दिवालिया हो गया। अतः पूँजीवाद की यह इच्छा स्वाभाविक थी कि वह व्यापार से आगे जा कर पूँजी की विश्व व्यापकता की दुंदुभि बजाए। यदि मौजूदा विश्व आर्थिक व्यवस्था जारी रही, तो अन्य देशों के लिए इस प्रहार को रोकना दिन-प्रतिदिन कठिन होता जाएगा।

लेकिन यह एक तरह से स्वाभाविक भी है। स्वाभाविक इसलिए है कि अंतर्राष्ट्रीय व्यापार की प्रकृति ही ऐसी है। जब तक विभिन्न देशों की टेक्नोलॉजी के स्तर में ज्यादा अंतर नहीं था, तब तक सीमा पार का व्यापार सबके लिए लाभप्रद था। सब अपना-अपना विशिष्ट उत्पादन ले कर विश्व बाजार में उतरते थे और एक-दूसरे की संपन्नता का साधन बनते थे। यह वही दौर था जब एशिया के देश विश्व बाजार में हावी थे और सारी दुनिया से खिंच कर सोना भारत आता रहता था। लेकिन पश्चिमी देशों में होनेवाली लगातार तकनीकी उन्नति ने विश्व व्यापार का संतुलन उनके पक्ष

में कर दिया। पहले जो काम वे पाशविक बल से करते थे, उसे ही वे अब पूँजी और तकनीक के बल पर करने लगे। इस खेल में सच्चे ढंग से एशिया का जापान भी शामिल हो सका, जो निःसंदेह अपने आपमें एक चमत्कार है। कोरिया, ताइवान वगैरह की सफलता इससे मिलती-जुलती है, लेकिन दरअसल वह एक अलग किस्सा है। ऐसी स्थिति में विकासशील देशों को विश्व व्यापार में तब तक न्यूनतम ही भाग लेना चाहिए था जब तक वे तकनीकी तौर पर उनके समकक्ष नहीं हो जाते। असमानों के बीच व्यापार हमेशा उनके पक्ष में जाता है, जो मजबूत हैं। फिर ऐसा क्यों नहीं हो सका ? क्योंकि तीसरी दुनिया का संपन्न वर्ग उत्पादन की आधुनिकता हासिल किए बगैर उपभोग की आधुनिकता हासिल करना चाहता है। यदि दृष्टि राष्ट्रीय आत्मनिर्भरता यानी जितनी बड़ी चादर है, उतने ही पैर फैलाने पर होती, तो पर्याप्त निर्यात किए बगैर अधिक मात्रा में आयात करना पाप था। पर हुआ यही। यही कारण है कि सभी विकासशील देश भुगतान संतुलन की बराबर बनी रहनेवाली समस्या से आक्रांत रहे हैं। भारत ने 1991 में नई अर्थनीति स्वीकार की। उस समय यह समस्या इतनी गंभीर थी कि ऋण चुकाने की हमारी साख ही खतरे में पड़ गई थी। फिर भी हम चेते नहीं हैं, क्योंकि भुगतान संतुलन की समस्या अब भी बनी हुई है–यद्यपि विदेशी मुद्रा का हमारा भंडार संतोषजनक है, पर इसका कारण विश्व बाजार में हमारी सफलता नहीं है। विदेशी मुद्रा ऋण में ली गई है, खरीदी गई है, विदेशी निवेश के माध्यम से आई या विदेश स्थित भारतीयों द्वारा भारत में लाई गई है। विदेश व्यापार के हमारे घाटे में कोई खास कमी नहीं आई है। इसका उचित समाधान हमने नहीं निकाला, तो हमें आज नहीं तो कल अमीर देशों को अपने यहाँ निवेश की मनमानी छूट देनी ही पड़ेगी। कहावत है, विजेता कुछ भी नहीं छोड़ता।

भारतीय प्रधान मंत्री द्वारा सिंगापुर घोषणा पर हस्ताक्षर से देश में जो हाय-तौबा मची, उसे इसी संदर्भ में देखा जाना चाहिए। दिलचस्प यह है कि कांग्रेस ने इस घोषणा का कोई विरोध नहीं किया। इसका कारण यह है कि यह कांग्रेस की ही अर्थनीति का ही विस्तार था। भाजपा का गुस्सा भी असली नहीं है। वह सिर्फ अपने विरोधी दल होने का कर्तव्य निभा रही थी। असली असंतोष वामपंथियों का ही था। वे अभी तक नई अर्थनीति से पूरी तरह सामंजस्य नहीं बैठा पाए हैं, यद्यपि व्यवहार में वे इसी रास्ते पर चल रहे हैं, उनकी आपत्ति सैद्धांतिक है। उनकी निगाह में यह पश्चिम के साम्राज्यवाद का ही विस्तार है। निश्चय ही यह समझ यथार्थ के करीब है। पर उनकी दिक्कत यह है कि उनकी राजनीति फैल नही रही है। इसलिए उनकी आवाज एक सीमा से बाहर सुनी नहीं जा रही है। उनकी एक समस्या यह भी है कि वे यह नहीं बताते कि नई अर्थनीति उचित नहीं है, तो उसका विकल्प क्या है। क्या पुरानी अर्थनीति इससे बेहतर थी, जिस पर चलते हुए हम इस अर्थनीति तक पहुँचे हैं ? राजनीति में हमेशा असली सवाल विकल्प देने का होता है। जब तक जनता के सामने

कोई विकल्प पेश नहीं किया जाता, किसी मुद्दे पर सिर्फ असंतोष व्यक्त करने या पैदा करने का कोई अर्थ नहीं है। इससे तो शासक वर्ग को यही प्रचार करने का मौका मिलता है कि इस नीति का कोई विकल्प नहीं है।

जहाँ तक श्रम मानकों का सवाल है, यह एक बहुत ही पेचीदा मामला है। पश्चिम के देशों को तीसरी दुनिया के श्रमिकों से निश्चय ही कोई सहानुभूति नहीं है। वस्तुतः उनके द्वारा किए गए शोषण के कारण ही इन श्रमिकों की हालत बिगड़ी है। विश्व का आर्थिक इतिहास लिखनेवाले विद्वानों ने पाया है कि औद्योगिक क्रांति के बाद शुरू हुए उपनिवेशीकरण के पहले अधिकांश एशियाई श्रमिकों का वेतन अच्छा था और उनकी कार्य-स्थितियाँ बेहतर थीं।[1] इसकी पुष्टि टी. डास सैन्टोस की इन पंक्तियों से भी होती है : 'अल्पविकास पूँजीवाद के पूर्व की पिछड़ेपन की स्थिति न होकर पूँजीवादी विकास का एक परिणाम और एक विशेष प्रकार है, जिसे हम निर्भर पूँजीवाद कह सकते हैं...निर्भरता एक अनुबंधन की स्थिति है जिसमें देशों के एक समूह का अर्थतंत्र दूसरों के विकास और विस्तार के द्वारा अनुबंधित होता है। दो या अधिक अर्थव्यवस्थाओं में परस्पर-निर्भरता का संबंध या ऐसी अर्थव्यवस्थाओं और विश्व-व्यापार-व्यवस्था के बीच एक निर्भर संबंध बन जाता है, जब कुछ देश अपनी इच्छा से विस्तार करते हैं, परंतु दूसरे निर्भरता की स्थिति में रहने के कारण केवल शक्तिशाली देशों के विस्तार की छाया मात्र रह जाते हैं। उनके तात्कालिक विकास पर वह स्थिति सकारात्मक या नकारात्मक प्रभाव डाल सकती है। निर्भरता की मूलभूत स्थिति इन देशों को पिछड़ा और शोषित बनाए रखती है। शक्तिशाली देश तकनीकी, वाणिज्य, पूँजी तथा सामाजिक-राजनीतिक दृष्टि से निर्भर देशों पर अपना प्रभुत्व जमाए रखते हैं—"इस प्रभुत्व का स्वरूप विशिष्ट ऐतिहासिक समय के अनुसार अलग-अलग होता है। प्रभु देश उनका शोषण कर सकते हैं और स्थानीय रूप से उत्पन्न अतिरिक्त अंश को निचोड़ सकते हैं। इस तरह निर्भरता श्रम के एक अंतर्राष्ट्रीय विभाजन पर निर्भर है, जो कुछ देशों में औद्योगिक विकास बढ़ाता है और उन देशों में प्रतिबंधित करता है जिनकी वृद्धि विश्व के शक्ति-केंद्रों द्वारा अनुबंधित और निर्धारित होती है।'[2]

अल्पविकास की स्थिति में ला दिए गए देशों में श्रम के मानदंड पश्चिमी देशों की कसौटी पर खरे न उतरें, यह स्वाभाविक है। बाल श्रम का समर्थन नहीं किया जा सकता न बँधुआ मजदूरी की अनुमति दी जा सकती है। लेकिन इन स्थितियों का एक बड़ा कारण वह अविकास या अल्पविकास ही है, जो इन देशों में पूँजीवाद ने पैदा किया है। अब इसी का बहाना बना कर पश्चिम के देश तीसरी दुनिया के निर्यात को रोकना चाहते हैं। वे भूल जाते हैं कि औद्योगिक क्रांति के बाद दो सौ सालों में स्वयं पश्चिमी

---

1. देखिए 'पॉवर ऐंड प्रास्पेक्ट्स', नोम चॉमस्की, माध्यम बुक्स, दिल्ली, 1996, पृष्ठ 101-102
2. श्यामाचरण दुबे कृत 'विकास का समाजशास्त्र' से उद्धृत, वाणी प्रकाशन, नई दिल्ली, 1996, पृष्ठ 76-77

देशों में श्रमिकों की हालत दासों से बेहतर नहीं थी। लेकिन इतिहास से वर्तमान का मुकाबला नहीं किया जा सकता। तीसरी दुनिया को वर्तमान का तर्क यही मिला है कि श्रम मानकों का निर्धारण अंतर्राष्ट्रीय श्रम संगठन को करना चाहिए। सिंगापुर में इस तर्क को पूरी तरह नहीं माना गया। श्रम मानकों पर अध्ययन दल इसका प्रमाण है। लेकिन यह समझौता बिंदु कब तक टिकेगा ? बकरे की माँ कब तक खैर मना सकती हैं ?

तत्कालीन प्रधान मंत्री देवगौड़ा का यह कहना उचित ही था कि भारत क्या करता—यदि वह सिंगापुर घोषणा पर हस्ताक्षर नहीं करता तो अकेला पड़ जाता। 95 करोड़ लोगों के सर्वोच्च राजनीतिक प्रतिनिधि की यह दयनीयता बताती है कि उदारीकरण ने हमारी अंतर्राष्ट्रीय स्थिति को किस हद तक निर्भरता की स्थिति में ला दिया है। यही नई विश्व स्थिति की समस्या है। जो आदर्श की बात करेगा, वह झट अकेला पड़ जाएगा। बाद में भले ही उसका अनुकरण होने लगे। लेकिन भारत जैसे देशों को अगर अपने वास्तविक हितों की रक्षा करनी है, तो उन्हें शुरू में अकेले पड़ने का खतरा उठाना ही होगा। रूस और चीन ने अकेले रहते हुए ही अपनी-अपनी अर्थव्यवस्था का निर्माण किया था। यदि दुनिया को हमारे माल की जरूरत है तो वह हमारे पास आएगी ही। यदि जरूरत नहीं है तो हमें कुछ समय तक बाकी दुनिया के बगैर ही काम चलाने की कला आनी चाहिए। नहीं तो शोषण और दासता का रास्ता खुला ही हुआ है।

कृषि का भविष्य

जो लोग यह भय दिखा रहे हैं कि उदारीकरण की नीति से कृषि क्षेत्र में पूँजीवाद का प्रवेश होगा और भारतीय कृषि का भविष्य अंधकारमय हो जाएगा, उन्हें शायद यह सूचना नहीं है कि भारतीय कृषि काफी पहले से इसी रास्ते पर है। उदारीकरण से यह प्रक्रिया निश्चय ही कुछ और तेज होगी। लेकिन उदारीकरण के पूर्व भी भारतीय कृषि का जो हाल था, वह कुछ अच्छा नहीं था। इस तथ्य को अक्सर गर्व के साथ प्रस्तुत किया जाता है कि अभी भी लगभग 65 प्रतिशत रोजगार कृषि क्षेत्र से आता है और सकल घरेलू उत्पाद का लगभग 30 प्रतिशत कृषि की देन है। वस्तुतः यह राष्ट्रीय शर्म की बात है। यदि लगभग 65 प्रतिशत रोजगारशुदा लोग सकल घरेलू उत्पाद में सिर्फ 30 प्रतिशत का योगदान करते हैं, तो स्पष्ट है कि कृषि क्षेत्र में रोजगार का स्तर क्या है। निश्चय ही इस रोजगार का उत्पादकता-स्तर कम है तथा वह गरीबी का ही वितरण कर सकता है। कृषि क्षेत्र के इस रोजगार का एक बड़ा हिस्सा खेतिहर मजूदरों का है, जिनकी आय का स्तर और भी नीचा है। देश के बहुत कम ऐसे इलाके हैं, जहाँ न्यूनतम मजदूरी हासिल करने के लिए संघर्ष न करना पड़ता हो और यह न्यूनतम मजदूरी इतनी न्यून है कि उसके आधार पर सभ्य जीवन नहीं जिया जा सकता। साथ ही जिन क्षेत्रों को हरित क्रांति की सुविधा प्राप्त हुई है, वहाँ तेजी से कृषि का पूँजीवादीकरण हुआ है। इसका नतीजा यह निकला है कि संपन्न किसान नाम की एक नई सामाजिक श्रेणी का विकास हुआ है। इस वर्ग के कारण ग्रामीण क्षेत्र में उपभोक्ता वस्तुओं का नया बाजार बना है तथा नई सांस्कृतिक विकृतियाँ भी पनपी हैं। लेकिन उद्योगीकरण के अभाव में यहाँ भी विकास की गति अब ठहर गई है। जहाँ यह प्रक्रिया शुरू नहीं हो पाई है, वहाँ अभी भी सापेक्षिक गरीबी काफी ज्यादा है। यही वे इलाके हैं, जिनके लिए गरीबी हटाने के नए-नए कार्यक्रमों की घोषणा की जाती रही है। लेकिन सिर्फ सरकारी सहायता से गरीबी हट सकती, तो यह देश कभी का संपन्न हो गया होता। सच्चाई यह है कि इस तरह की सभी योजनाएँ सिर्फ मामूली राहत देने का ही काम

करती रही हैं। भारत में गाँवों की गरीबी कम करने के दो ही रास्ते हैं : एक, कृषि क्षेत्र का आधुनिकीकरण तथा दो, गाँवों का द्रुत उद्योगीकरण। उदारीकरण का आर्थिक कार्यक्रम पहले का वादा करता है, पर दूसरे के बारे में अपराधी चुप्पी साधे हुए है। इसलिए उदारीकरण से कृषि क्षेत्र में कुछ और विसंगतियाँ पैदा होंगी तथा गाँवों का विकास और अधिक अवरुद्ध होगा। रोजगार के जो नए अवसर पैदा होंगे, वे अधिक आमदनी देंगे, लेकिन जिन्हें अभी रोजगार मिला हुआ है, उनका रोजगार छिन सकता है।

यह सच है कि कृषि क्षेत्र में सरकारी निवेश की मात्रा पिछले कुछ वर्षों से लगातार कम होती गई है। '80 के दशक में कृषि की खास तौर से उपेक्षा हुई। उसके बाद बीच-बीच में ऐसी नीतियाँ बनाने का दावा जरूर किया गया, जिनसे कृषि के विकास को प्रोत्साहन मिलेगा, किंतु तथ्य यह है कि किसी-किसी वर्ष कृषि में किए गए निवेश की मात्रा मौद्रिक स्तर पर भले ही ज्यादा दिखाई देती हो, किंतु प्रतिशत के स्तर पर कुल कृषि निवेश गिरा ही है। उदाहरण के लिए 1995-96 के बजट में सिंचाई के लिए आबंटित राशि में 7 प्रतिशत की वृद्धि दिखाई पड़ती है, किंतु मुद्रास्फीति की दर को जोड़ लिया जाए, तो निवल वृद्धि लगभग शून्य है। इसी तरह ग्रामीण विकास के लिए आबंटित राशि में मौद्रिक स्तर पर 3 प्रतिशत और वास्तविक स्तर पर 10 प्रतिशत की गिरावट दिखाई देती है। साफगोई का आलम यह है कि देवगौड़ा सरकार ने कई बार स्वयं यह घोषणा की कि कृषि क्षेत्र में विनियोग करने के लिए हमारे पास पैसा नहीं है। इशारा शायद यह है कि विदेशी पूँजी ही भारतीय कृषि को बचा सकती है।

लेकिन कैसे ? संभवतः सरकार की नजर कृषि उद्योगों के विकास पर है, जिसका एक उदाहरण पेप्सी कंपनी का कृषि पदार्थों से जुड़ा उद्योग है। कृषि-उद्योग का विकास निःसंदेह तेजी से हुआ है और भारत के कुल निर्यात में उसका प्रतिशत भी बढ़ा है, किंतु इसका लाभ उन इलाकों को ही मिला है, जहाँ कृषि पहले से ही काफी उन्नत है। पेप्सी ने अपना उद्योग पंजाब में लगाया है—वह बिहार, उड़ीसा या आंध्र प्रदेश में अपनी कोई नई इकाई लगाने की सोच भी नहीं सकती। इसका कारण यह है कि कृषि-उद्योगों की शुरुआत के लिए जो एक आधारभूत ढाँचा चाहिए, वह इन गरीब इलाकों में नहीं है। अतः कृषि से जुड़े उद्योगों का विकास होगा, तो उसका लाभ एक बहुत छोटी-सी आबादी को ही पहुँच सकता है। भारतीय कृषि की मूल समस्याएँ जहाँ की तहाँ रह जाएँगी।

इस सिलसिले में वामपंथियों द्वारा अक्सर भूमि सुधारों की चर्चा की जाती है। उनका मानना है कि यदि भूमि सुधारों को ईमानदारी से लागू कर दिया जाए, तो उदारीकरण के कुप्रभावों से काफी हद तक बचा जा सकता है। इस संदर्भ में पूर्वी एशिया के चीतों की चर्चा की जाती है और बताया जाता है कि आर्थिक सुधार वहाँ इसीलिए

सफल हो पाए क्योंकि भूमि सुधार पहले हो गए थे। अफसोस के साथ कहना पड़ता है कि भारत के संदर्भ में यह एक और मिथक है। पूर्वी एशिया के देशों में कृषि पर निर्भर आबादी 20 से 25 प्रतिशत है, जबकि भारत में यह प्रतिशत 65 है। दूसरी बात यह है कि देश के अधिकांश हिस्सों में पुनर्वितरित करने के लिए भूमि है ही नहीं। सिर्फ कुछ हिस्से ही ऐसे हैं, जहाँ अवैध जमींदारी अभी कायम है। यहाँ भूमि सुधार लागू होने ही चाहिए, किंतु इससे जो राहत मिलेगी, उससे कुल मिला कर कुछ हजार परिवार ही लाभान्वित हो सकते हैं। प्रश्न यह है कि बाकी लोगों का क्या होगा ? द्रष्टव्य है कि जहाँ किसानों की संख्या 1981-91 के दशक में कुछ कम हुई है (41.5 प्रतिशत से 38.4), वहीं खेतिहर मजदूरों की संख्या में कुछ वृद्धि ही हुई है–25.1 से 26.4 अर्थात गाँवों में ऐसे लोग बढ़ रहे हैं, जिनके पास न भूमि है और न रोजगार का कोई और साधन। इनकी तादाद इतनी ज्यादा है और ऐसे किसानों की तादाद़ इतनी ज्यादा है, जिनके पास 10 हेक्टेयर से कम जमीन है–98.4 प्रतिशत कि उनके आर्थिक उद्धार के लिए भूमि सुधार का इकलौता कार्यक्रम न केवल नाकाफी, बल्कि हास्यास्पद है।

गैट समझौते के तहत जिस रजामंदी का सबसे ज्यादा मजाक उड़ाया गया है, वह है बीज की नई किस्मों पर बहुराष्ट्रीय कंपनियों का एकाधिकार। यह पूँजीवाद की अत्यंत स्वाभाविक रणनीति है। कृषि अर्थव्यवस्था के आदी लोग इस तथ्य के साथ संगति नहीं बैठा सकते। उनकी समझ में यह नहीं आता कि बीजों की पेटेंटिंग कैसे हो सकती है। लेकिन जब खेतों का अर्थशास्त्र कारखानों के अर्थशास्त्र में बदलेगा, तो फिर पूँजीवादी व्यवस्था के तहत उसके नियम ही मान्य होंगे। यदि कोई बहुराष्ट्रीय कंपनी किसी नए बीज का विकास करती है, तो उसके व्यावसायिक उपभोग पर उसका एकाधिकार क्यों नहीं होना चाहिए ? गैट वार्ताओं में ऐसी कंपनियों को यह सुरक्षा दी गई है कि यदि कोई उनके उत्पाद जैसे वस्तु का इस्तेमाल करता पाया जाता है और वह यह नहीं बता पाता कि उसने यह चीज कैसे हासिल की है, तो वह पेटेंट नियमों के उल्लंघन का अपराधी माना जाएगा। इस प्रावधान की खिल्ली उड़ाते हुए कहा गया है कि यह तो निर्दोष को यह सिद्ध करने के लिए बाध्य करने की तरह है कि वह चोर नहीं है। लेकिन यदि वह किसी ऐसी चीज का इस्तेमाल करता हुआ पाया गया है, जिसका विकास, दुनिया जानती है कि, किसी और ने किया है, तो उसे अपने को निर्दोष सिद्ध करने में हिचक क्यों होनी चाहिए ? इस पर आपत्ति करना पेटेंट नियमों की कार्यपद्धति के प्रति अज्ञान का प्रदर्शन करना है। यह निश्चय ही गलत हुआ है कि गैट वार्ताओं के परिणामस्वरूप पेटेंटों की अवधि बढ़ा दी गई है, जबकि विज्ञान और टेक्नोलॉजी का जिस तेजी से विकास हो रहा है, उसे देखते हुए यह अवधि घटा दी जानी चाहिए। लेकिन ऐसा लगता है कि पूँजीवाद एक बार फिर आक्रामक मुद्रा में है और इसका उचित जवाब उतनी ही अक्रामकता से दिया जाना चाहिए कि हम पेटेंट

या कॉपीराइट को मान्यता ही नहीं देते, क्योंकि हमारी निगाह में सभी प्रकार का ज्ञान मानव विरासत का हिस्सा है और उस पर पूरी मानवता का अधिकार है। प्रश्न किया जा सकता है कि तब नए उत्पादों का विकास कैसे होगा ? जाहिर है, जब हम पूँजीवाद को, उसकी पेटेंट और कॉपीराइट पद्धति से इन्कार करेंगे, तो उसके स्थान पर कोई गैर-पूँजीवादी पद्धति का विकास करेंगे और उस पद्धति में इसकी पूरी गुंजाइश होगी कि वह वैज्ञानिक और तकनीकी शोध की वांछित प्रगति को बनाए रखे—अन्यथा वह पद्धति कारगर ही नहीं हो पाएगी और अपने पिछड़ेपन का शिकार हो कर जल्द ही नाश को प्राप्त होगी।

जैव विविधता का सवाल जरूर पेचीदा है। यह सच है कि पूँजीवादी कृषि जैव विविधता को समाप्त कर रही है, क्योंकि जो बीज ज्यादा उपयोगी पाए जाएँगे, जो फसलें ज्यादा लोकप्रिय होंगी, उनका उपयोग व्यापकतर होता जाएगा। इसमें एक तरह का डार्विनवाद भी अंतर्निहित है, जिसके तहत पूरी पृथ्वी पर मानव जाति इस कदर छा गई है कि उसने अन्य प्रजातियों के लिए बहुत कम जगह छोड़ी है : कुछ तो—जीवित रूप में या शवावस्था में—चिड़ियाघर या अजायबघर में ही पाए जाते हैं। जहाँ तक कृषि में इस प्रक्रिया के सक्रिय होने का सवाल है, यह एक तरह से स्वाभाविक है। जब तक कृषि स्थानीय थी, स्थानीयता के कारण उसकी विविधता बनी रही। लेकिन जब कृषि का बाजारीकरण होगा, उसमें आधुनिकता का प्रवेश होगा, तो उसकी विविधता खत्म होगी और कुछ खास तरह की किस्मों को वरीयता मिलेगी। लेकिन यह भी हो सकता है कि जिस तरह तीव्र विकास के कारण औद्योगिक उत्पादन के क्षेत्र में उपभोक्ताओं के लिए नए-नए विकल्प पेश किए जा रहे हैं, उसी तरह कृषि क्षेत्र का उपभोक्तावाद भी एक नई किस्म की जैव विविधता पैदा करे। बताया जाता है कि अमेरिका में दर्जनों किस्म के हैम्बर्गर पेटेंट कराए जा चुके हैं। यह सच है कि तब भी भारी मात्रा में उत्पादन उन्हीं कृषि किस्मों का होगा जिनकी माँग ज्यादा होगी, लेकिन पर्यावरणवादी आंदोलन यह सुनिश्चित कर सकता है कि जिन जैव किस्मों को बचाया जाना आवश्यक है, उन्हें बचाया जाए। पूँजीवाद स्वयं में यह सरोकार नहीं दिखाएगा, क्योंकि उसका एकमात्र लक्ष्य मुनाफा कमाना है। यदि जैव विविधता की रक्षा और विकास मुनाफे की अर्थव्यवस्था का अंग बन सकते हैं, तो इसकी फिक्र की जाएगी, अन्यथा गरीबों के लिए सुरक्षा कवच की व्यवस्था की तरह यह काम उनके सुपुर्द कर दिया जाएगा, जिनका काम उनका बचाव करना है जो मुनाफे की मार से तबाह हो रहे हैं।

उदारीकरण के फलस्वरूप कृषि क्षेत्र की स्थिति क्या होगी, इसका एक डरावना चित्र अर्थशास्त्री डॉ. ईश्वरी प्रसाद ने पेश किया है। उनके अनुसार : 'नई अर्थव्यस्था में आज का स्वायत्त किसान बहुराष्ट्रीय कंपनियों का अदृश्य रूप से गुलाम होगा। ठेके की खेतों में किसान खेत का कानूनी मालिक रहेगा, लेकिन उत्पादन व्यवस्था एग्रो-बिजनेस की कंपनियों के इशारे पर होगी। कौन-सी वस्तुओं का उत्पादन करना है,

उनकी व्यवस्था कैसी हो तथा उत्पादित वस्तुओं का मूल्य क्या हो, ये सारी बातें कारखानों के मालिक तय करेंगे जिनके साथ खेती का करार होगा। किसानों की स्वायत्तता समाप्त होगी। वह सिर्फ अपने परिवार के श्रम के पारिश्रमिक का हकदार होगा। अंग्रेजों के जमाने में नील की खेती निलहों के आदेश से होती थी, आनेवाले दिनों में उसी प्रकार की व्यवस्था बाजार की शक्तियों द्वारा की जायेगी। दोनों का अंजाम एक-सा होगा।'

'सब मिला कर भारतीय कृषि का स्वरूप तीन स्तरोंवाला होगा। पहले स्तर पर भारत के आधुनिक फार्म होंगे, जो शहरों के लिए करखनिया कच्चे माल के लिए तथा निर्यात के लिए उत्पादन करेंगे। इन फार्मों को उन्नत देशों के फार्मों से मुकाबला करना होगा। उन्नत देशों के फार्म सरकारी सहायता के बल पर इतने आधुनिक हो गए हैं कि भारतीय फार्मों के लिए उनसे मुकाबला करना आसान नहीं होगा। डंकेल प्रस्ताव के तहत उत्पादन के लिए तो अनुदान बंद होगा, लेकिन निर्यात संबंधित अनुदान बंद नहीं होंगे। अतः इन बड़े फार्मों को दूसरे ढंग से सरकारी सहायता मिलेगी। दूसरे स्तर पर देश के अंदर भारत के छोटे किसानों को आधुनिक कृषि फार्मों से सीधा मुकाबला करना पड़ेगा। छोटे किसानों के पास पूँजी की कमी होगी, आधुनिक तंत्र और खाद नहीं होंगे, इसलिए वे उन्नत फार्मों की तुलना में टिक नहीं पाएँगे। छोटा खेत अलाभकर होगा और वे धीरे-धीरे अपनी जमीन बड़े फार्मों के हाथ बेचते जाएँगे। तीसरा स्तर भूमिहीन किसानों का होगा। इनकी संख्या आबादी के बढ़ने तथा छोटे किसानों के दिवालिया होने के कारण बढ़ेंगी। जब ग्रामीण श्रमिकों की आपूर्ति अधिक और माँग कम होगी, तो मजदूरी का कम हो जाना स्वाभाविक होगा। सब मिला कर ग्रामीण इलाका भुखमरी, बेकारी और गैरबराबरी की भारी चपेट में पड़ेगा।'[1]

यह स्थिति बहुत काल्पनिक नहीं है, लेकिन उदारीकरण न हो, तब भी क्या भारतीय कृषि संकट की स्थिति में नहीं है ? वस्तुतः उसका विकास लंबे समय से अवरुद्ध है। एक बात निश्चित है। जब तक भारतीय कृषि पर 65 प्रतिशत लोगों के गुजर-बसर का दायित्व रहेगा, वह स्वयं भी दबी रहेगी और वे लोग भी दबे रहेंगे जो उस पर निर्भर हैं। इस स्थिति में एक और द्वंद्वात्मकता है। कृषि को यदि मौजूदा स्थिति में रखा जाए, तो वह ज्यादातर पिछड़ी हुई स्थिति में ही बनी रहेगी। दूसरी ओर कृषि का आधुनिकीकरण यह माँग करता है कि जोतों का आकार बड़ा हो। आधुनिक खेती आठ-दस हेक्टेयर के खेतों के लिए नहीं है। इसके लिए तो बड़े-बड़े कृषि फार्म चाहिए और ज्यादा पूँजी चाहिए, ताकि नए-नए यंत्रों का प्रयोग किया जा सके और ज्यादा से ज्यादा उर्वरक डाले जा सकें। यही कारण है कि समृद्ध किसानों की लॉबी कृषि भूमि

1. कृषि नाश का अचूक नुस्खा, राजकिशोर द्वारा संपादित 'विनाश को निमंत्रण : नई अर्थनीति' में संकलित, वाणी प्रकाशन, नई दिल्ली, 1994, पृष्ठ 83

की अधिकतम सीमा को बढ़ाना चाहती है और कारखानेदारों को खेती पर कब्जा करने की अनुमति देना चाहती है। श्री देवगौडा जिस कर्नाटक मॉडल की बात करते हैं, वह कर्नाटक मॉडल यही है। इस मॉडल के प्रति महाराष्ट्र तथा कुछ अन्य राज्यों ने भी रुचि दिखाई है। कहने की जरूरत नहीं कि कृषि के पूँजीवादीकरण का रास्ता इधर से ही जाता है। लेकिन वे किसान क्या करें, जिनके पास छोटी जोतें है या जिनके खेत इस प्रक्रिया में ऊँची कीमतों पर बड़े किसानों या कारखानेदारों द्वारा खरीद लिए जाएँगे ? उनके लिए एक उपाय यह सुझाया गया है कि वे सहकारी खेती करें और इस तरह अपनी पिछड़ी हुई उत्पादन प्रणाली में आधुनिकता का अनुप्रवेश संभव कर दिखाएँ। यह प्रस्ताव अच्छा है। फिर भी ग्रामीण बेरोजगारी की समस्या का समाधान इससे होता नहीं है। इससे ज्यादा से ज्यादा यह होगा कि कम जोतवाले किसानों को उच्चतर उत्पादकता का लाभ मिलने लगेगा। लेकिन इससे प्रत्यक्ष रोजगार के अवसर और कम होंगे। यह समस्या तो ग्रामीण व्यवस्था के तीव्र उद्योगीकरण से ही हल की जा सकती है और यहाँ हम पाते हैं कि अत्याधुनिक टेक्नोलॉजी हमारी कोई मदद नहीं कर सकती, क्योंकि उस स्तर के उद्योगीकरण के लिए जिस विशाल परिमाण में पूँजी की जरूरत है, उसकी आपूर्ति तो बहुराष्ट्रीय कंपनियाँ भी नहीं कर सकतीं—राष्ट्रीय संसाधनों से इतनी पूँजी पैदा करने का तो सवाल ही नहीं उठता। अर्थात समग्र ग्रामीण विकास की माँग यह है कि हम जान-बूझ कर या समझ-बूझ कर टेक्नोलॉजी के एक ऐसे स्तर का चुनाव करें, जिसके अर्थतंत्र की व्यवस्था करना हमारे लिए संभव है।

लेकिन एक देश में क्या टेक्नोलॉजी के कई स्तर कार्यरत रह सकते हैं ? कुछ मामलों में इसका कोई विकल्प नहीं है। इस सिलसिले में तत्काल हमारा ध्यान चिकित्सा के क्षेत्र में प्रयुक्त हो रही नवीनतम टेक्नोलॉजी की ओर जाता है। यहाँ हमें आधुनिकतम तकनीक अपनानी ही चाहिए। सुरक्षा के मामले में भी यही नीति अपनाई जानी चाहिए। लेकिन अगर हमारा काम सौ किलोमीटर प्रति घंटे चलनेवाली रेल गाड़ी से चल जाता है, तो हमें 500 किलोमीटर प्रति घंटे चलनेवाली रेलगाड़ी के प्रति उत्सुकता क्यों दिखानी चाहिए ? हमें ज्यादा आरामदेह बसों की जरूरत है या नई-नई सुविधाओं से सज्जित कारों की ? क्या सचमुच इतने अधिक लोगों को सेलुलर फोन या कम्प्यूटर की जरूरत है ? यह याद दिलाना आवश्यक है कि व्यापक बेरोजगारी या छद्म-रोजगारी गाँवों में ही नहीं है—शहरों में भी है। भारत का कोई ऐसा शहर नहीं है—चंडीगढ़ जैसे एक-दो शहरों को छोड़ कर, जिसकी 50 प्रतिशत से ज्यादा आबादी ऐसे रोजगारों में नहीं लगी हुई है जो न्यूनतम शालीन जीवन की सुविधाएँ भी मुहैया नहीं कर सकते। यहाँ आ कर हम पाते हैं कि भारतीय कृषि का भविष्य भारतीय उद्योग के भविष्य में आ कर जुड़ जाता है। उदारीकृत कृषि बड़े पैमाने पर लोगों को खेतों से बेदखल करेगी, पर वे जहाँ भी जाएँगे, उनके लिए कोई लाभप्रद रोजगार प्रतीक्षा नहीं कर रहा होगा। बल्कि वे श्रम बाजार में प्रवेश कर श्रम के मौजूदा बाजार मूल्य को और गिरा देंगे तथा

गैर-कृषि श्रमिकों के लिए एक नई विपत्ति का कारण बनेंगे। दूसरी तरफ उदारीकृत उद्योग भी यही काम करेगा। ध्यान देने की बात है कि कारखानों की रोजगार देने की क्षमता 1989-90 से ही स्थिर है। जिस निजी क्षेत्र का तेजी से विस्तार हो रहा है, उसके द्वारा प्रदत्त रोजगारों की क्षमता भी 1990 से लगभग स्थिर है। 1961 में संगठित क्षेत्र के रोजगार में उसका हिस्सा 41.7 था, लेकिन गिरते-गिरते 1990 में वह सिर्फ 28.8 प्रतिशत रह गया और 1994 में उसमें सिर्फ .2 प्रतिशत वृद्धि हुई। इस तरह उदारीकरण के तहत उद्योग-धंधों में वृद्धि होगी, पर रोजगार निर्माण के स्तर पर ज्यादा फर्क नहीं आएगा। अतः जब हम भारतीय कृषि के भविष्य के बारे में सोचते हैं, तब हमें भारतीय उद्योग के भविष्य के बारे में भी सोचना चाहिए। वस्तुतः कोई भी अर्थव्यवस्था एक आवयविक इकाई होती है और उसके किसी भी एक क्षेत्र का भविष्य उसके अन्य सभी क्षेत्रों के भविष्य के साथ अविच्छिन्न रूप से जुड़ा रहता है। अतः जो लोग सिर्फ कृषि की चिंता करते हैं या जो सिर्फ औद्योगिक उत्पादन की चिंता करते हैं, वे भारत की सामग्रिक अर्थव्यवस्था के साथ न्याय नहीं करते। जब दोनों की बात एक साथ होती, तभी हम अपने आर्थिक यथार्थ से सच्ची मुठभेड़ कर सकेंगे और वे रास्ते सोच सकते हैं, जिन पर चलते हुए हम अपनी कृषि और अपने उद्योग दोनों के साथ और सबसे ज्यादा उस मानव समुदाय के साथ न्याय कर सकते हैं, जो अभी तक अपनी वास्तविक लोकतांत्रिक नियति से वंचित है। अर्थशास्त्र आखिरकार खेत और कारखानों का विज्ञान नहीं, बल्कि मनुष्यों का विज्ञान है, खेत और कारखाने जिनके साधन हैं न कि उनकी चौहद्दियाँ तय करनेवाली प्रकृति अथवा मनुष्य द्वारा निर्मित नकली दीवारें !

सब्सिडी का सवाल

यह समय के बदलते हुए मिजाज का ही प्रतिबिंब है कि जब अनाज, खाद आदि के मद में सरकार द्वारा दी जानेवाली सब्सिडी ज्यादा थी, तब उसकी चर्चा तक की जाती थी और अब जबकि सब्सिडी की कुल मात्रा सरकार खर्च के प्रतिशत के रूप में, क्रमशः घटती जा रही है, सब्सिडी का सवाल बार-बार और विभिन्न मंचों से उठाया जा रहा है और स्थिति का चित्रण इस तरह किया जा रहा है मानो सरकार द्वारा सब्सिडी देना पाप हो। अर्थशास्त्र जब राजनीतिशास्त्र का शिक्षक बनने की कोशिश करता है, तब ऐसा ही होता है। जाहिर है, यहाँ अर्थशास्त्र का आशय उस अर्थशास्त्र से नहीं है, जो लोगों का आर्थिक स्तर ऊपर उठाने के उपाय बताता है तथा आमदनी और खर्च तथा उत्पादन और उपभोग के बीच संतुलन बैठाने की कोशिश करता है। आशय उस अर्थशास्त्र से है, जो उदारीकरण तथा बाजार की व्यवस्था को अपना बुनियादी मार्गदर्शक सिद्धांत मानता है। इस अर्थशास्त्र में करुणा शब्द के लिए कोई स्थान नहीं है। यह क्रूरता का अर्थशास्त्र है, जिसके अनुसार मुफ्त भोजन नाम की कोई चीज नहीं होती। मानो लोग काम नहीं करना चाहते हों और यह माँग कर रहे हों कि हमें बैठा कर खिलाया जाए।

सब्सिडी की मात्रा के बारे में कुछ तथ्यों पर गौर फरमाइए। 1980-81 में, जब सब्सिडी सार्वजनिक चर्चा का विषय नहीं बनी थी, तब भारत सरकार द्वारा दी जानेवाली कुल सब्सिडी उसके कुल खर्च का 9.2 प्रतिशत थी। पी. चिदंबरम ने 1997-98 का जो संघीय बजट पेश किया है, उसमें कुल सरकारी खर्च में सब्सिडी का हिस्सा सिर्फ 7 प्रतिशत है। यानी सब्सिडी की मात्रा वस्तुतः घट रही है, यद्यपि उसकी कुल राशि बढ़ती जा रही है। कुछ वर्षों के आँकड़े इस प्रकार हैं–

वर्ष	कुल सब्सिडी (करोड़ रु. में)	सरकारी खर्च के प्रतिशत के रूप में
1980-81	2,028	9.2
1993-94	12,864	9.1
1994-95	12,982	8.1
1995-96	13,726	7.5
1996-97	16,320	8.0
1997-98	16,690	7.0

यद्यपि कुल सरकारी खर्च के अनुपात में सब्सिडी की मात्रा पिछले पाँच वर्षों से स्थिर है या कुछ कम ही हुई है, फिर भी इसमें संदेह नहीं कि सब्सिडी की कुल मात्रा बढ़ती जा रही है। यह कुछ उसी तरह की स्थिति है, जैसे देश में साक्षरता का प्रतिशत लगातार ऊपर उठ रहा है, किंतु कुल निरक्षर लोगों की संख्या लगातार बढ़ती जा रही है। दोनों ही नीतियों पर यह टिप्पणी की जा सकती है कि वे विफल हैं। साक्षरता नीति का उद्देश्य यह होगा कि निरक्षर लोगों की आबादी दिन-प्रतिदिन कम होती जाए। यह नहीं हुआ है। इसी तरह सब्सिडी नीति का लक्ष्य यह होगा कि साल-दर-साल ऐसे लोगों की संख्या कम होती जाए, जिन्हें सब्सिडी की जरूरत है। यह भी नहीं हुआ है। उलटे हर साल ज्यादा सब्सिडी देनी पड़ रही है, लेकिन चूँकि कुल सरकारी खर्च के प्रतिशत के रूप में इसका अनुपात घटता जा रहा है या स्थिर है, इससे यह अनुमान भी होता है कि सब्सिडी के माध्यम से जो करुणा व्यक्त होती है, उसका स्तर भी स्थिर है। गरीबी रेखा से नीचे रहनेवाले लोगों का जो आकलन हाल ही में आया है, वह बताता है कि और ज्यादा लोगों को सब्सिडी की जरूरत है। लेकिन सरकार की अर्थनीति में इसके लिए कोई गुंजाइश नहीं है।

यह नहीं मानना चाहिए कि सब्सिडी भारत की ही समस्या है। पश्चिम के अमीर देशों में दो प्रकार की सब्सिडी दी जाती है। एक सब्सिडी किसानों को दी जाती है, ताकि उनकी आय का स्तर उद्योग-धंधों में लगे लोगों की तुलना में ठीक-ठाक बना रहे। औद्योगिक उत्पादन को बढ़ाने की संभावनाएँ बहुत ज्यादा हैं। उनका विश्व बाजार भी है। लेकिन कृषि उत्पादन एक निश्चित सीमा तक ही बढ़ सकता है और उसमें नवाचार की गुंजाइश भी कम है। फिर किसानी एक नीरस धंधा है। साथ ही कृषि में लगे लोगों की आय औसत आय के समानांतर ही बढ़ती रहे और तब भी अनाज इतना महँगा न हो जाए कि आम नागरिक त्राहि-त्राहि करने लगे, इसलिए भी यह जरूरी हो जाता है कि किसानों को पर्याप्त सब्सिडी दी जाए, ताकि वे इस पेशे में बने रहें। वस्तुतः गैट समझौते में विलंब होने का एक बड़ा कारण यह भी था कि पश्चिम यूरोप

की सरकारें कृषि पर सब्सिडी कम करने के पक्ष में नहीं थी, जबकि अमेरिका इसके लिए लगातार दबाव डाल रहा था। यूरोप में कृषि योग्य भूमि अमेरिका की तुलना में काफी कम है, लेकिन अमेरिका की तुलना में यूरोप के लोग कृषि पर अपेक्षाकृत अधिक निर्भर हैं। सब्सिडी का दूसरा प्रकार आबादी के उन वर्गों को सीधे सहायता देना है, जिनके पास कोई रोजगार नहीं है या जो वृद्धता या अन्य कारणों से पर्याप्त आय करने में असमर्थ हैं। इसे सामाजिक सब्सिडी कह सकते हैं। आजकल इस सब्सिडी की मात्रा कम करने पर जोर दिया जा रहा है और लोगों को मुफ्त भोजन की उम्मीद न करने के लिए कहा जा रहा है, क्योंकि पूँजीवाद के नए जीवन दर्शन में उदारता के लिए कोई जगह नहीं है। इसके विपरीत कृषि पर सब्सिडी बरकरार है, क्योंकि यह आर्थिक कारणों से दी जानेवाली सब्सिडी है और इसे वापस लेने से अर्थव्यस्था में काफी असंतुलन पैदा हो जाएगा।

भारत में मुख्य सब्सिडी अनाज और खाद पर दी जाती है। उदाहरण के लिए 1997-98 के बजट में खाद पर कुल सब्सिडी देने के लिए 9,190 करोड़ रुपयों का प्रावधान किया गया है। इसके बाद नंबर आता है अनाज और चीनी पर दी जानेवाली सब्सिडी का, जिसके लिए 7,500 करोड़ रुपयों का प्रावधान किया गया है। इसके अतिरिक्त सामाजिक क्षेत्र यानी शिक्षा, स्वास्थ्य आदि मदों में भी सरकार सहायता मुहैया करती है, लेकिन कुछ राज्यों में वृद्धावस्था पेंशन के अलावा, जिसकी राशि इतनी कम होती है कि उसे हास्यास्पद ही कहा जा सकता है, जीवन यापन के लिए कोई सीधी राज सहायता नहीं दी जाती। पश्चिम बंगाल सरकार ने बहुत पहले बेकारी भत्ता योजना शुरू की थी, किंतु कुछ वर्षों के प्रयोग के बाद इसे वापस ले लिया गया। सार्वजनिक परिवहन के सरकारी निगम ज्यादातर घाटे पर चलते हैं, इसलिए इन निगमों को दी जानेवाली राशि को भी एक प्रकार की सब्सिडी ही कहा जा सकता है। लेकिन अब कोशिश यह है कि बसों के किराए बढ़ा कर इस घाटे की भरपाई की जाए या सर्वजनिक परिवहन निजी हाथों में सौंप दिया जाए। पिछले पाँच वर्षों में बसों के किराए कई गुना बढ़ गए हैं—हालांकि इसका एक कारण पेट्रोल और डीजल की कीमतों में वृद्धि भी है।

जहाँ तक खाद सब्सिडी का सवाल है, इसमें कोई संदेह नहीं है कि इसका लाभ खाद उद्योग और बड़े किसानों को ही मिलता है। जैसे-जैसे कृषि का आधुनिकीकरण हो रहा है, खाद सब्सिडी को मात्रा बढ़ती जा रही है। इसलिए स्वाभाविक है कि खाद सब्सिडी को क्षोभ की निगाह से देखा जाए। लेकिन इस संदर्भ में हमें यह भूलना नहीं चाहिए कि आज भी कृषि उपज का उचित मूल्य नहीं दिया जाता। यद्यपि सरकार के समर्थन मूल्य में लगातार वृद्धि हुई है, लेकिन यह वृद्धि इसलिए जरूरी हो गई थी कि कृषि उपज का बाजार मूल्य बढ़ रहा था। उपभोक्ता के लिए अनाज निरंतर महँगा होता गया है—सिर्फ पिछले एक साल (1996-97) में गेहूँ की कीमत में 58 प्रतिशत

वृद्धि हुई है, लेकिन इस वृद्धि का उचित लाभ किसानों को नहीं मिल रहा है। कृषि में लगे ज्यादातर लोगों का अनुभव यही है कि खेती अब घाटे का सौदा हो चुका है। लेकिन यह एक अधूरा सच है। खेती घाटे का सौदा उनके लिए है, जिनकी जोत कम रकबे की है और जिनके पास आय का कोई अन्य जरिया नहीं है। इसी के समानांतर उन इलाकों में समृद्ध किसानों का एक तबका भी विकसित हुआ है जहाँ हरित क्रांति हुई है या हो रही है। पंजाब, हरियाणा, पश्चिमी उत्तर प्रदेश, गुजरात और महाराष्ट्र का काफी बड़ा हिस्सा और कर्नाटक–ये वे क्षेत्र हैं, जहाँ संपन्न किसानों की एक नई प्रजाति दिखाई पड़ रही है और जिसके कारण गाँवों में भी आधुनिक उपभोक्ता सामान का एक बड़ा बाजार विकसित हो गया है। दुर्भाग्य से भारत की किसान राजनीति मुख्यतः इसी लॉबी का प्रतिनिधित्व करती है। एच.डी. देवगौड़ा इसी नए किसान का प्रतिनिधित्व करते हैं, जिसने खेत को कारखाने में बदलने की क्षमता अर्जित कर ली है। यह तबका राजनीति में भी प्रखर है और ग्रामीण वोट चाहिए तो इस तबके को नाराज नहीं किया जा सकता। इसी का नतीजा है कि कृषि की अर्थव्यवस्था के बारे में कोई संगत और संतुलित दृष्टि अपनाना संभव नहीं रह गया है। भारतीय किसान की इस नई समृद्धि को देख कर खाद पर सब्सिडी हटाने और कृषि आय पर कर लगाने का प्रस्ताव शहरी अर्थशास्त्रियों द्वारा किया जाता है। यह उदारीकरण के अर्थशास्त्र का एक जरूरी पहलू भी है, किंतु इस पहलू को लागू करने की हिम्मत हमारे राजनीतिक वर्ग में फिलहाल नहीं है, क्योंकि यह उसके वोट बैंक का हिस्सा भी है। उलटे इस वर्ग को और ज्यादा पुचकारा जा रहा है, जिसका प्रमाण है मार्च 1997 में विधान सभा चुनाव में जीत कर आए पंजाब के मुख्यमंत्री प्रकाश सिंह बादल द्वारा शपथ ग्रहण करते ही यह घोषणा करना कि सभी किसानों को बिजली मुफ्त दी जाएगी। कोई भी राजनेता अपने मतदाताओं को बख्शीश अपनी जेब से नहीं, राजकोष से ही देता है। द्रष्टव्य है कि पंजाब के किसानों को बिजली मुफ्त देने की घोषणा उस वक्त की गई है, जब अन्य सभी राज्यों में बिजली की दरें बढ़ाई जा रहीं हैं।

लेकिन खाद से सब्सिडी हटाई जाती है, तो सबसे ज्यादा प्रभावित गरीब किसान होगा, जिसकी गृहस्थी का आधार उसके खेत ही हैं। क्या सार्वजनिक वितरण प्रणाली में जिस तरह दोहरी मूल्य नीति अपनाई गई है, उसी तरह खाद की आपूर्ति में भी दोहरी मूल्य नीति अपनाई जा सकती है, ताकि गरीब किसान को सब्सिडी का लाभ मिल सके और संपन्न किसान उसका उचित मूल्य चुका सकें ? इसमें सबसे बड़ी दिक्कत यह है कि भ्रष्टाचार का एक नया स्रोत तुरंत खुल जाएगा और बड़े किसान इस तरह की नीति चलानेवाली सरकार के खिलाफ हो जाएँगे। खाद को महँगा करने का नतीजा कृषि उपज की मात्रा में कमी के रूप में भी प्रकट हो सकता है। अतः खाद की सब्सिडी वापस लेने की कोई दीर्घकालीन रणनीति ही बनाई जा सकती है, जिसके आवश्यक अंग ये होंगे : (1) कृषि उपज का उचित मूल्य दिया जाए। (2)

गाँवों का बड़े पैमाने पर उद्योगीकरण किया जाए, ताकि खेती जो भी करे, वह उसके लिए लाभकर हो सके और (3) कृषि से होनेवाली आय को आय कर के दायरे में लाया जाए। इसमें जो सबसे कठिन और चुनौतीपूर्ण कार्य है, वह है ग्रामीण क्षेत्र का व्यापक उद्योगीकरण, लेकिन उदारीकरण के हमारे कार्यक्रम में इसके लिए अभी तक कोई जगह नहीं निकल पाई है, अतः कृषि क्षेत्र की विसंगतियाँ भी समाप्त नहीं होनेवाली हैं।

अनाज पर दी जानेवाली सब्सिडी का मामला इस विसंगति का ही दूसरा पहलू है। अमीर किसान पैसे और बाहु बल से वोट की राजनीति को प्रभावित करते हैं, तो गरीब किसान मजदूर तथा अन्य निर्धन वर्ग अपने संख्या बल से। अतः इनकी आवश्यकताओं की ओर ध्यान देना भी जरूरी हो जाता है। सार्वजनिक वितरण प्रणाली कुछ हद तक यह काम करती है। लेकिन इसे कुछ और उदार बना कर गरीब के वोट को आकृष्ट किया जा सकता है, यह कौशल सबसे पहले आंध्र प्रदेश में एन.टी. रामराव ने यह चुनावी वायदा कर दिखाया था कि मुख्य मंत्री बनने पर वे गरीबों को 2 रु. किलो चावल मुहैया कराएँगे। वे जीते और उन्होंने अपने इस वादे पर अमल भी किया। यह और बात है कि उनके राजनीतिक उत्तराधिकारियों को यह योजना कुछ ज्यादा ही उदार लगी और उन्होंने गरीबों को मिलनेवाले सस्ते अनाज को महँगा कर दिया। प्रधान मंत्री श्री देवगौड़ा ने 26 जनवरी 1997 से गरीबी रेखा से नीचे के लोगों को 10 किलो अनाज सार्वजनिक वितरण प्रणाली के माध्यम से आधी कीमत पर उपलब्ध कराने का कार्यक्रम शुरू करे रामराव के कार्यक्रम का राष्ट्रीयकरण कर दिया। इसके साथ ही आलोचना का यह स्वर भी मुखर हो गया था कि यह सस्ती लोकप्रियता की राजनीति है, कि वास्तविक गरीबों की शिनाख्त करना कठिन है, अतः इस योजना का लाभ संपन्न लोग उठाएँगे और कि हमें मुफ्तखोरी की आदत को प्रोत्साहित नहीं करना चाहिए।

शर्म की बात यही है कि इस नए कार्यक्रम के आलोचकों को इस तथ्य पर कोई शर्म नहीं है कि 50 वर्ष की आजादी, 40 वर्ष के नियोजित विकास और छह वर्ष के उदारीकरण के बाद भी देश की लगभग आधी जनता ऐसी है, जो गरीबी रेखा की भारतीय सीमा को भी पार नहीं कर पाई है, जो वैसे भी बहुत ही कंजूसी से भरी हुई है और उसे आधी कीमत पर अनाज देने का कार्यक्रम राज्य द्वारा अंगीकार करना पड़ रहा है।

पहली बात तो यह है कि एक परिवार को महीने में सिर्फ 10 किलो अनाज आधी कीमत पर बेचने के पीछे कोई पूर्ण तर्क नहीं है। क्या पाँच व्यक्तियों के परिवार की अन्न की जरूरत इससे पूरी हो जाती है ? गरीबी की परिभाषा में ही यह निहित है कि वह परिवार सार्वजनिक वितरण प्रणाली से भी, जहाँ अनाज पहले से ही रियायती दर पर मिलता है, अगर मिलता है, जीवन की अपनी पहली जरूरत खरीद नहीं सकता।

फिर आप उससे यह उम्मीद कैसे कर सकते हैं कि वह 10 किलो के अलावा बाकी अनाज समान्य कीमत पर खरीद सकता है ? क्या इसके पीछे यह मान्यता नहीं दिखाई देती कि देश के लगभग 40 प्रतिशत लोगों को भुखमरी के कगार पर रख छोड़ा जा सकता है ? बेशक इन सभी लोगों की आय शून्य नहीं है, किंतु प्रश्न यह है कि जब राज्य द्वारा करुणा दिखाई जा रही है, तो वह इतनी सीमित क्यों हो कि नागरिक की दीनता भी सामने आ जाए और उसकी समस्याओं का पूरा समाधान भी न हो ? स्पष्ट है कि इस कार्यक्रम के पीछे गरीब को राहत पहुँचाने की दीर्घकालीन या व्यापक सोच उतनी नहीं है, जितनी खैरात बाँटने की भावना। कहने की जरूरत नहीं कि यह एक सामंती विचार है और दक्षिण भारत की उस सामंती राजनीति से आया है, जिसकी नज़र में नागरिक प्रजा होता है और राजा का काम उस पर दया करना है। एम.जी.आर. और एन.टी. रामराव आधुनिक लोकतंत्र को इसी निगाह से देखते थे। इतिहास श्री देवगौड़ा की याद इसी रूप में करेगा कि उन्होंने आंध्र की राजनीति का राष्ट्रीयकरण किया, तो केंद्र की राजनीति का एक स्तर पर क्षेत्रीयकरण भी किया और वह स्तर बहुत स्वस्थ नहीं था।

कह सकते हैं कि यह एक अतिवादी दृष्टि है। अगर राज्य किसी की पूरी मदद नहीं कर सकता, तो क्या सीमित मदद भी उसकी संवेदनशीलता का परिचायक नहीं है ? निश्चय ही है। इस दृष्टि से दक्षिण भारत की राजनीति उत्तर भारत की राजनीति से कुछ बेहतर है। उत्तर भारत के कई हिस्सों में भयानक गरीबी है—इतनी कि उसकी तुलना अफ्रीका के निर्धनतम देशों की स्थिति से की जा सकती है। लेकिन इस क्षेत्र के नेताओं ने उसके प्रति कोई संवेदनशीलता नहीं दिखायी है। इसके विपरीत दक्षिण भारत के नेता अपने लोगों के प्रति मेहरबान दिखाई पड़ते हैं। वे जब लोकप्रिय होते हैं, तो जननायक की तरह आचरण करने की कोशिश करते हैं। दिक्कत यही है कि वे वस्तुतः जननायक होते नहीं हैं। एक ओर तो वे अपना घर भरने की कोशिश करते हैं, दूसरी ओर सस्ती लोकप्रियता हासिल करने के लिए सांकेतिक गरीबपरवरी दिखाते रहते हैं। सच्ची गरीबपरवरी इस बात में होगी कि लोगों को गरीब न रहने का रास्ता दिखाया जाए यानी उन्हें आर्थिक रूप से भी आत्मनिर्भर बनाया जाए। इसके लिए दयाशीलता क.फी नहीं है, विचारशीलता भी चाहिए। इसी का दूसरा नाम लोकतांत्रिक संवेदनशीलता है। जो सही अर्थों में लोकतांत्रिक होगा, वह लोक को समृद्ध करने का प्रयास करेगा और उसके बीच समता भी ले आएगा। सामंती उदारता में ये दोनों ही तत्त्व नहीं होते। इसीलिए आज की लोकतांत्रिक दुनिया में कह सकते हैं कि वह उदारता नहीं, बल्कि उदारता का स्वाँग है। नई गरीबपरवर सार्वजनिक वितरण प्रणाली इसी स्वाँग का एक नया अवतार है। यदि ऐसा नहीं होता, तो यह सीमित उदारता अंततः सीमित ही नहीं रह जाती, बल्कि लोगों के कष्ट कम न होते देख या उनके अन्य कष्टों को देख कुछ आगे बढ़ती तथा अपने नए-नए रूप पेश करती रहती। दुर्भाग्य से होता

यह है कि वातावरण बदल जाने पर या चुनावी गरज निकल जाने पर पुरानी उदारताएँ भी क्षीण होने लगती है। आंध्र प्रदेश की दो रुपए किलो चावल की करुणामयी योजना का करुण अंत हमारी आँखों के सामने ही है।

इसी के साथ जुड़ा हुआ सवाल यह भी है कि भारत में गरीबों की संख्या क्या है या किसे गरीब माना जाए। यह विडंबना ही है कि भारत में गरीबों की संख्या कितनी है, यह शुरू से ही विवाद का विषय रहा है। विवाद का एक मुख्य कारण है गरीबी की परिभाषा। गरीब कौन हैं—यह सामान्य आदमी आसानी से समझ जाता है। लेकिन इस समझ से अर्थशास्त्रियों का काम नहीं चलता। उन्हें गरीबी की ठोस परिभाषा बनानी पड़ती है, ताकि उसके आधार पर जन नीति बनाई जा सके। भारत में पहली बार गरीबी की अधिकारिक परिभाषा तैयार की थी योजना आयोग द्वारा नियुक्त एक कार्य दल ने। उसे राष्ट्रीय स्तर पर स्वीकार्य रहन-सहन का न्यूनतम वांछित स्तर निर्धारित करना था। उसने 1960-61 की कीमतों के आधार पर यह स्तर गाँवों में 20 रुपए और शहरों में 25 रुपए की मासिक आय तय किया। कार्य दल ने यह स्पष्ट नहीं किया कि उसकी इस गणना का आधार क्या है। दांडेकर और रथ को इस बात का श्रेय दिया जाता है कि उन्होंने पहली बार गरीबी को वैज्ञानिक तौर पर परिभाषित किया। उनकी गणना का आधार भोजन का परिमाण था। माना जाता है कि आदमी को रोज लगभग सवा दो हजार कैलोरी देनेवाले भोजन की जरूरत होती है। इस आधार पर उन्होंने तय किया कि गरीब वह है जो शहर में 271 रुपए और गाँव में 170 रुपए कमाता है। इस पैमाने से 1970-71 में गरीबों की संख्या कूती गई लगभग 56 प्रतिशत—गाँवों में 58.75 प्रतिशत और शहरों में 46.17 प्रतिशत। तब से यही परिभाषा लोकप्रिय रही है। इस आधार पर जब 1995-96 के आर्थिक सर्वेक्षण में गरीबों की संख्या 1993-94 के 19 प्रतिशत से कम घोषित की गई, तो जनता से वास्तविक सरोकार रखनेवाले अर्थशास्त्रियों में तहलका मच गया। अविश्वास तब और बढ़ा जब 1994-95 में भारत में गरीबों को संख्या सिर्फ 16.6 प्रतिशत बताई गई। क्या भारत अचानक एक संपन्न देश हो गया था ? हमारे गरीब कहाँ चले गए ?

अर्थशास्त्रियों ने खोजबीन की तो तथ्य सामने आया कि सरकार ने कुछ आधारभूत तथ्यों का गलत इस्तेमाल लिया था। एक संस्था द्वारा पाए गए उपभोग स्तर को दूसरी संस्था के आँकड़ों पर लागू कर दिया गया था जिसका कोई वैज्ञानिक आधार नहीं था। इस आधार को चुनौती देने पर गरीबों की संख्या के नए और ज्यादा बड़े आँकड़े सामने आते थे। योजना आयोग द्वारा नियुक्त एंव विशेषज्ञ दल द्वारा हाल ही में जिन निष्कर्षों की घोषणा की गई है, वे इसके पूर्व के उज्ज्वल सरकारी आँकड़ों की व्यर्थता प्रकट करते हैं। विशेषज्ञ दल के अनुसार 1994-95 में भारत में गरीबों की संख्या लगभग 40 प्रतिशत थी। कहने की जरूरत नहीं कि इस खबर से गरीबी के सवाल पर बवाल और तेज होगा।

यह मानने की जरूरत नहीं है कि राव सरकार ने गरीबों की कम संख्या बताते समय जरूर कोई कपट किया होगा। आखिर वह भी सरकारी आँकड़ा था और यह भी सरकारी आँकड़ा है और दोनों सरकारों के चरित्र में कोई अंतर भी नहीं है। दोनों ही उदारीकरण की समर्थक थीं। मूल बात है गरीबी के सवाल पर सरकारी संवेदनहीनता। इस संवेदनहीनता की विश्वसनीय झलक हमें 1970 के शुरू से मिलने लगती है, जब इंदिरा गांधी ने गरीबी हटाओ का नारा दिया था। आज कोई नहीं मानता कि इस नारे के पीछे गरीबी हटाने की कोई वास्तविक इच्छा थी। राजीव गांधी ने तो ऐसा कोई नाटक भी नहीं किया। वे सीधे-सीधे संपन्नों और संपन्नता के प्रवक्ता थे। फिर भी वे जनप्रियतावादी नेता थे, इसलिए 1991 का चुनाव घोषणा पत्र बनाते समय उन्होंने लगभग एक दर्जन चाजों की कीमत स्थिर रखने की घोषणा की थी। लेकिन उनकी मूल प्रतिबद्धता अमीरों के साथ थी, इसलिए वे उदारीकरण की रफ्तार भी तेज करना चाहते थे। नरसिंह राव की सरकार को उदारीकरण तो पसंद आया, किंतु उसने कोई ऐसा कदम नहीं उठाया, जिससे गरीबों को राहत मिल सके। यहाँ तक कि वह राजीव गाँधी के कीमत स्थिरीकरण के वादे को भी भूल गई। फिर देश के गरीब कहाँ चले जाते ?

जाहिर है, अब यह बहस तेज होगी कि क्या उदारीकरण गरीबी हटाने में मददगार है। सरकार का मानना था कि मददगार है। वामपंथी लेखकों का मानना था कि मददगार नहीं है। कुल मिला कर सच यही प्रतीत होता है कि उदारीकरण के कारण भारत में गरीबों की संख्या बढ़ी ही है। इसके कई स्पष्ट कारण हैं। एक तो सार्वजनिक क्षेत्र का संकोच हुआ है। उसमें निवेश कम हुआ है। कई क्षेत्रों में बहुराष्ट्रीय कंपनियों की नवीनतम टेक्नोलॉजी आने के कारण अनेक देशी इकाइयाँ बंद हुई हैं। कृषि की स्थिति जरूर लगातार अच्छी रही है, पर उसका कारण मानसून का निरंतर सक्रिय बने रहना है, न कि कुछ और। उलटे कृषि में निवेश कम हुआ है। अगर इस बीच एक बार भी सूखा पड़ गया होता, तो सरकारी दावों की कलई खुल गई होती। लेकिन यह भी नहीं कहा जा सकता कि उदारीकरण के कारण रोजगारों की कोई सृष्टि नहीं हुई है। रोजगार बेशक बढ़े हैं, लेकिन वे आधुनिक क्षेत्र में बढ़े हैं। उससे ज्यादातर उन लोगों को ही फायदा हुआ है, जिनकी स्थिति पहले से ही अच्छी थी। जो कष्ट में थे, उनका कष्ट और बढ़ा है। बल्कि वे बिना कोई पाप किए अचानक गरीब हो गए हैं। यह भी निश्चित है कि उदारीकरण की राह पर हम इसी तरह बढ़ते रहे, तो देश के एक हिस्से का आधुनिकीकरण जरूर होगा और वह अमीर भी होता जाएगा, लेकिन न केवल गरीबों की संख्या बढ़ेगी, बल्कि उनकी गरीबी भी। बल्कि वे जितने ज्यादा गरीब होंगे, उससे ज्यादा गरीब दिखाई देंगे। यह स्थिति ज्यादा भयावह होगी, क्योंकि गरीबी का यह कष्ट भौतिक के साथ-साथ मानसिक भी होगा।

यहीं यह प्रश्न भी पैदा होता है कि हम गरीबी रेखा को परिभाषित करने के

मामले में इतने निर्मम क्यों हैं ? गरीबी रेखा 1992-93 की कीमतों के आधार पर गाँवों के लिए 228 रुपए और शहरों के लिए 264 रुपए प्रति व्यक्ति खर्च की क्षमता है। यानी जो इससे एक रुपया भी ज्यादा महीना खर्च कर सकता है, वह गरीब नहीं है। इससे तो आज दो वक्त की पूरी रोटी भी नहीं मिलेगी। यदि मिल भी जाए तो क्या आदमी को सिर्फ दो वक्त की रोटी चाहिए ? कहने की जरूरत नहीं कि सवा दो हजार कैलोरी के आधार पर खड़ी गरीबी की परिभाषा भारतीय मनुष्यता का उपहास है। जिसे गरीबी रेखा कहा जाता है, वह वस्तुतः दरिद्रता रेखा है। दरिद्रता रेखा पर तो देश के एक भी आदमी को नहीं होना चाहिए। देश के पास इतने साधन जरूर हैं कि किसी भी आदमी को भूखे पेट सोने की जरूरत नहीं है। सार्वजनिक वितरण प्रणाली की नई व्यवस्था में दरिद्रों का विशेष ध्यान रखा गया है। उन्हें आधी कीमत पर अनाज मिलेगा, लेकिन जो यह कीमत भी नहीं दे सकते ? क्या उन्हें मुफ्त अनाज नहीं मिलना चाहिए ? जब हम यह दृष्टि अपनाएँगे, तभी यह संवेदना प्राप्त कर सकेंगे कि गरीब उसे मान सकें जो इतना गरीब है कि अपने बल पर न्यूनतम शालीन जीवन न जी सके यानी हर वह आदमी गरीब है जिसके पास खाना, पूरे कपड़े, पर्याप्त शिक्षा, कुछ मनोरंजन आदि नहीं हैं। तब हम पाएँगे कि भारत में गरीबों की संख्या तीन चौथाई से कहीं ज्यादा है। और तब आर्थिक विकास की हमारी रणनीति कुछ और होगी। पुरानी रणनीति से भी अलग और उदारीकरण से भी अलग।

लेकिन अगर गरीब को कम कीमत पर अनाज देने की इस योजना की यह कह कर आलोचना की जा रही है कि गरीब को राहत देने में राजनेताओं के एक वर्ग का निहित स्वार्थ पैदा हो गया है, तो यह बिल्कुल आधारहीन भी नहीं है। आलोचना का दूसरा आधार यह है कि इससे राज्य द्वारा दी जाने वाली सब्सिडी की मात्रा बढ़ जाएगी, जबकि यह मात्रा पहले से ही काफी ज्यादा है और राजकोषीय घाटा कम करने के लिए सब्सिडी की मात्रा कम करना जरूरी है। इस तरफ तो सभी ने इंगित किया है कि इस योजना का लाभ उन तक नहीं पहुँच पाएगा, जो इसके वास्तविक पात्र हैं। लेकिन इन आलोचनाओं का संदेश क्या है ? भारत में राज्य को पीछे हटते देख कर जो लोग खुश हो रहे थे, उन्हें यह स्वीकार करना चाहिए कि उदारीकरण की अर्थव्यवस्था चलाने के लिए और भी सक्षम राज्य की जरूरत है। सच तो यह है कि हमारा राज्य तंत्र बना ही इस तरह है कि गरीब आदमी को आबंटित सुविधाएँ भी उस तक नहीं पहुँच पातीं। बिहार के चारा घोटाले का संदेश इसके सिवाय और क्या है ? कोढ़ में खाज यह है कि राज्य तंत्र भ्रष्ट ही नहीं, अक्षम भी है—इतना अक्षम कि वह भारत के गरीबों की सही गिनती तक नहीं रख सकता न उन लोगों की पहचान कर सकता है, जिन्हें आय कर देना ही चाहिए, पर नहीं देते। वैसे अक्षमता तो किसी भी राज्य के लिए शोभा की वस्तु नहीं हो सकती—सिवाय एक तानाशाह राज्य के (वस्तुतः यह भारतीय राज्य की अक्षमता ही थी, जिसके कारण आपातकाल के 19

महीने उतने कष्टदायी नहीं हुए जितने वे हो सकते थे), लेकिन जब आर्थिक प्रगति का नेतृत्व निजी क्षेत्र कर रहा हो, तब एक चुस्त प्रशासन और ज्यादा इसलिए जरूरी है कि निर्धन वर्ग के हितों की रक्षा की जा सके। अकर्मण्य और अकुशल प्रशासन निर्धन को और ज्यादा धनी और समर्थ लोगों की मर्जी पर छोड़ देता है। जहाँ तक अनाज पर सब्सिडी का सवाल है, वह तो खत्म की ही जानी चाहिए। लेकिन कैसे ? आप अपने गरीबों को हिंद महासागर में तो फेंक नहीं सकते। चूँकि देश में लोकतंत्र है और राजनेताओं को गरीबों के वोट चाहिए ही, इसलिए गरीबों की आवश्यकताओं की उपेक्षा नहीं की जा सकती। ऐसी स्थिति में दो ही रास्ते हैं। या तो अनंत काल तक सब्सिडी देते रहिए या फिर कुछ ऐसा इंतजाम कीजिए जिससे देश में कोई भी इतना गरीब न रह जाए कि वह अनाज तक उचित मूल्य पर न खरीद सके। यह तो स्पष्ट है कि सिर्फ उदारीकरण की नीति से गरीबी हट नहीं सकती, जैसा कि पिछले सात साल के आँकड़ों से जाहिर है। अतः आर्थिक नीतियों में ऐसा परिवर्तन आवश्यक है, जिससे रोजगार वृद्धि की दर में त्वरित विकास हो। गणतंत्र में गरीबों से छुटकारा नहीं पाया जा सकता। या तो उनके लिए ईमानदारी से काम करना होगा या उनके प्रति अधूरी करुणा दिखानी होगी, जैसे अभी दिखाई जा रही है।

जहाँ तक उस सब्सिडी का सवाल है जो पश्चिमी देशों में बेरोजगार लोगों को रहन-सहन का न्यूनतम स्तर बनाए रखने के लिए दी जाती है और जिसे सामाजिक सुरक्षा कहा जाता है, उसका तो अभी भारत में सवाल ही नहीं उठा है। भारत के उदारीकरण कार्यक्रम की पोल को इस तथ्य से भी समझा जा सकता है। यह सच है कि पश्चिम में भी सामाजिक सुरक्षा व्यवस्था के आगे प्रश्नचिह्न लगाया जाने लगा है, फिर भी इस बात की कोई आशंका नहीं है कि इसे जल्द हो त्याग दिया जाएगा। लेकिन उदारीकरण के पश्चिमी सलाहकार भारत को सामजिक सुरक्षा की वैसी कोई योजना लागू करने की सलाह नहीं देते। उनका ज्यादा से ज्यादा जोर साक्षरता कार्यक्रम और प्राथमिक शिक्षा का दायरा फैलाने पर होता है। यहाँ तक कि वामपंथी भी यह माँग नहीं करते कि या तो सभी के लिए रोजगार की व्यवस्था की जाए या जो बेरोजगार हैं, उन्हें बेकारी भत्ता दिया जाए। यह समाजवादी नेता डॉ. राममनोहर लोहिया थे, जिन्होंने अपनी पार्टी के आर्थिक कार्यक्रम में बेकारी भत्तों को हमेशा स्थान दिया था। यह एक ट्रेजेडी ही है कि डॉ. लोहिया को अपना गुरु माननेवाले मुख्य मंत्रियों ने बेकारी भत्ता शुरू करने के बारे में कभी गंभीरतापूर्वक विचार ही नहीं किया। यह कार्यक्रम, अत्यंत सीमित स्तर पर, लागू किया, तो पश्चिम बंगाल की वामपंथी सरकार ने और उसने भी बाद में इसका परित्याग कर दिया।

उदारीकरण के मौजूदा माहौल में बेकारी भत्ते के सवाल को एक विस्फोटक राजनीतिक कार्यक्रम बनाया जा सकता है। लेकिन इस तरफ किसी भी दल का ध्यान नहीं तो इसीलिए कि सभी ने मान लिया है कि गरीबी और बेकारी को दूर करना

उनके बस की बात नहीं है। इस मान लेने में निश्चय ही उनकी सामाजिक संवेदनहीनता भी छिपी हुई है। यह सच है कि भारत की अर्थव्यवस्था इतनी सक्षम नहीं है कि वह सभी बेरोजगारों को बेकारी भत्ता दे सके। जब सामाजिक सुरक्षा की जरूरत 8-10 प्रतिशत आबादी को हो, तो उसका इंतजाम किया जा सकता है। लेकिन जहाँ बहुसंख्य आबादी गरीब, बेरोजगार या अर्ध-बेरोजगार हो, वहाँ बेकारी भत्ता देना राष्ट्रीय दिवालिएपन को आमंत्रित करना होगा। लेकिन इस प्रश्न को उठाने का अर्थ यह जरूर होगा कि भारत की वास्तविक आर्थिक समस्याओं की ओर राजनीति का और उसकी शिकार जनता का ध्यान आकर्षित किया जाए। जब तक हम जलते हुए मकान की आँच को अनुभव नहीं करेंगे, तब तक यह एहसास भी हमें नहीं हो सकता कि उस मकान में जिंदा आदमी भी भुने जा रहे हैं।

कुछ की शिक्षा, कुछ का स्वास्थ्य

उदारीकरण में उदारता का जो तत्त्व बताया जाता है, वह है बुनियादी शिक्षा और स्वास्थ्य के प्रति सरकार की बढ़ती हुई जिम्मेदारी। उच्चतर शिक्षा एवं विशेषीकृत चिकित्सा का निजीकरण करने की सलाह दी जाती है, ताकि जो लोग इनसे फायदा उठाते हैं, वे इनकी कीमत भी चुकाएँ। माना जाता है कि निजी क्षेत्र का काम मुनाफा कमाना है, अतः वह लोगों को साक्षर नहीं बना सकता न सस्ती कीमत पर जन स्वास्थ्य सुविधाएँ उपलब्ध करा सकता है। यह काम सरकार का है। विश्व बैंक द्वारा भी अक्सर यह सलाह दी जाती है कि सरकार सामाजिक क्षेत्र में विनियोग बढ़ाए, क्योंकि इसी के माध्यम से ऐसा नागरिक समुदाय तैयार हो सकता है जो बाजार अर्थव्यवस्था में टिक सकता है और रहन-सहन का अपना स्तर बेहतर कर सकता है।

जहाँ तक शिक्षा, स्वास्थ्य आदि जन सेवाओं का हाल है, उदारीकरण के पहले भी भारत की स्थिति कुछ खास अच्छी नहीं थी, जबकि उस समय तक व्यवस्था का लक्ष्य समाजवादी समाज की रचना बताया जाता है। 1991 में उदारीकरण की प्रक्रिया शुरू हुई। 1992 के जो आँकड़े जीन ड्रेज और अमर्त्य सेन ने अपनी पुस्तक 'इंडिया : इकॉनॉमिक डेवलपमेंट ऐंड सोशल ओपोर्च्युनिटी'[1] में दिए हैं, वे दक्षिण एशिया के तीन देशों (बांग्लादेश, पाकिस्तान और श्रीलंका) तथा दक्षिण-पूर्व एशिया के तीन देशों (चीन, दक्षिण कोरिया और थाईलैंड) की तुलना में भारतीय स्थिति को रखते हैं। इन ऑकड़ों में से कुछ यहाँ प्रस्तुत किए जा रहे हैं–

1. ऑक्सफोर्ड यूनिवर्सिटी प्रेस, दिल्ली, 1996

देश	जन्म के समय जीवन प्रत्याशा (वर्ष)	शिशु मृत्यु दर (प्रति हजार)	वयस्क साक्षरता दर (प्रतिशत)	पुरुष-स्त्री अनुपात
बांग्लादेश	55	91	37	94
पाकिस्तान	59	95	36	92
श्रीलंका	72	18	89	99
चीन	69	31	78	94
दक्षिण कोरिया	71	13	99	100
थाईलैंड	69	26	96	99
भारत	59	79	52	93

स्पष्ट है कि कुछ मामलों में भारत की स्थिति बांग्लोदश और पाकिस्तान से बेहतर थी, लेकिन ज्यादातर मामलों में हम श्रीलंका, चीन, दक्षिण कोरिया और थाईलैंड से पिछड़े हुए थे। यह उस व्यवस्था का नतीजा था, जिसका घोषित लक्ष्य पूँजीवाद को प्रोत्साहित करना नहीं, बल्कि उसके स्थान पर एक वैकल्पिक व्यवस्था की रचना करना था। जब उदारीकरण का कार्यक्रम अपनाया गया, तो सरकार का यह कर्तव्य हो गया कि वह आर्थिक गतिविधियों से अपने को हटा कर शिक्षा, स्वास्थ्य आदि की बुनियादी सुविधाएँ उपलब्ध कराने की ओर ध्यान दे। ये सभी विषय मुख्यतः राज्य सरकारों के हैं और बहुत कम राज्य सरकारों ने उदारीकरण के प्रति उत्साह दिखाया है। इसका कारण यह है कि राज्य सरकारों के हाथ में वैसे ही सत्ता बहुत कम है। फलतः वे अपनी बची-खुची सत्ता का विसर्जन करना नहीं चाहतीं। फिर ज्यादातर राज्य सरकारों की आर्थिक स्थिति लगातार दिवालिएपन की ओर बढ़ती गई है। उनके लिए अतिरिक्त संसाधन जुटाना और भी कठिन है। जो राज्य सरकारें दिवालिया नहीं है, वे भी अलोकप्रिय होने के डर से नए कर लगाना नहीं चाहतीं। फलस्वरूप शिक्षा, स्वास्थ्य आदि की सुविधाओं का वांछित विस्तार करने में वे असमर्थ रही हैं। इसका एकमात्र शानदार अपवाद केरल राज्य ही रहा है, जिसकी सामाजिक सेवाओं का स्तर चीन और श्रीलंका के स्तरों से टक्कर लेता है। वस्तुतः केरल मॉडल इस बात का उदाहरण माना जाता रहा है कि राजनीतिक इच्छाशक्ति और सामाजिक चेतना हो, तो सीमित संसाधनों के बावजूद किस प्रकार एक अपेक्षाकृत समतामूलक समाज बनाया जा सकता है। लेकिन उदारीकृत अर्थव्यवस्था में केरल मॉडल भी संकट में पड़ गया है। बहरहाल, चूँकि राज्यों के आँकड़े आसानी से उपलब्ध नहीं है, अतः केंद्रीय सरकार के आँकड़ों के आईने में ही हम इस तथ्य की जाँच कर सकते हैं कि उदारीकरण के माहौल में जन सेवाओं के प्रति सरकारी प्रतिबद्धता की स्थिति क्या है।

स्थिति यह है कि सामाजिक सेवाओं के क्षेत्र में सरकार का योजनागत व्यय बढ़ रहा है, हालाँकि बहुत ही धीमी गति से 1991-92 से 1996-97 तक के संशोधित आकलन तथा 1997-98 के बजट प्रस्ताव इस प्रकार हैं–

(करोड़ रु. में 1980-81 की कीमतों पर)

वित्तीय वर्ष	कुल योजना व्यय	सामाजिक क्षेत्र के लिए व्यय	कुल योजना व्यय का प्रतिशत
1991-92	13,936.52	1,583.60	11.36
1992-93	15,952.44	1,654.49	10.43
1993-94	20,059.03	2,094.59	10.44
1994-95	20,384.06	2,461.88	12.07
1995-96	20,784.33	2,901.63	13.96
1996-97	19,836.68	3,015.82	15.2
1997-98	21,457.79	3,669.87	17.1

इसलिए यह आलोचना उचित नहीं है कि उदारीकरण के प्रभाव में सामाजिक सेवाओं की मद में सरकार का खर्च कम हुआ है, किंतु सिर्फ इन आँकड़ों से स्थिति की सच्ची तस्वीर नहीं उभरती। सच्चाई यह है कि सामाजिक सेवाओं के क्षेत्र का क्रमशः निजीकरण किया जा रहा है, जिससे शिक्षा, स्वास्थ्य आदि क्षेत्रों की स्थितियाँ लगातार बदलती जाएँगी और अंततः स्थिति यह बनेगी कि जिनके पास पैसा होगा, वे ही उच्च शिक्षा और अच्छी चिकित्सा का लाभ उठा पाएँगे।

इसके दो ठोस उदाहरण सामने हैं। भारत को इस पर गर्व है कि वैज्ञानिकों, प्रशिक्षित तकनीशियनों तथा चिकित्सकों की जितनी बड़ी संख्या भारत में है, उतनी किसी भी अन्य विकासशील देश में नहीं। यहाँ तक कि हम इनका निर्यात करते रहे हैं। यह स्थिति कैसे पैदा हुई ? इसलिए पैदा हुई, क्योंकि उच्च शिक्षा पर सरकार काफी सब्सिडी देती रही है। वस्तुतः इसकी आलोचना भी होती रही है, क्योंकि यह प्राथमिक शिक्षा के विस्तार की कीमत पर किया गया। इसी का नतीजा है कि हमारे पास चीन की तुलना में स्नातक ज्यादा हैं, किंतु चीन की वयस्क साक्षरता दर हमसे कहीं ज्यादा है। कह सकते हैं कि मध्य वर्ग को मिलनेवाली सुविधाओं पर ज्यादा जोर था, हालाँकि इन सुविधाओं का ही नतीजा था कि दलितों और आदिवासियों का एक बड़ा हिस्सा उच्च शिक्षा से लाभान्वित हुआ और सरकारी नौकरियों में प्रवेश कर मध्य वर्ग में शामिल हुआ। लेकिन उदारीकरण की नीतियों के तहत यह स्थिति अब नहीं रहेगी।

1986 में राजीव गांधी सरकार द्वारा बनाई गई नई शिक्षा नीति और 1990

में वी.पी. सिंह द्वारा गठित राममूर्ति समिति के निष्कर्षों की समीक्षा के लिए नरसिंह राव सरकार ने 1991 में आंध्र प्रदेश के पूर्व मुख्यमंत्री जनार्दन रेड्डी की अध्यक्षता में एक समिति गठित की। रेड्डी समिति ने आनन-फानन में विचार किया और उसकी संस्तुतियों को राव सरकार ने तत्काल पारित भी कर दिया, जबकि राव सरकार के बारे में माना जाता है कि वह निर्णय लेने से घबराती थी।

रेड्डी समिति की सिफारिशें क्या हैं ? एक, विश्वविद्यालयों को दी जानेवाली सहायता में कमी की जाए और उन्हें आत्मनिर्भर होने के लिए कहा जाए। इसके लिए फीस बढ़ाने और उनके परिसरों का व्यावसायिक इस्तेमाल करने की सलाह दी गई है। तकनीकी संस्थानों के लिए कहा गया है कि वे साल-दर-साल शुल्क बढ़ाते जाएँ और दस साल में आत्म निर्भर हो जाएँ। यही हुआ भी। सभी केंद्रीय तकनीकी संस्थाओं में 1993 से प्रवेश शुल्क एकदम पाँच गुना बढ़ा दिया गया। अव्यावसायिक एवं केंद्रीय विश्वविद्यालयों को दी जानेवाली सहायता को 1990-91 के स्तर पर स्थिर कर दिया गया है तथा उनसे कहा गया है कि शेष आवश्यकताओं की पूर्ति के लिए संसाधन वे स्वयं जुटाएँ।

इस तर्क में दम है कि उच्च शिक्षा को लगभग मुफ्त रखने का कोई औचित्य नहीं है, क्योंकि इससे जो उपार्जन क्षमता पैदा होती है, उसका जितना लाभ व्यक्ति को मिलता है, उतना समाज को नहीं। उदाहरण के लिए नाम मात्र का शुल्क दे कर कोई युवक डॉक्टरी की पढ़ाई करता है और डॉक्टर बन जाने के बाद हर महीने हजारों की कमाई करने लगता है, तो इससे समाज को अपने निवेश का उचित प्रतिफल नहीं मिलता। इसी तर्क से प्रभावित हो कर उच्चतम न्यायालय ने कैपिटेशन फी लेनेवाले व्यावसायिक शिक्षा के संस्थानों को दो प्रकार की सीटें रखने की अनुमति दे दी है—एक, जिनके लिए यथार्थवादी आधार पर भुगतान लिया जा सकता है और दो, जिनकी फीस सरकारी कालेजों के स्तर की होगी यानी भुगतान सीटों की तुलना में बहुत कम। जो लोग उच्च शिक्षा खर्च वहन कर सकते हैं, उन्हें यह खर्च क्यों नहीं वहन करना चाहिए ?

लेकिन नई स्थिति की वास्तविक विडंबना तब सामने आती है, जब हम इस पर विचार करते हैं कि शिक्षा का शुल्क बढ़ते जाने से जो लोग उच्च शिक्षा के अवसरों से वंचित हो जाएँगे, उनका क्या होगा ? उदारीकरण की योजना में इस वर्ग के लिए कोई चिंता नहीं की गई है। पश्चिमी देशों में रोजगार के इतने अवसर होते हैं कि विद्यार्थी अंशकालीन काम कर अपनी शिक्षा का खर्च निकाल लेते हैं। लेकिन विकास दर की तमाम वृद्धि के बावजूद भारत में अभी यह स्थिति नहीं आई है। उनके लिए यह वैकल्पिक व्यवस्था की जा सकती है कि प्रत्येक योग्य विद्यार्थी को शिक्षा ऋण या स्कॉलरशिप मिले, जिसका भुगतान वह बाद में रोजगार प्राप्त करने पर कर सकता है। कुछ बैंकों ने इस तरह की योजना शुरू भी की है, किंतु अभी तक तो यह एक प्रतीकात्मक कदम ही है। यदि स्थिति यही बनी रही, तो गरीब परिवारों के

मध्यवर्गीकरण का जो एक बड़ा स्रोत अभी तक खुला हुआ था, वह क्रमशः बंद हो जाएगा और साधारण लोगों के बेटे-बेटियों को स्कूल स्तर तक की शिक्षा से काम चलाना होगा। यह उतनी अखरनेवाली बात न होती, यदि देश में ऐसे रोजगारों का विस्फोट हो रहा होता, जो सिर्फ स्कूल स्तर तक की शिक्षा की माँग करते हैं। दिक्कत यह है कि रोजगार सिर्फ उन्हीं क्षेत्रों में बढ़ रहे हैं जो अत्यंत आधुनिकीकृत क्षेत्र हैं और कुछ विशेषज्ञता की माँग करते हैं। पुरानी व्यवस्था भी संतोषजनक नहीं थी—अन्यथा शिक्षित बेराजगारों की इतनी बड़ी फौज हमारे पास न होती। लेकिन नई व्यवस्था और भी ज्यादा असंतोषजनक है, क्योंकि इसमें शिक्षा की समस्याओं से मुठभेड़ करने की क्षमता दिखाई नहीं पड़ती। सबसे बड़ा खतरा यह है कि निजीकरण बढ़ने से शिक्षा के क्षेत्र में व्यावसायिक मूल्य बढ़ेंगे और हमारे कालेज तथा विश्वविद्यालय भी अंग्रेजी माध्यम के फैशनेबल स्कूलों की तरह व्यवहार करने लगेंगे। जहाँ तक वैज्ञानिक शोध संस्थानों का सवाल है, शोध की उनकी दिशा प्रभावित होगी, क्योंकि शोध के लिए पैसा जिन निगमों से आएगा, वे अपने व्यावसायिक उद्देश्यों के अनुसार ही शोध के विषय निर्धारित करेंगे। तब संभव है मलेरिया पर शोध रोक कर नए-नए गर्भनिरोधक खोज निकालने पर ज्यादा पैसा खर्च किया जाए।

उदारीकरण से सबसे ज्यादा खतरा स्वास्थ्य सेवाओं के विकास को दिखाई पड़ता है। वैसे तो राजीव गाँधी के समय में ही स्वास्थ्य सेवाओं का कारपोरेटीकरण शुरू हो गया था, लेकिन अब तो प्रधान मंत्री भी किसी ऐसे प्राइवेट अस्पताल का उद्घाटन करने में गर्व का अनुभव करते हैं, जहाँ पश्चिमी देशों के स्तर की स्वास्थ्य सेवाएँ उपलब्ध हैं, किंतु कीमत भी लगभग उतनी ही वसूली जाती है। निःसंदेह टेक्नोलॉजी के अनुप्रयोग से चिकित्सा के क्षेत्र में एक तरह की क्रांतिकारी छलाँग दिखाई पड़ती है, किन्तु इसके कारण चिकित्सा महँगी भी हुई है—इतनी कि देश के ज्यादातर लोग उसका खर्च वहन नहीं कर सकते। अतः जरूरत इस बात की थी कि सरकारी स्वास्थ्य सेवाओं का विस्तार किया जाता तथा वहाँ रियायती मूल्य पर या निःशुल्क आधुनिकतम चिकित्सा उपलब्ध कराई जाती। लेकिन सरकारी स्वास्थ्य सेवाएँ सिकुड़ रही हैं या आबादी में वृद्धि के अनुपात में बढ़ नहीं रही हैं और निजी चिकित्सालयों या निदान केंद्रों का विस्फोट-सा हो रहा है। महानगरों में रहनेवाले लोगों को तो फिर भी सरकारी सुविधाओं का कुछ लाभ मिल जाता है, किंतु कस्बों और गाँवों के निर्धन लोगों को नीम-हकीमों के आसरे छोड़ दिया गया है। स्पष्ट है कि एक गरीब देश में उदारीकरण की अर्थनीति जीने को जितना कठिन बनाती है, मरने को उतना ही आसान।

सरकार सामाजिक सेवाओं पर ज्यादा खर्च इसलिए भी नहीं कर पा रही है कि उसका राजस्व देश की समृद्धि के अनुपात में नहीं बढ़ रहा है। अंतर्राष्ट्रीय वित्त संस्थाओं का दबाव है कि सरकार अपना वित्तीय घाटा कम करे। यह एक उचित माँग है। घाटे का बजट हर तरह से घाटे का सौदा है। लेकिन दबाव यह भी है कि आय

कर, तट कर आदि की दरें भी घटाई जाएँ, ताकि उद्योग-धंधों को फैलाने का मौका मिले। पिछले कुछ वर्षों में करारोपण का स्तर लगातार कम होता गया है और खास तौर से मध्य वर्ग के उपभोग की चीजों को सस्ता किया गया है। इसी का नतीजा है कि चावल, गेहूँ और चीनी महँगे हुए हैं तथा कम्प्यूटर, टीवी और इस प्रकार की अन्य वस्तुएँ सस्ती हुई हैं। घाटे की अर्थव्यवस्था पर लगाम लगाने की कोशिश हुई है। फलस्वरूप सरकार का हाथ तंग होने लगा है। बेहतर समाधान यह था कि सरकार अपने अनुत्पादक खर्च कम करती, अपने कर्मचारियों की कार्यकुशलता बढ़ाती और फालतू लोगों को उत्पादक गतिविधियों में नियुक्त करती। लेकिन यह हो नहीं पाया है। हुआ यह है कि सरकार सार्वजनिक उपक्रमों को बेच कर भरपाई करने की कोशिश कर रही है। करों में उदारता दिखा कर दावा किया जाता है कि करों की ज्यादा उगाही होगी। लेकिन यह छलावा है। पश्चिमी देशों में, जहाँ कर दाताओं की संख्या बहुत बड़ी है, करों का स्तर नीचा रखा जा सकता है। पर विकासशील देशों में उनसे ज्यादा कर लेने में हिचकिचाहट नहीं होनी चाहिए जो ज्यादा कर दे सकते हैं। इस तरह उदारीकरण सरकार के विकल्प लगातार सीमित कर रहा है और साथ ही उस पर यह जिम्मेदारी भी थोप रहा है कि पूँजीपति जो काम नहीं कर सकते या नहीं करना चाहते, वे काम वह करे। आनेवाली सरकारों को इस अंतर्विरोध का सामना और ज्यादा करना पड़ेगा, अतः वे और अधिक अलोकप्रिय होंगी। यह अकारण नहीं है कि पहले सरकारों को अलोकप्रिय होने में कई वर्ष लग जाते थे, लेकिन अब साल बीतते न बीतते यह प्रक्रिया शुरु हो जाती है। इससे हम यह समझ सकते हैं कि उदारीकरण एक लोकतांत्रिक व्यवस्था में किस तरह राजनीतिक संकट भी पैदा करता है। लेकिन चूँकि राजनेताओं के पास कोई व्यापक परिप्रेक्ष्य नहीं होता और वे देश को बौद्धिक नेतृत्व देने में असमर्थ होते हैं, इसलिए वे अपनी बनाई हुई व्यवस्था के खुद शिकार होते हैं और उनके प्रति किसी की सहानुभूति भी नहीं होती। यह याद दिलाने की जरूरत नहीं कि उदारीकरण उस व्यवस्था का ही पर्याय है, जिसमें शासन की लगाम राजनीति के हाथ में नहीं रह जाती—वह बड़ी-बड़ी देशी-विदेशी कंपनियों के हाथ में चली जाती है और लोकतंत्र धनतंत्र में बदल जाता है।

लेकिन हर व्यवस्था अपने कुछ 'सेफ्टी वाल्व' तैयार करने की कोशिश करती है। ऐसा ही एक 'सेफ्टी वाल्व' है स्वयंसेवी संगठनों को बढ़ता और फैलता हुआ तंत्र। सामाजिक सेवाओं के क्षेत्र में उदारीकरण के साथ-साथ जिस एक वर्ग ने बड़े पैमाने पर प्रवेश किया है, वह है गैर-सरकारी स्वैच्छिक संगठनों का। इन संगठनों को सरकार द्वारा भी प्रोत्साहित किया जा रहा है और विदशी संस्थाओं द्वारा भी भारी कोष मुहैया कराया जा रहा है। फलस्वरूप समाज सेवकों की एक विशाल फौज पैदा हो गई है, जिसके सेनापति और सिपाही स्वयं आधुनिकतम जीवन जीते हुए गरीब लोगों की सेवा कर रहे हैं। स्पष्टतः यह सेवा का व्यावसायिकीकरण है यानी सेवा कार्य को भी अब

व्यवसाय का दरजा दिया जा रहा है। इस तरह के अनेक गैर-सरकारी संगठनों ने कई क्षेत्रों में महत्पूर्ण कार्य किया है–जैसे साक्षरता का अधिकतर कार्यक्रम इन्हीं की मार्फत चलाया गया, किंतु सामाजिक कार्य के इस मॉडल की कई गंभीर सीमाएँ हैं। पहली बात तो यह है कि जिस कार्य के लिए कोष मिल रहा है, वही कार्य किया जाएगा–शेष कष्टों की तरफ ध्यान नहीं दिया जाएगा। उदाहरण के लिए यदि किसी गैर-सरकारी स्वैच्छिक संस्था द्वारा साक्षरता का कार्यक्रम चलाया जा रहा है और साक्षरता की सीढ़ियाँ चढ़नेवालों में यदि कोई महामारी फैल गई, तो उस महामारी का मुकाबला करने के लिए कोई प्रयास नहीं किया जाएगा, क्योंकि उसके लिए कोष सुलभ नहीं होगा। इस तरह इस क्षेत्र में एकांगिता आएगी, जबकि अधिकांश समस्याओं का स्वरूप ऐसा होता है कि वे आपस में गुँथी हुई होती है। यानी जो निरक्षर है, ज्यादा संभावना है कि उसके पास रोजगार नहीं होगा या रोजगार हुआ तो साधारण किस्म का, वह बीमार भी हो सकता है और अपने सामाजिक ढाँचे में उसकी स्थिति हीन भी हो सकती है। लेकिन उसकी समस्याओं का एकीकृत समाधान करने के बजाय उनका टुकड़ों-टुकड़ों में समाधान करने की कोशिश की जाएगी या कुछ समस्याओं की ओर ध्यान दिया जाएगा और बाकी की उपेक्षा कर दी जाएगी।

दूसरी महत्वपूर्ण समस्या यह है कि विदेशी संस्थाओं द्वारा अनुदान उन्हीं कार्यों के लिए दिया जाएगा, जो उन्हें अपने अनुकूल प्रतीत होती हों। जरूरी नहीं कि जर्मनी या हालैंड की धन देनेवाली संस्था भारत के स्थानीय यथार्थ से पूरी तरह परिचित हो। इस तरह सामाजिक कार्य की नकेल ऐसे लोगों के हाथ में रहेगी, जिनमें संवेदनशीलता तो है, किंतु जो अपने पूर्वाग्रहों से ग्रस्त हो सकते हैं। इसका गंभीर पहलू यह है कि जनता के भीतर एक तरह की निर्भरता पैदा होती है। स्वयंसेवी संगठन स्थानीय जनता के प्रति किसी भी तरह से उत्तरदायी नहीं होते। अतः उन पर स्थानीय लोगों का किसी प्रकार का अंकुश भी नहीं रहता। किसी सरकारी चिकित्सागृह में डॉक्टर नहीं आता, तो स्थानीय लोग इसका प्रतिवाद कर सकते हैं और प्रशासन पर दबाव डाल सकते हैं, कि वह डॉक्टर भिजवाने की व्यवस्था करें, किंतु स्वयंसेवी संस्था के संचालकों पर इस तरह का कोई दबाव नहीं डाला जा सकता। यह एक अलोकतांत्रिक स्थिति है, अतः ऐसे सामाजिक कार्य से लोकतंत्रीकरण की प्रक्रिया को मजबूत नहीं किया जा सकता। यह वस्तुतः सरकार द्वारा अपनी समाजिक जिम्मेदारियों से पलायन का एक माध्यम है।

यह सच है कि सारे दायित्व सरकार के ही नहीं होने चाहिए–समाज का भी कुछ कर्तव्य होता है, किंतु सामाजिक कर्तव्य की भावना को उद्‌बुद्ध करनेवाली एजेंसियाँ कम दिखाई पड़ती है। यदि ऐसे स्वयंसेवी संगठनों का विकास हो, जो स्थानीय स्तर पर संसाधनों का संग्रह कर सकें और उनके आधार पर लोकतांत्रिक ढंग से सामाजिक कार्य करें तथा इस प्रकार की संस्थाएँ चलाएँ, तो उदारीकरण के प्रतिकूल माहौल में

भी बहुत कुछ सार्थक काम किया जा सकता है। लेकिन दिक्कत यह भी है कि उदारीकरण के माहौल में समाज के धनी-मानी लोगों की मानसिकता बदल रही है और वे स्कूल या अस्पताल खोलने के बजाय रॉक शो या माधुरी दीक्षित नाइट के आयोजन में ज्यादा दिलचस्पी दिखा रहे हैं। कहने की जरूरत नहीं कि हर अर्थव्यवस्था एक पूरे सांस्कृतिक परिदृश्य का अंग होती है और इस भोगवाद और उससे जुड़े मूल्य ही इस अर्थव्यवस्था के केंद्र में हैं। अतः क्रमशः हम पाएँगे कि अस्पताल फाइव स्टार होटलों की शक्ल ले रहे हैं, अपनी संतान को अच्छी प्राथमिक शिक्षा दिलाना भी गरीब आदमी के वश की बात नहीं रही और वैज्ञानिक देशी-विदेशी उद्योगपतियों की सेवा में लग गए हैं।

उदारीकरणं की संस्कृति

क्या उदारीकरण की कोई अपनी संस्कृति भी होती है ? यह तो प्रकट ही है कि कोई भी व्यवस्था इकहरी नहीं होती—उसका अपना राजनीतिक तंत्र होता है तो उसकी अपनी अर्थव्यवस्था भी होती है और इनके साथ-साथ उसकी एक विशिष्ट सांस्कृतिक संरचना होती है। मार्क्सवादी मानते हैं कि संस्कृति वस्तुतः आर्थिक संरचना पर खड़ी एक इमारत है यानी उसका अपना कोई स्वतंत्र अस्तित्व नहीं होता। इस पर काफी बहस है, लेकिन इससे इन्कार नहीं किया जा सकता, कि संस्कृति को प्रभावित करनेवाले जो मुख्य कारक हैं, उनमें अर्थव्यवस्था का केंद्रीय स्थान है। कृषि व्यवस्था की संस्कृति उसके अनुरूप होगी—ठहरी हुई, विकेंद्रित स्थानीय, सहयोग-प्रधान और आत्मीय। दूसरी ओर औद्योगिक अर्थव्यवस्था अपने साथ औद्योगिक संस्कृति ले कर आती है, जिसमें महानगरों का विकास होता है, संबंध निर्वैयक्तिक होते जाते हैं, व्यक्ति अपने को मशीन के एक पुरजे के रूप में पाता है और प्रतिद्वंद्विता के मूल्य सहयोग के मूल्यों पर भारी पड़ते हैं। आत्म-अलगाव इस संस्कृति का एक खास पहलू होता है जिसकी अभिव्यक्ति कई रूपों में होती है। विषमता और बेरोजगारी के कारण अपराध को प्रोत्साहन मिलता है। परिवार का ढाँचा विच्छिन्न होने लगता है, क्योंकि किसी के पास भी किसी के लिए समय नहीं होता और परिवार का सामंती ढाँचा शिथिल होता है, पर उसके स्थान पर लोकतांत्रिक रिश्ते विकसित नहीं हो पाते। स्त्री को इस संस्कृति में अपेक्षाकृत आजादी मिलती है, लेकिन एक प्रतीक के रूप में वही सबसे ज्यादा भेद्य भी होती है। यौनिकता (सेक्सुअलिटी) की उद्दाम शक्ति का इस्तेमाल चीजों को बेचने के लिए होता है। इसके बरक्स उन औद्योगिक समाजों में, जहाँ साम्यवाद के प्रयोग किए गए, भोगवादी मूल्यों को एक सीमा से आगे बढ़ने नहीं दिया जाता, किंतु संस्कृति के रचनात्मक रूप भी विकसित नहीं हो पाते। उसका एक बड़ा हिस्सा राज्य की सेवा में लग जाता है, तो दूसरा हिस्सा ऐसा रचनात्मक उत्पादन करता है, जो यांत्रिक तो

होता ही है, सर्वसत्तावादी रुझानों को मजबूत करनेवाला भी होता है। इस सबके बावजूद दिलचस्प यह है कि संस्कृति के क्षेत्र में हमेशा एक प्रकार का आत्मसंघर्ष तथा सामाजिक तनाव बना रहता है, क्योंकि संस्कृति का बुनियादी ढाँचा भले ही अपने समय की आर्थिक और राजनीतिक बनावट पर निर्भर हो, पर उसकी अपनी एक स्वतंत्र अस्मिता भी होती है। यही कारण है कि सामंती समाज में सामंतवाद विरोधी संघर्ष, पूँजीवादी व्यवस्था में पूँजीवाद विरोधी संघर्ष और सर्वसत्तावादी समाज में सर्वसत्तावाद के विरुद्ध संघर्ष संस्कृति के क्षेत्र में जारी रहता है।

वस्तुतः यह संस्कृति शब्द का द्विअर्थीयन है, जिसके कारण उसे भी संस्कृति ही कहा जाता है जिसके विरुद्ध संस्कृति संघर्ष करती रहती है। उदाहरण के लिए जब हम 'उपभोक्ता संस्कृति' पद का प्रयोग करते हैं, तो हमारा आशय क्या होता है ? क्या हम उपभोक्तावाद को संस्कृति बता रहे होते हैं या यह कह रहे होते हैं कि यह संस्कृति नहीं है ? यदि संस्कृति का प्रयोग स्थूल वर्णनात्मक अर्थ में किया जाए यानी किसी समाज में साहित्य, कला, मनोरंजन, मानव संबंध इत्यादि की जो स्थिति है, वही उसकी संस्कृति है, तो फिर हमें माफिया संस्कृति, लूट की संस्कृति, शराबखोरी की संस्कृति, वेश्या संस्कृति जैसे पदों की वैधता को स्वीकार करना होगा। यह समाजशास्त्र की मूल्य-निरपेक्ष अवधारणा के चलते ही संभव हुआ है कि 'आत्महत्या की संस्कृति' जैसे पद भी गढ़े जा सकते हैं। लेकिन यदि हम संस्कृति को एक मूल्यपरक शब्द मानें यानी उस चीज का प्रतीक जो आदमी को संस्कृत बनाता है, उसका संस्कार करती है, वही संस्कृति है, तो यह प्रश्न खड़ा हो सकता है कि क्या संस्कृति है और क्या नहीं, इसका निर्णय कैसे होगा, क्योंकि यह मूल्यों का मामला है और अक्सर मूल्यों का एक व्यक्तिपरक, या समुदायकपरक, पक्ष भी होता है। इसी से सांस्कृतिक सापेक्षतावाद या बहुलतावाद का जन्म हुआ है। फिर भी मूल्यों की दुनिया बुनियादी तौर पर तर्क और संवेदना की ही दुनिया है, अतः मूल्यों का संघर्ष संवेदना और तर्क का भी संघर्ष बन जाता है ? वस्तुतः इसी कारण संस्कृति के क्षेत्र में एक प्रकार का आत्म-संघर्ष हमेशा चलता रहता है और चूँकि संस्कृति का रिश्ता जीवन के सभी क्षेत्रों से है, इसलिए यह आत्मसंघर्ष एक व्यापक आत्म-संघर्ष का हिस्सा भी होता है। उदाहरण के लिए कोई स्त्री स्वाधीनता के लिए संघर्ष करती है, तो यह संघर्ष तत्काल आर्थिक और सामाजिक स्वाधीनता का संघर्ष भी बन जाता है। दूसरी ओर से देखें, तो आधुनिक युग में स्त्री का अपेक्षाकृत स्वाधीन होना इसलिए संभव हुआ है क्योंकि औद्योगिक क्रांति के कारण वह आर्थिक ढाँचा तैयार हुआ है, जिसमें स्त्री अपने पैरों पर खड़ी हो सके।

यदि हम उदारीकरण को पूँजीवाद से समीकृत करें, तो प्रश्न उठ सकता है कि क्या उदारीकरण की संस्कृति पूँजीवाद की ही संस्कृति है ? यह एक जटिल मामला है, क्योंकि पूँजीवाद का विकास पश्चिमी देशों की अर्थव्यवस्था के रूप में हुआ है और

उसने वहाँ के अधिकांश लोगों के लिए भौतिक प्राचुर्य की जीवन शैली विकसित करने में केंद्रीय भूमिका निभाई है। फलस्वरूप वहाँ संस्कृति का एक खास ढाँचा बना है, जिसे गलती से सिर्फ भौतिकवादी करार दिया जाता है। भौतिकवादी वह बेशक है, क्योंकि भोग और उपभोग के अलावा अन्य किसी मूल्य को वहाँ प्राथमिकता मिलती नहीं दिखाई देती, किंतु चूँकि भोग और उपभोग का आधार काफी व्यापक है, इसलिए वहाँ समानता, स्वतंत्रता आदि मूल्यों का भी विकास हुआ है। इसके विपरीत भारत जैसे देशों में उदारीकरण जब वैसी ही संस्कृति के साथ प्रवेश करता है, तो वह भिन्न विचित्र प्रकार का दृश्य उपस्थित करता है। जो अंग्रेज इंग्लैंड में लोकतांत्रिक अधिकारों के लिए लड़ रहे थे, वे भारत में दमनमूलक कानून बना रहे थे। उदारीकरण की प्रक्रिया मजबूत होने के साथ-साथ समाज में उपभोगवादी मूल्य हावी होने लगते हैं, किंतु वे बड़े पैमाने पर सिर्फ कुंठा और अतृप्ति पैदा करके ही रह जाते हैं। परंपरागत जीवन पद्धतियों को सहसा एक झटका लगता है और सब कुछ बिखरता नहीं, पर हर चीज में एक दरार-सी पड़ जाती है। उपभोग के नए-नए सामान बाजार में आते हैं और वे जीवन शैली को बदलते हैं, लेकिन चूँकि एक बहुत ही छोटे-से वर्ग को ही इसका लाभ मिलता है और ज्यादातर लोग प्रतीक्षा सूची में शामिल होते हैं, इसलिए उदारीकरण की प्रक्रिया से गुजर रहे समाजों में विषमता की खाई अचानक तेजी से बढ़ने लगती है, और नए सामाजिक तनावों का जन्म होता है। साहित्य की जगह कम होने लगती है और मनोरंजन उद्योग सांस्कृतिक उत्पादन के केंद्र में आ जाता है, जिसका उद्देश्य अंततः बाजार व्यवस्था और उसके मूल्यों को बल प्रदान करना होता है। इसी वातावरण में स्त्री अपनी देह को अपनी संपत्ति के रूप में प्रस्तुत कर प्रसन्न होती है और पुरुष इस बात से तृप्त होता है कि उसका कितना समय महँगे होटलों और हवाई यात्राओं में बीता। मनुष्य का मूल्यांकन करने के पैमाने तेजी से बदलने लग जाते हैं तथा भौतिक सफलता एकमात्र मूल्य या मूल्यों का मूल्य बन जाती है।

पिछले वर्षों में भारत में यह बात बार-बार कही गई है कि नई अर्थनीति वास्तव में भारतीय संस्कृति पर पश्चिमी संस्कृति का हमला है। लेकिन यह हमला नया नहीं है : इसकी शुरुआत भारत में अंग्रेजों का राजनीतिक वर्चस्व शुरू होने के साथ ही हो गई थी। जिन राजा राममोहन राय को कुछ लोग भारतीय नवजागरण का अग्रदूत मानते हैं, उनका एक घर यूरोपीय शैली का होता था, जिसमें बाकायदा पश्चिमी जीवन शैली की पूरी नकल की जाती थी। जिन्ना और जवाहरलाल नेहरू की जीवन शैली उसी का एक स्वाभाविक विकास थी। कह सकते हैं कि यह सिर्फ पश्चिमीकरण का मामला नहीं था : आधुनिकीकरण का भी मामला था। आखिर भारत को कभी न कभी आधुनिकता के साथ रचनात्मक मुठभेड़ करनी ही थी। यह दुर्भाग्यपूर्ण है कि उसे यह मुठभेड़ एक ऐसे राजनीतिक परिवेश में करनी पड़ी, जिसमें उसकी स्थिति एक उपनिवेश की थी। शायद यही कारण है कि आधुनिकीकरण और पश्चिमीकरण के बीच तमीज

अक्सर धूमिल हुई और अनुकरण तथा उत्पादन के बीच फर्क न रह जाने से कोई सच्चा आधुनिक आंदोलन भारत में व्यापक पैमाने पर विकसित न हो सका। यह दिलचस्प है कि इसी वातावरण में महात्मा गांधी ने भारत के स्वतंत्रता संघर्ष का नेतृत्व किया और पश्चिमी जीवन शैली को लगभग पूरी तरह नकार कर नेतृत्व किया। उनका 'हिंद स्वराज' कुछ और नहीं, आधुनिक जीवन पर एक मार्मिक टिप्पणी है। फिर भी गांधी, जिन्ना और जवाहरलाल नेहरू से ज्यादा आधुनिक लगते हैं, तो इसीलिए कि उनके मूल सरोकार लोकतांत्रिक थे और लोकतांत्रिकता आधुनिकता की एक अनिवार्य शर्त है। फिर भी यह स्वीकार करना होगा कि गांधी की सांस्कृतिक दृष्टि काफी इकहरी थी—उसे रवींद्रनाथ ठाकुर की सांस्कृतिक दृष्टि के साथ जोड़ कर रखा जाए, तभी एक पूरी मूल्य व्यवस्था की तस्वीर बनती है। यह दिलचस्प है कि गांधी और रवींद्र दोनों एक-दूसरे का बेहद सम्मान करते थे, पर उनके मूलभूत मतभेद अंत तक बने रहे।

लेकिन स्वतंत्र भारत ने संस्कृति के क्षेत्र में जो रास्ता अपनाया, वह न तो गाँधी का रास्ता था और न रवींद्र का। उस समय की भारतीय संस्कृति को एक विचित्र-सी खिचड़ी कह सकते हैं, जिसमें अतीत के प्रति मोह भी था और नवीनता के प्रति ललक भी, लेकिन कला और साहित्य में व्यक्त होनेवाले सरोकारों को छोड़ दिया जाए, तो कोई बेहतर समाज बनाने की कोई खास इच्छा नहीं थी। उसका प्रतिनिधि स्वरूप उस समय की हिंदी फिल्मों में देखा जा सकता है, जिनमें कुछ रोमांटिकता थी, कुछ भावुकता थी और कुछ प्रगतिशीलता भी, लेकिन कुल मिला कर एक लद्धड़-सी लिजलिजी दुनिया बनती थी, जिसकी कोई स्पष्ट दिशा नहीं थी। इस दिशाहीनता के कारण जैसे ही स्वतंत्रता संघर्ष के दौरान विकसित मूल्य कमजोर पड़ने लगे और आर्दशवाद का दबाव ढीला हुआ, हमारे सांस्कृतिक ढाँचे में सामंतवाद, पूँजीवाद और आधुनिकतावाद की लहरें तेज होने लगीं, जिसकी टकराहट में संस्कृति और अपसंस्कृति के भेद तिरोहित-से होने लगे।

फिर भी इंदिरा गांधी के समय तक एक प्रकार का सांस्कृतिक विभ्रम बना रहा तथा असमंजस और मूल्य-मूढ़ता अपने जड़ीभूत और विकासशील दोनों रूपों में जारी रहे, जिसे तोड़ने का काम किया राजीव गांधी के शासन ने। राजीव गांधी के भारत के राजनीतिक पटल पर उदित होने के पूर्व देश एक हिचकिचाती हुई, सहमी हुई, पर लालायित-सी अवस्था में था, लेकिन राजीव जिस सांस्कृतिक ढाँचे का प्रतिनिधित्व करते थे, वह मानो अचानक भारत के मध्य वर्ग पर छा गया, तो इसीलिए कि इसकी पृष्ठभूमि इंदिरा युग में तैयार हो चुकी थी। नेहरू के समय कम से कम कुछ आदर्शों की चर्चा होती थी, इंदिरा गांधी के समय में वह पाखंड बन गया—फिर भी उनका अस्तित्व बना रहा, लेकिन राजीव काल ने देश को उच्छृंखल भोगवाद के एक ऐसे भँवर में धकेल दिया, जिसमें न कोई संवेदना थी, न किसी प्रकार की ग्लानि और न किसी तरह की

रचनात्मकता। यह उल्लेखनीय है कि राजीव गाँधी को तत्कालीन युवा वर्ग द्वारा इसलिए नहीं पसंद किया गया कि उनका व्यक्तित्व बहुत ऊँचा था या वे एक बुद्धिमान नेता थे या वे युवा वर्ग की समस्याओं को हल कर सकते थे, बल्कि इसीलिए पसंद किया गया, क्योंकि वह युवा, आकर्षण और 'क्यूट' थे। यह एक नई तरह का राजनीतिक प्रतीक था, जिसके गहरे सांस्कृतिक आशय थे। यह अकारण नहीं है कि यह वही समय था, जब भारत में उदारीकरण के अर्थशास्त्र के प्रारंभिक, पर गंभीर प्रयोग किए गए। तब तक भारत के मध्य वर्ग का आकार भी बढ़ चुका था और यह आकार चूँकि व्यापक जनता की कीमत पर बढ़ा था, इसलिए उसी दौरान भारत का सांस्कृतिक दृश्य अचानक समद्विभाजित-सा दिखाई पड़ने लगा जिसके एक हिस्से में रंगीन टेलीविजन था, कम्प्यूटर था, मारुति थी, महँगे सौंदर्य प्रसाधन थे और दूसरे हिस्से में न्यूनतम मजदूरी के लिए संघर्ष था, दिन-रात कर्कश ध्वनि निकालनेवाला रेडियो था और गोबर पाथनेवाली औरतें थीं। एक तरफ अंग्रेजी माध्यम के फैंसी स्कूल दनादन फैल रहे थे और दूसरी ओर देश भर में निरक्षर लोगों की तादाद लगातार बढ़ रही थी। यही समय था, जब फिल्मों ने भी भावुक आदर्शवाद से पल्ला झाड़ लिया तथा वे लगातार फूहड़, अश्लील और असह्य होती गईं। सपनों का सौदागर विदा ले चुका था और शोले भड़कने लगे थे। पहले अश्लील पक्ष का ध्यान रखने के लिए एक हेलेन हुआ करती थी, अब फिल्मों की नायिकाओं ने एक भूमिका भी अपने किरदार में समेट ली। पुरुषों में अब अलग से खलनायक या विदूषक की जरूरत नहीं रही, क्योंकि नायक के व्यक्तित्व में ही सब कुछ घुल-मिल चुका था।

जिस एक घटना से उदारीकरण के पूर्व और उदारीकरण के बाद की संस्कृति का अनुमान लगाया जा सकता है, वह है—किसी भारतीय युवती का विश्व सुंदरी चुना जाना। रीता फारिया 60 के दशक में विश्व सुंदरी चुनी गई थी। इस पर हमने गर्व भी किया था, किंतु रीता रातों रात 'सेलेब्रेटी' नहीं बन सकी थी। लेकिन जब सुष्मिता सेन और ऐश्वर्य राय को विश्व सुदंरी चुना गया, तो यह एक ऐसी घटना बन गई, जो महीनों तक राष्ट्रीय क्षितिज पर छाई रही। इनके लंबे-लंबे इंटरव्यू छापे और दिखाए गए तथा इन्हें इस रूप में पेश किया गया, जैसे भारतीय नारीत्व या नारीत्व मात्र का आदर्श ये ही हों। यह सच है कि इस तरह की सौंदर्य प्रतियोगिताओं का कुछ विरोध भी हुआ, लेकिन यह विरोध उसी तरह प्रतीकात्मक और सीमित था, जैसे उदारीकरण के अर्थशास्त्र का राजनीतिक विरोध। यही वह समय था, जब हुसैन जैसा कलाकार, जिसने एक समय में इंदिरा गांधी और मदर टेरेसा को अपने चित्रों का विषय बनाया था, अचानक माधुरी दीक्षित पर फिदा हो गया। उदारीकरण की संस्कृति विकासशील देशों में कैसी-कैसी विद्रूपताएँ पैदा कर सकती हैं, इसी का एक नमूना है अमिताभ बच्चन जैसे संजीदा कलाकार का अपने कवि पिता की लोक शैली में रचित कविता को पॉप संगीत के साथ मिला कर गाना, जो आश्चर्य तो यह है कि एक सफल

व्यावसायिक उपक्रम भी रहा, या इसमें आश्चर्य ही क्या है, क्योंकि वह कौन-सी चीज है, जिसे 'मास-कल्चर' (भीड़ की संस्कृति) विरूपित नहीं कर सकती और वह कौन-सी चीज है, जिसे वह बाजार में भुना नहीं सकती ?

इस समय उदारीकरण की संस्कृति का सबसे प्रमुख वाहन बना हुआ है टेलीविजन, जिसकी दर्जनों धाराएँ प्रतिक्षण प्रवाहित होती रहती हैं और प्रायः सभी धाराओं के लिए जिंदगी नए मौज-मजे की, प्रतिद्वंद्विता की, हिंसा की, कामुकता की और मरने-मारने की चीज है। उदारीकरण के पूर्व यही टेलीविजन सीधा-सादा और उबाऊ था–किसी प्राथमिक स्कूल के शिक्षक की तरह या पुरानी हिंदी फिल्मों की तरह पारिवारिक तथा एडवेंचरविहीन, लेकिन उदारीकरण के दौर में उसमें जैसे एक नई दुर्धर्ष ताकत आ गई, उसकी छटा के सैकड़ों आयाम खुलने लगे और वह लोगों की जिंदगी को निर्धारित करनेवाला एक प्रमुख सांस्कृतिक कारक बन गया। उसकी यह नई ताकत विज्ञापन संस्कृति की ताकत थी, जो बाजार की अर्थव्यवस्था की ताकत का ही प्रतिबिंब है और चूँकि आधुनिक बाजार चाहतों की एक रंगीन दुनिया पैदा करने पर टिका हुआ है, इसलिए टेलीविजन ने एक ऐसा स्वप्न लोक बनाना शुरू किया, जिसमें आदमी वस्तुओं पर नहीं, बल्कि वस्तुएँ आदमियों पर शासन करती हैं। अगर आपने अपने बाल अमुक शैम्पू से नहीं धोए हैं, तो आप टार्जन हैं। अगर आप अमुक साबुन से शॉवर तले नहीं नहाते, तो आप आदिवासी हैं। अगर आपके पास अमुक गाड़ी नहीं है, तो कृपया अपने को पैदल समझें। उदारीकरण की संस्कृति ने खाते-पीते मध्य वर्ग को भी अचानक गरीब बना दिया, क्योंकि मध्यवर्गीयता के अनेक नए स्तर बिजली की-सी तेजी से टीवी के परदे से निकल कर समाज और सड़क पर छा गए।

ऐसे माहौल में साहित्य की क्या हैसियत रह जाती है, इस पर शंभुनाथ की यह मार्मिक टिप्पणी विचारणीय है : 'निःसंदेह हम लोग मार्केटिंग के युग में जी रहे हैं। वे सभी सांस्कृतिक उत्पादन पिछड़ जाएँगे, जिन्हें औद्योगिक या व्यापारिक कंपनियाँ प्रायोजित नहीं करेंगी। वह सब धरा का धरा रह जाएगा, जो 'वस्तु' में नहीं बदल पाएगा। खेलकूद, संगीत या चित्रकला की तरह साहित्यिक निर्माणों को न प्राचीन युगों-सा राजाश्रय मिल सकता है और न औद्योगिक-व्यापारिक प्रायोजक सुलभ होंगे। विभिन्न कॉलेजों और नौजवानों के 'जोन' में घुस कर टाइम्स एफ एम जैसे प्रतिष्ठान रॉक म्यूजिक को लोकप्रिय बना रहे हैं। युवक और युवतियाँ विलासोन्माद में थिरक रहे हैं और अपने को जहरीली मस्ती में खो रहे हैं। सांस्कृतिक दुनिया में आज का संगीत धर्म के समान ही एक शक्तिशाली प्रचार है। धर्म और संगीत दोनों के अपने-अपने ईश्वर हैं। साहित्य ईश्वरविहीन है, वह सांस्कृतिक दुनिया का सर्वाधिक निराश्रित तत्त्व है। जिस मनुष्य को लेकर वह इतनी माथापच्ची करता है, वह मनुष्य भी साहित्य के साथ नहीं होता। जब मनुष्य खुद अपना नहीं है और वह ईश्वर का है या बाजार का, तब यह साहित्य के करीब जाएगा भी कैसे। साहित्य के करीब जाते

ही वह अपने पास पहुँच जाएगा। आखिरकार ईश्वर और बाजार ऐसा क्यों होने देंगे ?'[1]

यही उदारीकरण की संस्कृति है, जिसका सौंदर्यशास्त्र उपभोक्तावाद पर खड़ा है, जिसकी आधुनिकता सिर्फ उपभोग की आधुनिकता है और जिसमें सफलता को छोड़ कर कोई और मूल्य नहीं है। इस सांस्कृतिक माहौल में ही करोड़ों की ठगी करनेवाला हर्षद मेहता अचानक राष्ट्र-नायक बन जाता है और अपने शारीरिक विकास—बल्कि कुछ मामलों में तो सिर्फ विस्तार—को दिखानेवाली अभिनेत्रियाँ पत्र-पत्रिकाओं के पन्नों पर छा जाती हैं। टेलीविजन की इस संस्कृति का असर पत्रकारिता पर भी पड़ता है और वह रंगीन ही नहीं, रंगीनमिजाज भी होने लगती है। रंग दुनिया को सुंदर बनाते हैं, लेकिन मीडिया के साथ घुल-मिल कर रंगों ने कम से कम भारत जैसे विकासशील देशों में उसका व्यक्तित्व ही नष्ट कर दिया है—उसे बाजारू बना दिया है।

यह दिलचस्प है कि भारतीय जनता पार्टी उदारीकरण का समर्थन करती है, लेकिन उसके साथ जो संस्कृति यानी उपसंस्कृति आ रही है, उसका विरोध करती है। अभिताभ बच्चन ने बेंगलूर में मिस वर्ल्ड प्रतियोगिता का जो आयोजन किया था, उसका विरोध करनेवालों में भाजपा के महिला संगठन की सदस्याएँ अग्रणी थीं। भाजपा की सुषमा स्वराज जब कुछ दिनों के लिए सूचना और प्रसारण मंत्री बनी थीं, तब उन्होंने दूरदर्शन की समाचार वाचिकाओं की पोशाक बदलने का आग्रह दिखाया था। निश्चय ही यह आचरण का द्वैध है और यही कारण है कि तथाकथित भारतीय संस्कृति को बचाने का भाजपा का अभियान या तो कुछ प्रतीकों तक सीमित रहता है या कुछ दूर चल कर टाँय-टाँय-फिस्स हो जाता है। इस संदर्भ में यह भुलाने योग्य नहीं है कि सांप्रदायिकता भी वस्तुतः एक आधुनिक प्रक्रिया है, अतः आधुनिकता की शक्तियों के साथ उसकी दुश्मनी नहीं, बल्कि एक प्रकार का मेल है। पाकिस्तान के प्रवर्तक मुहम्मद अली जिन्ना लालकृष्ण आडवाणी से कम आधुनिक नहीं थे। श्री आडवाणी के धोती पहनने से किसी को भ्रम में नही पड़ना चाहिए—उनका 'राम रथ' टोयटा कार को रूपांतरित करके ही बनाया गया था।

दिक्कत यही है कि उदारीकरण की संस्कृति का ज्यादातर विरोध ऐसी शक्तियों द्वारा हो रहा है, जिनके भीतर अपनी कोई सांस्कृतिक ऊर्जा नहीं है। जब कोई रूखा-सूखा गांधीवादी इस संस्कृति का प्रतिवाद करता है, तो वह लोगों का मन जीत नहीं पाता, क्योंकि रसमयता भी जीवन का अनिवार्य अंग है। जब कोई वामपंथी इसे सांस्कृतिक साम्राज्यवाद बताता है, तो उसकी बात तो सच लगती है, लेकिन वह स्वयं कोई ऐसा सांस्कृतिक मॉडल मुहैया नहीं कराता, जिसमें आधुनिकता की सच्ची चेतना हो, स्वाधीनता की आभा हो और सौंदर्य की दीप्ति हो, अतः उसकी बात मान लेने

1. 'दूसरा शनिवार', दिल्ली, 12 अप्रैल 1997

पर भी आगे कोई रास्ता नहीं दिखाई देता। इस मामले में गांधी टोपी, राष्ट्रीय स्वयंसेवक संघ की निकर और वामपंथी अरुणिमा, जिसके कारण खास तौर से हिंदी कविता 'मारो-काटो' का घोषणापत्र बन गई है, तीनों एक जैसे लाचार और निरर्थक नजर आते हैं। जिस तरह उदारीकरण का जवाब सच्ची समाजवादी व्यवस्था द्वारा ही दिया जा सकता है, उसी तरह पूँजीवादी संस्कृति का सामना एक समग्र सांस्कृतिक विकल्प की रचना से ही संभव है, जिसमें भोग और संयम, दोनों का सजीव तथा संतुलित संचार हो, जिससे रस की उत्पत्ति होती है। बेहतर आधुनिक हो कर ही बुरी आधुनिकता से संघर्ष किया जा सकता है और मुक्ति के मूल्यों के माध्यम से ही उच्छृंखलता के मूल्यों से टकराया जा सकता है। बीच के सभी रास्ते सिर्फ वह धुंध पैदा कर सकते हैं, जिसमें उदारीकरण की संस्कृति कुछ और प्रखर हो चमकती है और लालसा के सम्मोहन को दुर्धर्ष और अपराजेय बना देती है।

विरोध के स्वर

प्रश्न यह है कि जब उदारीकरण से देश के सिर्फ 15 प्रतिशत लोगों को फायदा पहुँच रहा है, जैसा कि दिल्ली विश्वविद्यालय के अर्थशास्त्री प्रो. रुद्रदत्त[1] का कहना है, तो इस नीति के विरुद्ध जन असंतोष क्यों नहीं उमड़ रहा है और इसके विरुद्ध किसी प्रकार का उल्लेखनीय राजनीतिक हस्तक्षेप क्यों नहीं संभव हुआ है या उदारीकरण का जो विरोध हो रहा है, उसकी व्यापकता कितनी है और उसका चरित्र क्या है।

जहाँ तक जन असंतोष का सवाल है, इस बारे में एक मूलभूत तथ्य का स्मरण रखना जरूरी है। यूरोप की तरह भारत में आक्रोश की स्वतः स्फूर्त अभिव्यक्ति की परंपरा नहीं है। संगठित रूप से सड़क पर उतर कर अपना असंतोष प्रकट करना उन्हें नहीं आता। इसके दो बड़े उदाहरण हैं, 1962 में चीन के हाथों भारत की पराजय और 1975 में आपातकाल की घोषणा। यूरोप के किसी भी देश में ऐसा हुआ होता, तो 1962 में कम से कम तत्कालीन प्रधान मंत्री जवाहरलाल नेहरू के इस्तीफे की सार्वजनिक माँग जरूर होती और 1975 में अपने राजनीतिक विरोधियों का दमन करने के लिए इंदिरा गांधी द्वारा लागू किए गए आपातकाल का विरोध करने के लिए देश भर में लोग सड़कों पर आ जाते तथा अनेक स्वतःस्फूर्त हड़तालें होतीं। लेकिन भारतीय नागरिक बहुत ही शांति और धैर्य के साथ इन दोनों घटनाओं से पेश आया। ऐसा नहीं है कि इन्हें ले कर उसके भीतर कोई असंतोष नहीं था, किंतु यह न तो किसी व्यवस्थित तरीके से प्रकट हुआ और न इससे देश की राजनीति तात्कालिक रूप से प्रभावित हुई। आक्रोश की अभिव्यक्ति थोड़ा आगे जा कर हुई—1967 और 1977 में कांग्रेस की चुनावी पराजय के रूप में।

क्या इस अर्थ में आर्थिक सुधारों को लागू करनेवाली नरसिंह राव सरकार की

1. हिंदुस्तान टाइम्स, नई दिल्ली, 31 मार्च 1997

1996 की पराजय को आर्थिक सुधारों के दर्शन की पराजय के रूप में देखा जा सकता है ? ठीक-ठीक कह पाना मुश्किल है। राव सरकार मुख्यतः इसलिए नहीं गई कि उसने उदारीकरण की अर्थनीति अपनाई थी–इसके बावजूद वह पुनर्निर्वाचित हो सकती थी, यदि प्रधानमंत्री श्री राव इतने सुस्त, निर्णय-कातर और निर्वीर्य न होते, यदि उनके मंत्रिमंडल के अनेक सदस्यों पर भ्रष्टाचार के तथा अन्य आपराधिक आरोप न लगे होते, यदि बाबरी मस्जिद के सवाल पर सरकार ने थोड़ी-सी दृढ़ता दिखाई होती और कांग्रेस भीतर से इतनी अंतर्विरोधग्रस्त और घायल न होती। जो लोग उदारीकरण के समर्थक हैं, वे दावा कर सकते हैं कि राव सरकार को इस प्रक्रिया का राजनीतिक लाभ उठाना नहीं आया। लेकिन यह पूरी सच्चाई नहीं है। सच्चाई यह है कि बहुराष्ट्रीय कंपनियों के भारी पैमाने पर आगमन–या उसकी संभावना–को भारतीय जन मानस मूलतः शक की निगाह से ही देखता है। इसका कारण है भारत की विदेशी-ग्रंथि। भारतीय लोगों ने कई शताब्दियों के बाद अपना राज वापस पाया है। वे लंबे समय तक–लगभग दो हजार वर्ष–ऐसी सरकारों के अधीन रहे, जिन्हें वह अपनी सरकार नहीं कह सकते थे। ऐसी स्थिति में जब उन्हें यह याद दिलाया गया कि उदारीकरण का कार्यक्रम ईस्ट इंडिया कंपनी का ही द्विरागमन है, तो सहसा उनका राष्ट्रबोध जाग्रत हो आया और उन्होंने अनुभव किया कि भारत एक बार फिर पराजित हो रहा है–वह विदेशी के सामने घुटने टेक रहा है। भारतीय जन मानस के इस आम एहसास को पाठकों के उन हजारों पत्रों में पढ़ा जा सकता है जो हिंदी तथा अन्य भारतीय भाषाओं के दैनिकों में पाठकीय स्तंभ के तहत उदारीकरण की नीति की खिल्ली उड़ाते हुए प्रकाशित हुए हैं। अंग्रेजी पत्रों में ऐसा कम हुआ है, तो इसीलिए कि भारतीय मध्य वर्ग का एक बड़ा हिस्सा उदारीकरण के साथ है। उसे अपना भविष्य इस अर्थनीति में ही दिखाई पड़ता है, जैसे एक समय उसे अपना भविष्य सार्वजनिक क्षेत्र के निरंतर विस्तार में दिखाई पड़ता था। भारतीय मध्य वर्ग जानता है कि विदेशी पूँजी आए बिना उसके लिए न तो रोजगार के नए अवसर खुल सकते हैं और न ही उपभोग की उसकी वह ललक पूरी हो सकती है जो राजीव गांधी के 'आधुनिक' नेतृत्व ने उसमें पैदा कर दी थी। राजीव अक्सर इक्कीसवीं सदी की बात किया करते थे, किन्तु भारतीय पूँजी में इतना बल नहीं था कि वह अपने मध्य वर्ग को कायदे से बीसवीं सदी में भी रख सके। विदेशी मुद्रा का तात्कालिक संकट तो एक बहाना था। लेकिन उदारीकरण के प्रति जनसाधारण की उदासीनता का एक बड़ा कारण यह भी है कि वह सरकार प्रबंध से भी संतुष्ट नहीं रहा है। आर्थिक मामलों से सरकार को हाथ खींचते हुए देख कर उसे शायद यह आशा भी हो कि निजीकरण ज्यादा कार्य-कुशल सिद्ध होगा। फिर चूँकि देश के राजनेता लगातार भ्रष्ट और अवसरवादी होते गए हैं, इसलिए उनके साथ किसी की भी सहानुभूति नहीं है। भ्रष्ट नेता, भ्रष्ट और अकुशल नौकरशाही तथा विदेशी पूँजी–इन सबके बीच जनता के लिए वास्तविक विकल्प बचता ही क्या है ?

सर्वाधिक दिलचस्प यह है कि नई अर्थनीति के विरुद्ध स्वयं कांगेस के भीतर से ही कोई आवाज नहीं उठी, जबकि यह अर्थनीति कांग्रेस की परंपरा और विरासत, दोनों के पूरी तरह खिलाफ थी। इसका न तो गाँधी से कोई तालमेल था न नेहरू से और न ही इंदिरा गाँधी की कुल नीति से। बेशक राजीव गाँधी की अर्थनीति इसकी सहेली लगती थी, लेकिन स्वयं राजीव ने जब उदारीकरण के प्रयोग शुरू किए थे, तब क्या हुआ था ? दो घटनाएँ उल्लेखनीय हैं। राजीव गाँधी की नई सलाहकार मंडली द्वारा तैयार किया गया अर्थनीतिक प्रस्ताव अखिल भारतीय कांग्रेस समिति में पेश किए जाने के पूर्व पार्टी की कार्य समिति में विचारार्थ रखा गया, तो उसका प्रबल विरोध हुआ। बहुत-से कांग्रेस नेताओं को लगा कि कांग्रेस 'आत्मनिर्भरता और समाजवाद' की अपनी नीति के पीछे हट रही है। अंततः जो प्रस्ताव स्वीकृत हुआ, वह मूल प्रस्ताव से सारतः भिन्न था : नए प्रस्ताव में यह घोषित किया गया था कि समाजवाद ही कांग्रेस का मुख्य लक्ष्य है। फिर भी सरकार की मूल आर्थिक दिशा में कोई परिवर्तन नहीं आया। 7 मई 1985 का स्टेट्समैन लिखता है कि 'अर्थव्यवस्था का उदारीकरण, टेक्नोलॉजी का आयात और बहुराष्ट्रीय कंपनियों के लिए दरवाजे खोलना पार्टी के जन-स्तरीय कार्यकर्ताओं को अनुकूल नहीं बैठ रहा था, जिन्हें लगातार ऐसे लोगों से मिलना पड़ता था जो भूख, आश्रय और वस्त्र की समस्याओं से चिंतित थे।' गुजरात के एक लोकप्रिय नेता झीनाभाई दरजी की प्रतिक्रिया थी कि कम्प्यूटर और इक्कीसवीं सदी में जाने की बातें 'दिल्ली में अच्छी लगती हैं, लेकिन यहाँ इनसे आप सिर्फ चुनाव हार सकते हैं।' ब्रह्मानंद रेड्डी जैसे बुजुर्ग नेता महसूस कर रहे थे कि कांग्रेस आम आदमी का प्रतीक थी और अब इसी की उपेक्षा की जा रही है।[2] स्पष्ट है कि राजीव की उदारवादी नीति को पार्टी के भीतर से ही चुनौती मिलने लगी थी और पार्टी के बाहर प्रेस में तो उन पर व्यंग्य किया ही जा रहा था, जिसके कारण उन्हें उदारीकरण की अपनी नीति पर बाद में कुछ अंकुश भी लगाना पड़ा।

कांग्रेस पार्टी में और उसके बाहर राजीव गांधी की हैसियत से नरसिंह राव की हैसियत की कोई तुलना नहीं हो सकती। राजीव के साथ एक तरह का करशिमाई तत्व जुड़ा हुआ था। वे आखिरकार इंदिरा गांधी के बेटे थे। राव का, बुजुर्गियत और विद्वत्ता के कारण, सम्मान था, किंतु जन नेता होने का कोई चिह्न उन्होंने कभी प्रदर्शित नहीं किया था। यहाँ तक कि पार्टी के भीतर उनके सशक्त प्रतिद्वंद्वी भी थे, जिनमें से कुछ ने बाद में पार्टी छोड़ दी और कुछ को पार्टी से निकाला गया। फिर भी अर्थनीति के सवाल पर पार्टी के भीतर एक प्रकार की सर्वानुमति बनी रही : किसी ने भी इसे मतभेद का मुद्दा नहीं बनाया। क्या कांग्रेस की पूरी परंपरा को देखते हुए यह बात आश्चर्यजनक

---

2. विस्तृत विवरण के लिए देखिए अतुल कोहली कृत 'डेमोक्रेसी ऐंड डिस्कंटेंट', कैंब्रिज यूनिवर्सिटी प्रेस, नई दिल्ली, 1992, पृष्ठ 330-332

नहीं लगती ? यह सर्वानुमति बताती है कि कांग्रेस के पूरे नेतृत्व ने उदारीकरण को ही एकमात्र विकल्प मान लिया था। क्या इसलिए कि कांग्रेस नेतृत्व की निगाह में यही एकमात्र उचित रास्ता था ? या, इसलिए कि कांग्रेस के भीतर आर्थिक प्रश्नों पर सोच-विचार की इतनी शक्ति और किसी भिन्न पहल की ऐसी क्षमता नहीं रह गई थी कि वह किसी मौलिक दिशा के बारे में सोच सके ? ध्यान देने की बात है कि यह वही अवधि है, जब कांग्रेस का जनाधार तेजी से खिसक रहा था और उसके ज्यादातर मंत्री लूट-खसोट में लगे हुए थे।

जहाँ तक गैर-कांग्रेसी राजनीति का सवाल है, सिर्फ भाजपा और वामपंथी दल ही हैं, जिन्होंने इस सवाल पर अपनी कुछ राय रखी है। भाजपा के बारे में बताया जा चुका है कि उसने किस तरह डॉ. मनमोहन सिंह पर अपनी नीतियाँ चुराने का आरोप लगाया था। लेकिन बाद में भाजपा को लगने लगा कि यदि वह कांग्रेस की अर्थनीति का पूर्ण समर्थन करती नजर आती है, तो उसकी खासियत क्या रह जाएगी ? अतः उसने देश के भीतर उदारीकरण का समर्थन और विदेशी पूँजी का कार्यक्षेत्र सीमित करने का आग्रह करना शुरू कर दिया। इस सिलसिले में एक वरिष्ठ भाजपा नेता का यह बयान दिलचस्प है कि हमें पोटेटो चिप्स नहीं, कम्प्यूटर चिप्स चाहिए। उसके बाद से भाजपा की औपचारिक स्थिति यह है कि वह विदशी पूँजी का स्वागत सिर्फ ढाँचागत और बुनियादी उद्योगों में करती है। फिंर भी उसने महाराष्ट्र में एनरॉन बिजली परियोजना का विरोध किया : उसका आरोप यह था कि इस सौदे में भ्रष्टाचार हुआ है। इन आरोपों के बीच महाराष्ट्र विधान सभा का चुनाव भाजपा—शिव सेना ने मिल कर लड़ा, लेकिन न तो भ्रष्टाचार का कोई आरोप सिद्ध किया जा सका और न ही एनरॉन परियोजना को रद्द किया गया। इस सिलसिले में यह उल्लेखनीय है कि भाजपा नेता जब भी विदेश जाते हैं, वे यही बयान देते हैं कि उदारीकरण की मौजूदा नीति जारी रहेगी। स्पष्ट है कि भाजपा का जो भी 'अगर-मगर' है, वह महज राजनीतिक और दिखावे के लिए है। केंद्रीय सत्ता में आने के बाद भाजपा की अर्थनीति इसका असंदिग्ध प्रमाण है।

लेकिन भाजपा के भीतर एक तबका जरूर ऐसा है, जो बहुराष्ट्रीय कंपनियों के भारत प्रवेश से प्रसन्न नहीं है। इसकी प्रेरणा राष्ट्रीय स्वयंसेवक संघ से आती है, जो पश्चिम की हर चीज को शक की निगाह से देखता है। इन लोगों ने मिल-जुल कर 'स्वदेशी जागरण मंच' का गठन किया है, लेकिन इस मंच का औपचारिक रूप से भाजपा से कोई संबंध नहीं है न ही भाजपा के ज्यादातर नेता उसके कार्यक्रम में हिस्सा लेते हैं। स्वदेशी जागरण मंच का कार्यक्रम मूलतः उदारीकरण के विरुद्ध नहीं, बल्कि विदेशी पूँजी, उपभोक्तावाद और पश्चिमी जीवन शैली की नकल के विरुद्ध है। मंच को राष्ट्रीय स्वयंसेवक संघ का, जिसे भाजपा की मातृ संस्था माना जाता है, पूरा समर्थन हासिल है। फिर भी संघ ने भाजपा पर अपना आर्थिक दर्शन आरोपित करने का कोई

ठोस प्रयास नहीं किया है। संघ जानता है कि भाजपा ने विदेशी पूँजी का उग्र विरोध शुरू किया, तो पार्टी मध्य वर्ग की सहानुभूति खो बैठेगी। स्पष्टतः यह एक सैद्धांतिक निष्ठा पर राजनीतिक व्यवहारवाद की विजय है। यह कुछ-कुछ वैसी ही स्थिति है, जैसे आजादी के बाद गांधीवादियों ने नेहरू की आधुनिकतावादी अर्थप्रणाली का विरोध नहीं किया और अपना चरखा अलग से कातते रहे। सत्ता में आई भाजपा का संघ से रिश्ता शायद वही रहेगा, जो नेहरू का विनाबा भावे जैसे लोगों से रह गया था।

जहाँ तक वामपंथियों का सवाल है, उदारीकरण का उनका विरोध सच्चा है। सच्चा इस मायने में है कि यह उनके सिद्धांत से मेल नहीं खाता। वे आम तौर पर निजी पूँजी के खिलाफ और सार्वजनिक क्षेत्र के पक्ष में होते हैं। यही कारण है कि जब इंदिरा गांधी ने 14 बैंकों का राष्ट्रीयकरण किया था, तब वामपंथियों ने उनका पूरा-पूरा साथ दिया था, हालाँकि बाद में यही सिद्ध हुआ कि राष्ट्रीयकृत बैंकों से भी उसी औद्योगिक क्षेत्र को ज्यादा लाभ पहुँचा जिसे पहले यह लाभ प्राप्त हो रहा था। इसमें संदेह नहीं कि वामपंथियों ने उदारीकरण के विरुद्ध काफी साहित्य पैदा किया है और उसका सैद्धांतिक विरोध किया है। किंतु उनके राजनीतिक रुख के साथ दो दिक्कतें हैं। एक तो स्वयं पश्चिम बंगाल की वामपंथी सरकार उदारीकरण के नरम रास्ते पर चल रही है। ज्योति बसु को एक कम्युनिस्ट नेता की बजाय एक नरम मध्यमार्गी नेता के रूप में ही जाना जाता है। केरल सरकार ने अलबत्ता उदारीकरण की ओर कोई कदम नहीं बढ़ाया है। लेकिन सिर्फ इससे कोई समाधान नहीं निकलता। कोई भी अर्थव्यवस्था यदि समाजवाद की ओर नहीं बढ़ती, तो वह या तो जड़ बनी रहती है या फिर उसका पूँजीवादीकरण होता है। वामपंथ शासित राज्यों में यही हो रहा है। जहाँ तक देवगौड़ा सरकार के न्यूनतम साझा कार्यक्रम का सवाल है, उसमें स्पष्ट शब्दों में उदारीकरण का समर्थन नहीं किया गया था, किंतु कुल मिला कर उससे जो आर्थिक कार्यक्रम पैदा होता था, वह उदारीकरण के पक्ष में ही जाता था। संयुक्त मोर्चा सरकार के प्रधान मंत्री और वित्त मंत्री बार-बार उदारीकरण के गुण गाते रहे, यद्यपि वामपंथियों का दबाव बराबर बना रहा कि अर्थव्यवस्था के कुछ खास क्षेत्रों को विदेशी पूँजी के लिए न खोला जाए। इस तरह संयुक्त मोर्चा सरकार में एक तरह की कशमकश लगातार बनी रही, यद्यपि सरकार की मूल आर्थिक नीति उदारीकरण की ही बनी रही। वामपंथियों की दूसरी दिक्कत यह है कि वे मिश्रित अर्थव्यवस्था की वकालत करते ही नजर आते हैं—इस तरह का कोई आर्थिक कार्यक्रम प्रस्तुत नहीं करते जिससे अर्थव्यवस्था को समाजवाद की ओर ले जाया जा सके। यद्यपि उनका घोषित राजनीतिक लक्ष्य अब भी 'सर्वहारा की तानाशाही' ही है, किंतु इस लक्ष्य के लिए वे कोई काम करते प्रतीत नहीं होते। इस तरह वे बूर्ज्वा व्यवस्था का ही अंग बनते नजर आते हैं, जिससे उनके सिद्धांत और राजनीतिक आचरण में बराबर द्वैध बना रहता है।

इस सिलसिले में एक प्रसंग उल्लेखनीय जान पड़ता है, जिसका वर्णन अभय कुमार दुबे ने इस प्रकार किया है : 'पिछले दिनों डेवीसन बुधू के भारत आगमन पर हुई एक बैठक में नई अर्थनीति के खिलाफ जबरदस्त जुमलेबाजी हुई। चूँकि बुधू अंतर्राष्ट्रीय मुद्रा कोष के खिलाफ संघर्ष के लोकप्रिय प्रतीक बन चुके हैं और संयोग से भारतीय मूल के भी हैं, इसलिए उस बैठक में आशा और प्रेरणा के तत्वों की कमी नहीं थी। भारत के एक पूर्व वित्त मंत्री, योजना आयोग के एक पूर्व सदस्य, तीन बड़े रेडिकल अर्थशास्त्री, दो बड़े ट्रेड यूनियन नेता और स्वयंसेवी संस्थओं के कई कर्ताधर्ता जोश में आ कर नई अर्थनीति से होनेवाले नुकसानों का बड़ा डरावना चित्र उपस्थित कर रहे थे। बुधू ने उनकी बातें सुनीं और निर्लिप्त भाव से उत्तर दिया कि अगर आप मुद्रा कोष और विश्व बैंक को ठुकरा कर अर्थात विश्व पूँजीवादी अर्थव्यवस्था से खुद को काट कर अपनी अर्थव्यवस्था बनाना चाहते हैं, तो आपको एक नई क्रांति करनी पड़ेगी। एक सामाजिक और राजनीतिक क्रांति, जो ज़नता के सांस्कृतिक सोच-विचार को स्पर्श करती हो और उसे अलग तरह की जीवन शैली के लिए दिमागी तौर पर तैयार करती हो। ऐसी जीवन शैली, जो पूँजी के उत्तरोत्तर विकास से बँधी न हो। बुधू ने कहा कि इस तरह की क्रांति के लिए फिलहाल आपके देश में कोई गुंजाइश नहीं है। गांधीवादी, समाजवादी और मार्क्सवादी-लेनिनवादी अर्थात तीनों तरह की परिवर्तनकामी विचारधाराओं के लोग वहाँ थे, लेकिन किसी ने चुनौती भरे स्वर में बुधू का प्रतिवाद नहीं किया। उनमें से कोई क्रांति के भविष्य के प्रति आश्वस्त नहीं था। क्रांति तो छोड़ ही दीजिए, उनमें से कोई यह कहने के लिए भी तैयार नहीं था कि अगर उसकी पार्टी सत्ता में आई तो उन दावों को साकार कर दिखाएगी जो उन्होंने अभी-अभी किए हैं। दरअसल, उन महानुभावों में से कई ऐसे थे, जिन्होंने सत्ता में रहते हुए नई अर्थनीति की जड़ जमाने में मदद की थी। सक्रिय समर्थन से ले कर मौन स्वीकृति या असहाय निष्क्रियता तक किसी-न-किसी रूप में वे सब कभी-न-कभी खुद विश्व पूँजीवादी व्यवस्था के स्वार्थों को पूरा कर चुके थे। बुधू की बात पर उनकी प्रतिवादहीनता बता रही थी कि उनका वर्तमान नहीं, सिर्फ अतीत ही परिवर्तनकामी था। वे एक तरह से नई अर्थनीति के कृतज्ञ थे कि उसने उन्हें विपक्ष की भूमिका निभाने का मुद्दा दे दिया था।'[3]

जनता दल, समाजवादी पार्टी तथा इस तरह के दलों का आर्थिक कार्यक्रम बिल्कुल स्पष्ट नहीं है। शुरू में इन्होंने गैट वार्ताओं का विरोध किया था, किंतु धीरे-धीरे उन्होंने इस विषय में कुछ भी बोलना बंद कर दिया। समाजवादी पार्टी के नेता मुलायम सिंह यादव के शासन में कई सार्वजनिक इकाइयों के निजीकरण की प्रक्रिया शुरू हुई।

---

3. राजकिशोर द्वारा संपादित 'विनाश को निमंत्रण : नई अर्थनीति', वाणी प्रकाशन, नई दिल्ली, 1994, पृष्ठ 97

बहुजन समाज पार्टी को ऐसा लगता है कि देश की अर्थनीति से कोई मतलब ही नहीं है। वह राष्ट्रीय महत्व के सवालों पर दिमाग खपाना नहीं चाहती। यही स्थिति क्षेत्रीय दलों की है। नई अर्थनीति के सवाल पर उनका मत क्या है—यह प्रकट होना अभी बाकी है। समता पार्टी के नेता तथा पूर्व—समाजवादी जॉर्ज फर्नांडिस ने एक बार अवश्य नई अर्थनीति के विरुद्ध मजनू जैसा उत्साह दिखाया था और कारगिल की नमक परियोजना को ठप करके ही छोड़ा था, किंतु उस पराक्रम के बाद उन्होंने उदारीकरण के सवाल को जैसे समाप्त ही मान लिया। क्या इसका एक कारण भाजपा के साथ पार्टी का चुनावी गठबंधन था ?

दिलचस्प तथ्य यह है कि उदारीकरण का समर्थन एक ऐसे वर्ग से आया है, जिसे बहुत ही प्रगतिशील और रेडिकल माना जाता है। यह वर्ग है कुछ दलित चिंतकों का, जिनमें ओम गेल्वेट का स्थान प्रमुख है। ये लोग उदारीकरण का समर्थन इस आधार पर करते हैं कि विदेशी पूँजी भारत में आएगी, तो वह कम से कम वर्ण व्यवस्था के पूर्वाग्रहों से मुक्त होगी। भारतीय पूँजीपति और सामंत दलित तथा गैर-दलित में फर्क करता है। विदेशी के लिए इन दोनों की हैसियत एक जैसी होगी। अतः जैसे-जैसे भारत में विदेशी पूँजी का वर्चस्व बढ़ेगा, वैसे-वैसे वर्ण व्यवस्था शिथिल होगी। इस तर्क में कुछ दम जरूर है, किंतु इसमें कई प्रकार के खोट हैं। हमें भूलना नहीं चाहिए कि अंग्रेज शासकों ने भारत की जाति व्यवस्था को कमजोर नहीं किया था, बल्कि उसका समर्थन ही किया था। दलितों की ओर उन्होंने जरूर विशेष ध्यान दिया, लेकिन इसलिए नहीं कि दलित उन्हें प्रिय थे, बल्कि इसलिए कि ऐसा करके ही स्वतंत्रता आंदोलन को और भारतीय समाज को खंडित किया जा सकता था। वस्तुतः उन्होंने जो भूमिका मुसलमानों के लिए बनाई, वही दलितों के लिए भी बनाने की कोशिश की, जो पूरी तरह सफल नहीं हो सकी तो इसलिए कि महात्मा गांधी ने उसे रोकने के लिए जान की बाजी लगा दी थी। इसी प्रकार विदेशी पूँजी भारत में आएगी, तो जरूरी नहीं कि वह भारतीय समाज में व्याप्त जाति भावना को छोड़ने का प्रयास करे। हो यह भी सकता है कि वह उसके साथ समझौता कर ले। जो भी परिवर्तन आएगा, वह आधुनिकता की शक्तियों के मजबूत होने से आएगा। उदारीकरण से आधुनिकता के कुछ विशेष पहलुओं को जरूर बल मिलेगा, किंतु अपसंस्कृति का फैलाव भी होगा और उसका शिकार दलित भी हो सकते है। बहरहाल, सिर्फ अपने जातिगत स्वार्थों के कारण विदेशी पूँजी का स्वागत इन दलित शुभैषियों को उसी कोटि में रखता है, जिस कोटि में अंबेडकर को रखा गया और यह आरोप लगाया गया कि न केवल उन्होंने स्वाधीनता संघर्ष में हिस्सा नहीं लिया, बल्कि कई स्तरों पर अंग्रेजों का साथ दिया। इससे ज्यादा चिंताजनक बात यह है कि उदारीकरण का समर्थन या विरोध उसके संपूर्ण गुणदोष के आधार पर नहीं किया जा रहा है, बल्कि उसके सिर्फ एक पहलू को ध्यान में रख कर किया जा रहा है। दृष्टि की इस संकीर्णता से राष्ट्र निर्माण का कोई काम नहीं

हो सकता। ऐसी ही दृष्टि संकीर्णता मधु किश्वर जैसे लोगों में पाई जाती है, जो बुनियादी तौर पर राज्य के खिलाफ नजर आते हैं। उन्हें जब भी राज्य का विरोध करने का मौका मिलता है, वे चूकते नहीं हैं। वे भूल जाते हैं कि भारतवर्ष जैसे देश में निजी पूँजी के विस्तार की विभीषिका राज्य की विभीषिका से ज्यादा खतरनाक हो सकती है। राज्य पर तो फिर भी कुछ लोकतांत्रिक नियंत्रण रहता है, किंतु निजी पूँजी को कैसे नियंत्रित किया जा सकेगा ?

अंत में रह गए कुछ गांधीवादी, डॉ. नंजुदास्वामी जैसे किसान नेता, मेधा पाटकर और सुंदरलाल बहुगुणा जैसे पर्यावरणवादी तथा विकास के परंपरागत मॉडल को चुनौती देनेवाले जन नेता, किशन पटनायक जैसे कुछ समाजवादी, और कुछ ऐसे ही छिटपुट लोग जिन्होंने उदारीकरण की पूरी राजनीति को गहराई से समझा है और उसके विरुद्ध वातावरण बनाने का प्रयत्न किया है। इनके सरोकर बहुत ही जायज और गंभीर हैं, किंतु इनका प्रभाव बहुत ही सीमित है। कुल मिला कर ये एक गंभीर बौद्धिक बहस का वातावरण भी नहीं बना पाए हैं। जिस एक क्षेत्र से संगठित विरोध आया है, वह है श्रमिक संगठनों का। उन्होंने समय-समय पर निजीकरण के विरुद्ध हड़ताल की है और रैलियाँ भी निकाली हैं। लेकिन क्या उनका यह विरोध सैद्धांतिक और राष्ट्रवादी है ? यह नहीं कहा जा सकता। उनके विरोध में उनके निहित स्वार्थों की बू आती है। वस्तुतः सार्वजनिक क्षेत्र के श्रमिकों के अनुत्तरदायी आचरण के कारण भी भारत में सार्वजनिक क्षेत्र बदनाम हुआ है। यदि हमारा सार्वजनिक क्षेत्र अपनी सामाजिक जिम्मेदारी समझता तथा उत्पादन में रुचि और उपभोक्ता के प्रति संदेनशीलता दिखाता, तो देश भर में उसके पक्ष में वातावरण बना होता और सरकार उसे छूने की हिम्मत नहीं कर पाती। लेकिन भारत के सार्वजनिक क्षेत्र की छवि ऐसी है कि उसका निजीकरण लोगों को कई स्तरों पर आश्वस्त ही करता है। इसीलिए श्रमिक संगठनों की समय-समय पर उठनेवाली दहाड़ भी उस सन्नाटे को तोड़ नहीं पा रही है जिसमें अर्थनीति के बुनियादी सवाल पृष्ठभूमि में चले गए हैं।

इतने महत्वपूर्ण सवाल पर देश की यह लगभग खामोशी बेचैनी पैदा करनेवाली है। ईस्ट इंडिया कंपनी को भारत का राजा बनने में कदम-कदम पर प्रतिकार का सामना करना पड़ा था। किंतु विदेशी पूँजी का स्वागत करने के लिए देश जैसे पलक-पाँवड़े बिछाए बैठा है। क्या यह एक तरह का राष्ट्रीय आत्मसमर्पण नहीं है ? लेकिन जिस देश की राजनीति राष्ट्र-निर्माण का काम भुला देती है, आत्मसमर्पण के अलावा उसके पास और कौन-सा रास्ता बचा होता है ? भारत की पिछली गुलामियाँ यहाँ के सामंतों की देन थीं। यह गुलामी भारत के आत्म-केंद्रित मध्य वर्ग का उपहार है।

पूँजीवाद के विकल्प

सामंतवाद के विकास के बारे में हम ज्यादा नहीं जानते, लेकिन ज्यादा संभावना यही प्रतीत होती है कि यह आदिम समाज के स्वाभाविक विकास क्रम में ही अस्तित्व में आया होगा। कबायली व्यवस्था को भी, जिसमें सभी की स्थिति लगभग एक जैसी थी, एक नेता की जरूरत होती होगी। शिकार करना यदि सामूहिक गतिविधि थी, तो उसे सुव्यवस्थित करने का कार्य वही व्यक्ति करता होगा, जो सबसे बली और सबसे चतुर होगा। लेकिन जरूरी नहीं कि उसे अन्य विद्याएँ भी आती हों। अतः धार्मिक या आध्यात्मिक नेतृत्व की भी एक शाखा निकली होगी। किंतु इस नेतृत्व का आधार नैतिक ही हो सकता था। अतः जहाँ तक सत्ता के संबंधों का सवाल है, गणपति वही हुआ होगा जो बाहुबली भी रहा होगा। इसी का विकास बाद में राजा के रूप में हुआ, जिसे पृथ्वी पर ईश्वर के समकक्ष या उसका प्रतिबिंब माना गया। बेशक बहुत-से गण समूहों ने अपनी गणतांत्रिक परंपराएँ बनाए रखीं, किंतु अभी तक ये परंपराएँ वहीं कायम हैं, जहाँ विकास की गति अवरुद्ध रही है। समांतवाद उस समय के बड़े-बड़े विद्वानों और शास्त्रज्ञों को भी एक स्वाभाविक व्यवस्था दिखाई देता था, तो इसीलिए कि यह न केवल बहुत व्यापक था, बल्कि यह धारणा बद्धमूल थी कि जिस तरह पुरुष स्त्री का मालिक होता है, उसी तरह सभी स्त्री-पुरुषों का एक मालिक होना चाहिए—तभी वे अनुशासित रह सकते हैं। यद्यपि बीच-बीच में लोकतांत्रिक प्रयोग होते रहे, पर वे टिक नहीं सके—इसलिए नहीं कि लोकतंत्र कोई टिकाऊ चीज नहीं है, बल्कि इसलिए कि वह लोकतंत्र बहुत अधूरा था। रोम और ग्रीस में दो तिहाई से ज्यादा जनता लोकतंत्र की परिधि के बाहर थी, अतः ऐसे गणतंत्रों को सामंती गणतंत्र ही कह सकते हैं।

यह पूँजीवाद था, जिसने सामंती व्यवस्था को सबसे गहरी और सबसे मजबूत चुनौती दी। वस्तुतः पूँजी के अभ्युदय के पहले कोई ऐसी सत्ता नहीं थी, जो सामंत

की सत्ता के समानांतर खड़ी हो सके। पूँजी में यह दम-खम था। यदि तत्कालीन राजाओं में इतनी बुद्धि होती कि वे नई उभरती हुई टेक्नोलॉजी के महत्व को समझते तथा उसके आधार पर होनेवाले उत्पादन एवं व्यापार का राजकीयकरण कर लेते, तो उनकी सत्ता और भी काफी समय तक बनी रह सकती थी। लेकिन शुरू से ही व्यापारिक वर्ग एक अलग वर्ग रहा है और उसने ही अपने को उद्योगपति वर्ग में ढाल लिया। उसे अपने कारखानों को चलाने के लिए स्वतंत्र मजदूर वर्ग की जरूरत थी—जो उस पर बोझ न बन जाए यानी कारखाने में काम न हो, तो मजदूरों को हटाया जा सके। यह मानव संबंधों में स्वतंत्रता की एक नई अवधारणा थी, जिसके आधार पर बने समाज में, क्योंकि यह संपन्नता का दायरा भी बढ़ा रहा था, स्वतंत्रता के कुछ अन्य रूपों का भी विकास हुआ। पूँजीवाद से पहले का समाज एक आवयविक समाज था, जिसमें सबके लिए एक निश्चित जगह थी और सबके जीवन यापन की एक निश्चित व्यवस्था थी। पूँजीवाद ने इस व्यवस्था को छिन्न-भिन्न कर दिया। एक निकट के उदारहण के रूप में हम याद कर सकते हैं कि कुछ दशक पहले तक हमारे गाँवों में सबके जीवन यापन का एक निश्चित क्रम था और कोई अपने को बेकार नहीं कह सकता था। बेशक यह आदर्श व्यवस्था नहीं थी, क्योंकि उस व्यवस्था में न केवल भारी विषमता थी, बल्कि समाज के एक हिस्से को अस्पृश्य तक बना दिया गया था और जो गाँव के सीमांत पर ही बस सकता था। फिर भी चूँकि लोगों ने इस व्यवस्था को मोटे तौर पर आभ्यंतरीकृत कर लिया था, इसलिए यह काफी समय तक बिना ज्यादा छेड़-छाड़ के चलती रही। लेकिन इस स्थिरता का एक कारण यह भी था कि हमारे गाँवों में उत्पादन की प्रविधि लंबे समय तक स्थिर-सी रही थी। 'गोदान' का होरी संभवतः वही हल जोतता था, जो तुलसीदास के जमाने में उसके पुरखों ने जोता होगा। उत्पादन के तरीकों में बदलाव आता है, तो मानवीय संबंध भी बदलते हैं। यदि भारत की अर्थव्यवस्था में बदलाव न आता और राजनीतिक व्यवस्था का लोकतंत्रीकरण न हुआ होता, तो जाति प्रथा और अस्पृश्यता को चुनौती देना मुश्किल ही था।

लेकिन पूँजीवाद अकेली ऐसी व्यवस्था है, जो अपने जन्म के समय से आज तक लगातार विवादग्रस्त रही है। कोई ऐसा समय नहीं है, जब उसे बौद्धिक या राजनीतिक चुनौती न दी जा रही हो। इंग्लैंड में औद्योगिक क्रांति के समय के सबसे बड़े उपन्यासकार चार्ल्स डिकेंस की मूल सहानुभूति अभिजात वर्ग के प्रति ही थी, लेकिन चूँकि वह संवेदनशील लेखक था, वह उस समय की दारुण परिस्थितियों का अत्यंत मार्मिक वर्णन कर सका, जिन्होंने श्रमिक वर्ग के जीवन को नारकीय बना दिया था। 'अनटू दिस लास्ट' लिखनेवाले जॉन रस्किन को इन्हीं परिस्थितियों से यह प्रतिपादित करने की प्रेरणा मिली थी कि सबकी मजदूरी समान होनी चाहिए, तभी अच्छे श्रमिक और बुरे श्रमिक के बीच भेद किया जा सकता है और सभी को अच्छा श्रमिक बनने के लिए प्रोत्साहित किया जा सकता है। यह धन की शक्ति के खिलाफ एक सशक्त

विद्रोह था जिसमें गुणों और कार्यकुशलता पर जोर था। पूँजीवाद का यह विरोध मुख्यतः ईसाई परंपरा से आया था। लौकिक आधार पर विरोध का जो सिलसिला शुरू हुआ, उसकी एक शाखा समाजवाद की विभिन्न किस्मों में फूटी, तो दूसरी शाखा ने साम्यवादी विचार को जन्म दिया। अभी हाल तक साम्यवाद एक अजेय प्रणाली जान पड़ता था, लेकिन अब उसकी व्यावहारिकता के बारे में स्वयं साम्यवादियों को ही संदेह होने लगा है, हालाँकि भारत के साम्यवादी अपने घोषित लक्ष्य 'सर्वहारा की तानाशाही' के लिए कार्य करते प्रतीत नहीं होते, तो इसके और भी कई कारण हैं।

जॉर्ज बर्नार्ड शॉ ने दिखाया है कि जहाँ पूँजीवादी प्रणाली है, वहाँ भी जीवन के अनेक ऐसे क्षेत्र हैं, जहाँ समाजवाद ही चलता है। उन्होंने इसके कई दिलचस्प उदाहरण दिए हैं। एक उदाहरण धार्मिक प्रतिष्ठानों का है, जिनमें किसी की कोई निजी संपत्ति नहीं होती और सब अपनी आवश्यकतानुसार प्रतिष्ठान की सुविधाओं का इस्तेमाल करते हैं। यह साम्यवादी आदर्श का ही एक रूप है, जिसके अनुसार प्रत्येक व्यक्ति को वह सब कुछ समाज को देना चाहिए जो वह दे सकता है और उतना भर ही लेना चाहिए जितने की उसे जरूरत है। यह व्यवस्था प्रायः सभी धाार्मिक प्रतिष्ठानों में अभी भी चल रही है। जिन जैन संप्रदायों के पास करोड़ों को संपत्ति है, उनका साधु एक अकिंचन प्राणी होता है और फिर भी वह जीवन यापन के साधनों के प्रति आश्वस्त रहता है। साधुओं के इन संगठनों को धार्मिक कम्यून कहा जा सकता है। यह जरूर है कि इस तरह के कम्यूनों में शीर्ष पर जो लोग होते हैं यानी आचार्य, उपाचार्य आदि, वे कुछ विशेषाधिकारों का उपभोग करते हैं और इस हद तक मामला सामंतवाद का हो जाता है। यही स्थिति परिवार की है, जिसमें प्रायः सभी का जीवन स्तर समान होता है, किंतु आर्थिक सत्ता प्रमुखतः पुरुष के हाथ में केंद्रित रहती है। नए सुधार कानूनों ने परिवार में स्त्री की स्थिति को मजबूत किया है। जिन्हें म्युनिसिपल या नागरिक सुविधाएँ कहा जाता है, वे भी समाजवाद का ही एक रूप हैं। एक भिखारी भी सड़क और सड़क की रोशनी और सार्वजनिक शौचालयों का उसी उदारता के साथ प्रयोग कर सकता है जिस उदारता के साथ कोई उद्योगपति, जो राज्य को काफी कर देता है, जबकि भिखारी कोई कर नहीं देता। सेना समान भाव से सबकी रक्षा करती है।

इन सेवाओं की उपस्थिति अपने आपमें इस बात का प्रमाण है कि पूँजीवाद अपने आप में कोई पूर्ण प्रणाली नहीं है : वह तभी चल सकती है, जब जीवन की न्यनतम सुविधाओं के क्षेत्र में समाजवाद चल रहा हो। इसीलिए आजकल यह कहा जा रहा है कि सरकार को बाजार के पूरक के रूप में काम करना चाहिए यानी बाजार व्यवस्था जो काम उत्कृष्ट ढंग से नहीं कर सकती, वे काम सरकार के अधीन होने चाहिए। क्या यह मीठा-मीठा गप्प और कड़वा-कड़वा थू का मामला नहीं है ? यह विपरीत दावा क्यों नहीं किया जाना चाहिए कि बाजार के जिम्मे सिर्फ वही काम सौंपे

जाने चाहिए जिन्हें करने में सरकार असमर्थ है। कोई काम सरकार अच्छी तरह नहीं कर पा रही है, तो यह मान लेना उचित नहीं है कि वह काम सरकार का है ही नहीं। जिस तरह राजनीतिक क्षेत्र में सरकार को बेहतर और ज्यादा उत्तरदायी बनाने का संघर्ष लगातार जारी रहता है, उसी तरह आर्थिक तथा अन्य क्षेत्रों में—मसलन न्याय व्यवस्था, सरकार की कार्य कुशलता को सुधारने का संघर्ष क्यों नहीं जारी रह सकता ? लेकिन सर्वाधिक विकसित पूँजीवादी देश संयुक्त राज्य अमेरिका में भी स्थिति यह है कि पूँजीपति नागरिक औद्योगिक सुरक्षा तक का काम अपने हाथ में लेना चाहते हैं। एक आकलन के अनुसार वहाँ एक दशक पहले चार मजदूरों में से एक सिर्फ पहरा देने का काम करता था। यह पहरेदारी अब और बढ़ी ही होगी, क्योंकि अमेरिकी समाज में अपराध तेजी से बढ़े है। इतना पीछे हटी हुई समाप्त सरकार सामान्य नागरिकों की सुरक्षा पर कितना ध्यान दे सकती है ? सरकार से आशा की जाती है कि वह शिक्षा, चिकित्सा आदि क्षेत्रों में निवेश करे। यह कहाँ तक तर्क है कि चिकित्सक या वैज्ञानिक बनाने के प्रशिक्षण का खर्च सरकार उठाए और इस कौशल का उपयोग उद्योगपति वर्ग के या निजी स्वार्थ के लिए हो ?

लेकिन धार्मिक प्रतिष्ठानों या संप्रदायों के अलावा भी ऐसे कम्यूनों का इतिहास दिलचस्प है, जहाँ निजी संपत्ति को कोई मान्यता नहीं दी गई है तथा लोग बराबरी की भावना से एक बड़ा कुटुंब बना कर रहते हैं। यह प्रयोग पूँजीवादी व्यवस्था के एक विकल्प के रूप में किया गया है और आज भी इसका सिलसिला जारी है। भारत में रजनीश आश्रम का प्रयोग इस दिशा में सबसे ताजा है। ये सभी प्रयोग पूँजीवाद के विकल्प के रूप में उभरे। 1960-70 के दशकों में दुनिया भर में कम्यून या सामुदायिक जीवन यापन के सैकड़ों प्रयोग चल रहे थे। 1975 में 'कम्युनिटीज'[1] नामक पत्रिका में 512 सक्रिय समूहों की सूची दी गई थी और 134 ऐसे समूहों की जो उसके पिछले तीन वर्षों में हो गए थे। डेनमार्क से प्रकाशित एक पत्र के अनुसार डेनमार्क में 140, स्वीडन में 29, फ्रांस में 28, जर्मनी में 17, इंग्लैंड में 14, बेल्जियम में 10, हालैंड में 6, इटली में 6 और नार्वे में 2 कम्यून चल रहे थे।[2] जापान में 60 सामूहिक खेतियाँ थीं और लगभग 300 सहकारी गाँव। इस्राइल के किब्बुल समूह तो अभी भी सफलतापूर्वक चल रहे हैं, जहाँ साझीदारी का दायरा बहुत ही व्यापक है।

निःसंदेह इनमें से सभी कम्यून पूँजीवादी व्यवस्था का प्रतिवाद नहीं थे। बहुत-से कम्यून ऐसे थे, जिनकी स्थापना वैकल्पिक जीवन प्रणाली के प्रयोग करने के लिए की गई थी। ऐसे कई कम्यून अब भी कायम हैं, जहाँ सभी निर्वस्त्र रहते हैं तथा संवाददाता

1. कम्यून्स : हिस्टॉरिकल ऐंड कंटेम्पोरेरी, रूथ शॉनल कैवन और मान सिंह द्वारा संपादित, विकास पब्लिशिंग हाउस, नई दिल्ली, 1979, पृष्ठ 4
2. उपर्युक्त, पृष्ठ 5

को भी तभी वहाँ जाने की अनुमति मिलती है जब वह वहाँ की पोशाक में हो यानी किसी भी पोशाक में न हो। कुछ कम्यून किसी सिरफिरे तानाशाह द्वारा भी स्थापित किए गए थे। लेकिन इन सबका लगातार अस्तित्व यह तो सिद्ध करता ही है कि पूँजीवाद की अर्थनीति और उसकी सांस्कृतिक व्यवस्था के विकल्प खोजने की बेचैनी लगातार बनी रही है। मेरा खयाल है, इनमें उन प्रयोगों को भी शामिल करना चाहिए जो कुछ उद्योगपतियों ने अपनी उत्पादन इकाइयों में पूर्ण आर्थिक गणतंत्र लाने के उद्देश्य से किए हैं।

जिज्ञासा स्वाभाविक है कि ये प्रयोग सफल क्यों नहीं हो सके। कम्यून के वे प्रयोग ही जारी रह सके हैं जो धार्मिक संप्रदाय या मठ के रूप मे किए गए। उदारहण के लिए तेरापंथ का कम्यून कई सौ वर्ष पुराना है और लगातार बड़ा होता गया है। धार्मिक कम्यून इसीलिए टिक सके हैं, क्योंकि उनके साथ एक समानांतर जीवन जीने की चाह जुड़ी हुई है और साथ ही व्यापक समाज का हिस्सा बने रहने की इच्छा भी। साधु सिर्फ अपने लिए नहीं जीता—वह गृहस्थ के लिए भी जीता है और साधु की अर्थव्यवस्था गृहस्थों की अर्थव्यवस्था से सीधे जुड़ी हुई होती है। इस तरह ये कम्यून व्यापक समाज का ही एक हिस्सा हैं और कुछ हद तक व्यापक समाज को प्रभावित करते हैं, तो कुछ हद तक उससे भी प्रभावित होते हैं। साथ ही समाज भी चाहता है कि ये कम्यून बचे रहें—बेशक इसलिए कि ये समाज में कोई बड़ा नैतिक या धार्मिक हस्तक्षेप नहीं करते, फिर भी लोगों की धार्मिक भूख मिटाया करते हैं। यही कारण है कि कई बार बड़े-बड़े भ्रष्ट लोगों को भी इनके मंचों पर सम्मानजनक स्थान मिलता है। कम्यून जीवन के वे प्रयोग ज्यादा विफल हुए, जिन्होंने समाज के बीच या समाज के बाहर अपना एक अलग द्वीप बनाने की कोशिश की। ऐसे द्वीप कुछ समय तक ही टिक सकते हैं, क्योंकि ये जीवन के सभी पहलुओं का ध्यान रखनेवाली कोई पूरी व्यवस्था विकसित करने में असमर्थ रहते हैं। यदि ऐसा एक भी प्रयोग स्वस्थ रहता और सफल होता, तो वह शेष विश्व के लिए एक मॉडल का काम कर सकता था। कहा जा सकता है कि इन प्रयोगों में विद्रोह की अपेक्षा पलायन का तत्व ज्यादा रहा है और पलायन की हमेशा एक सीमा होती है—बेशक यह सीमा आत्महत्या तक जाती है। यह अकारण नहीं है कि अत्यंत प्रतिकूल परिस्थितियों में पड़ कर कई समूहों ने सामूहिक आत्महत्या का रास्ता भी चुना है।

क्या पूँजीवाद के विकल्प के रूप में सहकारिता आंदोलन की चर्चा की जा सकती है ? एक समय में यह उम्मीद की गई थी कि सहकारिता आंदोलन पूँजीवाद और सरकारवाद, दोनों को अपदस्थ कर सकता है। लेकिन कहीं भी ऐसा हो नहीं सका, क्योंकि सहकारिता आंदोलन मूलतः पूँजीवाद की स्वामित्व और प्रबंध प्रविधि का विकल्प पेश करता है—किसी वैकल्पिक जीवन व्यवस्था के लिए संघर्ष नहीं करता। सहकारिता पर आधारित कारखाने का ढाँचा किसी ज्यांइट स्टॉक कंपनी की तरह नहीं होगा, लेकिन उसका उद्देश्य भी वही होता है यानी ज्यादा से ज्यादा मुनाफा कमाना।

इसीलिए अमूल को दूध का व्यवसाय करने के साथ-साथ चाकलेट भी बनानी पड़ती है। यदि भारत में कल बड़े पैमाने पर शराबखोरी शुरू हो गई, तो शराब बनाने के लिए भी सहकारी उद्योग शुरू किए जा सकते हैं। फिर भी सहकारिता आंदोलन को इस बात का श्रेय देना ही पड़ेगा कि जहाँ भी वह सफल रहा है, उसने कुछ हद तक उत्पादन प्रणाली का मानवीयकरण तथा कार्य स्थल का लोकतंत्रीकरण किया है। 'सेवा' जैसी संस्थाओं ने सहकारिता के आधार पर लाखों बेसहारा महिलाओं के लिए रोजगार के अवसर पैदा किए हैं तथा उन्हें आत्मनिर्भर बनाया है। सहकारिता आंदोलन में अब भी काफी ठोस संभावनाएँ हैं और यदि इस विचार को एक दर्शन के रूप में विकसित किया जाए, जीवन के अधिकतम क्षेत्रों को इसकी परिधि में लाया जाए, तथा इसकी वैचारिक अंतर्वस्तु का विकास किया जाए, तो एक वैकल्पिक व्यवस्था की ओर बढ़ा जा सकता है। यह अंतर्वस्तु समाजवादी ही हो सकती है। कहा जा सकता है कि समाजवाद सहकारिता का उत्कृष्टतम रूप है।

दिलचस्प यह है कि स्वयं पूँजीवाद ने भी अपने कुछ विकल्प पेश करने की कोशिश की है। 1950-60 के दशक में एक विकल्प कल्याणकारी राज्य का था। यह मानने के कारण हैं कि इस अवधारणा पर साम्यवादी व्यवस्था का गहरा प्रभाव था। सोवियत संघ ने एक गरीब अर्थव्यवस्था के चरण से उठ कर कुछ ही दशकों में एक ऐसी व्यवस्था तैयार कर ली थी, जिसमें राज्य सभी नागरिकों की मूलभूत सुविधाओं का इंतजाम करने के दायित्व का सफल निर्वहन कर रहा था। इसके विपरीत पूँजीवादी व्यवस्थाओं में, जो ज्यादा स्वाधीन और बेहतर समाज होने का दावा कर रहे थे, बेरोजगारी थी और अभाव था। स्वाभाविक था कि ऐसे लोगों की बढ़ती हुई संख्या किसी क्रांतिकारी दर्शन की ओर आकर्षित होती। कल्याणकारी राज्य इस आकर्षण की काट का काम कर सकता था और उसने किया भी। पूँजीवाद की एक समस्या यह भी है कि वह कभी भी पूर्ण रोजगार की स्थिति पैदा नहीं कर सकता : जब तक लोगों के सिर पर बेरोजगार हो जाने का खतरा मंडराता रहता है, तभी तक पूँजीवादी उत्पादन प्रणाली उनसे मनचाहे ढंग से काम ले सकती है। लेकिन जो बेरोजगार कर दिए गए हैं, उन्हें कैसे अनुशासित किया जाए ? यह व्यवस्था की गई सामाजिक सुरक्षा के तंत्र से। संपन्न समाज अपनी कुछ प्रतिशत आबादी को हमेशा अनुदान पर रख सकते हैं। लेकिन अनुदान की यह व्यवस्था पिछले कुछ समय से लगातार कमजोर क्यों होती जा रही है ? क्योंकि पूँजीवाद पर अब साम्यवाद का कोई दबाव नहीं है। जिन देशों में अभी भी सामाजिक सुरक्षा के तंत्र के प्रति मोह बचा हुआ है, वहाँ की दिक्कत यह है कि इतनी बड़ी आबादी राज सहायता पर जी रही है कि कार्यशील आबादी को बेहद ज्यादा उत्पादन करना पड़ रहा है। इस कारण वहाँ भी राजकीय अनुदान की व्यवस्था के सामने गहरे प्रश्नवाचक चिह्न खड़े किए जा रहे हैं। समाजवाद मुफ्त की रोटी तोड़ने की व्यवस्था नहीं है। हर उस आदमी को कुछ न कुछ काम करना ही चाहिए जो पूरी

तरह लाचार नहीं है। इस तरह सिर्फ समाजवाद की ओर अभिमुख होना काफी नहीं है—समाजवाद की ओर बढ़ना भी पड़ेगा, अन्यथा जो व्यवस्था बनेगी, वह तनिक-सा अतिरिक्त दबाव पड़ते ही चरमराने लगेगी। कल्याणकारी राज्य अब धीरे-धीरे अतीत की वस्तु बनने लगा है, तो इसीलिए कि उसके पीछे वास्तविक प्रेरणा जन कल्याण की नहीं, पूँजीवाद का बचाव करने की थी। आज पूँजीवाद फिर पहले की तरह क्रूर होने का साहस कर सकता है, क्योंकि उसने मान लिया है कि दीवार के दूसरी ओर कुछ भी नहीं है।

उनके भोलेपन पर अब मुस्कराया ही जा सकता है, जो मानते थे कि मिश्रित अर्थव्यवस्था द्वारा पूँजीवाद और साम्यवाद, दोनों की बुराइयों से मुक्ति पाई जा सकती है और दोनों की अच्छाइयों का लाभ उठाया जा सकता है। भारत में जवाहरलाल नेहरू का यह प्रयोग उनके जीवन काल में ही दम तोड़ने लगा था। अब तो यह स्पष्ट हो ही चुका है कि 'समाजवादी पैटर्न का समाज' बनाने का प्रस्ताव सिर्फ समाजवादियों को तोड़ने और कमजोर करने के लिए किया गया था, क्योंकि कांग्रेस द्वारा यह प्रस्ताव स्वीकार कर लेने के बाद भी निजी संपत्ति पर रोक लगाने की दिशा में कोई कदम नहीं उठाया गया न आर्थिक विषमता को कम करने का प्रयास हुआ और न ही बिगड़ते जा रहे सार्वजनिक क्षेत्र की कार्यकुशलता को सुधारने की कोई कोशिश हुई। मिश्रित अर्थव्यवस्था के नाम पर जो हुआ, वह था सार्वजनिक क्षेत्र में बड़े पैमाने पर रोजगार की सृष्टि करना, लेकिन यह रोजगार उत्पादक भी हो, इस तरफ ध्यान नहीं दिया गया। समाजवादी पैटर्न की एक अनिवार्य माँग यह थी कि आर्थिक विषमता लगातार कम हो जाए, लेकिन यह शुरू से ही लगातार बढ़ती रही और इसे रोकने की कोई कोशिश नहीं की गई। आज साम्यवादी चीन दावे के साथ यह घोषणा कर रहा है कि हांगकांग के विलय के बाद वह 'एक देश : दो व्यवस्थाएँ' चलाएगा। यह फिलहाल तो हांगकांग के लोगों को आश्वस्त करने के लिए है कि चीन में विलय हो जाने के बाद उन्हें किसी प्रकार की दिक्कत नहीं होगी, लेकिन चूँकि चीन स्वयं पूँजीवाद की ओर बढ़ रहा है, इसलिए अंततः 'एक देश : एक व्यवस्था' की ही जीत होनी है। भारत में यह जीत तब हुई, जब 1991 में विदेशी मुद्रा का संकट पैदा हुआ और भारत के शासक वर्ग ने बिना किसी संघर्ष या आत्म-संघर्ष के, इस सहजता से घुटने टेक दिए जैसे वह इसके लिए तैयार बैठा था। असती को सिर्फ एक हल्का-सा इशारा करना काफी होता है और वह अपना लहँगा उतार देने को आकुल हो जाती है। फिर भी चीन की और हमारी स्थिति में एक बड़ा फर्क होगा। चीन में भुखमरी नहीं है तथा बुनियादी सुविधाएँ प्रत्येक नागरिक को मिली हुई हैं। भारत में इसी पर विवाद चल रहा है कि गरीबी रेखा से नीचे के लोगों की वास्तविक संख्या कितनी है तथा उन्हें महीने में 10 किलो अनाज सस्ती दर पर उपलब्ध कराना अर्थशास्त्र के ठोस सिद्धांतों के अनुकूल है या नहीं। स्पष्ट है कि पूँजीवाद के लिए और ज्यादा स्थान पैदा करने पर भारत में

कालाहांडी जैसे इलाके बढ़ेंगे, जबकि चीन में वेश्यागमन, अपराध तथा अन्य उच्छृंखल गतिविधियाँ बढ़ेंगी, जो हमारे यहाँ पहले से काफी ज्यादा हैं।

पूँजीवाद के कुछ ऐसे विकल्प भी सुझाए गए हैं, जिन पर व्यापक रूप से अमल करने के लिए कोई भी समाज तैयार नहीं हुआ। यह विकल्प सीधे-सादे जीवन का है, जिसकी वकालत थोरो और ताल्स्ताय से लेकर महात्मा गांधी ने की है। गांधी जी ने अपने समय में बहुत-से लोगों को अपनी तरह जीवन बिताने के लिए प्रेरित किया और यह प्रजाति अब भी पाई जाती है, किंतु स्वतंत्र भारत ने जब अपनी व्यवस्था का खाका बनाया, तो उसने गाँधीवादी अर्थशास्त्र को पूरी तरह भुला दिया, यद्यपि उनके प्रति श्रद्धांजलि स्वरूप खादी और ग्रामोद्योग आयोग का गठन जरूर किया, जिसे बचाए रखने के लिए सरकार को हर साल पहले से ज्यादा अनुदान देना पड़ता है। सच पूछा जाए, तो खादी और ग्रामोद्योग आयोग एक अलग प्रकार का सार्वजनिक क्षेत्र ही है, जहाँ सार्वजनिक क्षेत्र की अन्य इकाइयों की तुलना में ज्यादा काम लिया जाता है और पैसा कम दिया जाता है। इस आयोग की अपनी एक नौकरशाही भी है, जिसका गांधी जी आज जीवित होते, तो जरूर विरोध करते। खादी उनके लिए एक नई और पूरी व्यवस्था का केंद्रबिंदु थी, न कि एक दृढ़ होती हुई औद्योगिक व्यवस्था का हाशिया। यह नहीं कहा जा सकता कि गांधीवादी प्रयोग विफल हुआ, क्योंकि वस्तुतः यह प्रयोग हुआ ही नहीं। इस सिलसिले में गांधी जी के ट्रस्टीशिप सिद्धांत की चर्चा आवश्यक है। यह मानने में हमें कोई हिचक नहीं होनी चाहिए कि लोकतंत्र का कोई भी सुंदर संचालन ट्रस्टीशिप की भावना के आधार पर ही किया जा सकता है, लेकिन यह उम्मीद करना कि हजारों व्यक्ति करोड़ों और अरबों रुपयों की संपत्ति के मालिक बने रहेंगे तथा अपने को इस संपत्ति का ट्रस्टी मानेंगे, मानव स्वभाव की सदाशयता पर कुछ ज्यादा ही भरोसा करना है। फिर भी इतना जरूर कहा जा सकता है कि यदि ट्रस्टीशिप की व्यवस्था को गांधीवादी तरीके से कार्यान्वित किया गया होता, तो उसकी विफलता से कुछ नए गांधीवादी फार्मूलों का उद्‌भव हो सकता था, जैसे गांधी जी इस सुझाव से सहमत हो गए थे कि यदि आजादी के बाद जमींदार स्वेच्छा से अपनी अतिरिक्त भूमि का त्याग नहीं करते, तो उन्हें इसके लिए विवश करना उचित ही होगा।

गांधीवादी या इससे मिलते-जुलते रास्तों की एक बड़ी कमी यह है कि ये सादगी अथवा अपनी ओर से चुनी हुई गरीबी पर कुछ ज्यादा ही जोर देते हैं। गांधी के अलावा थोरो ने इसे संभव कर दिखाया था, किंतु ताल्स्ताय इस रास्ते पर तब आए जब उनकी 90 प्रतिशत से ज्यादा जिंदगी आराम और विलासिता में गुजर चुकी थी। आज भी कई लोग इस सीधे-सादे जीवन की पुरजोर वकालत करते हैं और कई बार तो आदिवासी जीवन को भी रोमांटिक तरीके से चित्रित करते हैं तथा उसे ही सभ्यता के उच्चतम मॉडल के रूप में पेश करने की कोशिश करते हैं। खेद के साथ कहना पड़ता है कि यह एक अतिशय भावुक दृष्टि है और वह समय कभी नहीं आएगा जब इस जीवन

प्रणाली के प्रति बड़े पैमाने पर आकर्षण पैदा किया जा सके। सादगी बेशक एक सम्मोहक चीज है और सादगी में ही सच्ची स्वतंत्रता है, लेकिन उसकी भी सीमाएँ हैं और ऐंद्रिक सुख को मानवता की परिधि से बहिष्कृत करना एक प्रकार की वैचारिक तानाशाही है। लालच सर्वनाश की ओर ले जाता है, पृथ्वी के संसाधन इतने अधिक नहीं है कि वह सभी को विलासिता की वस्तुएँ मुहैया करा सके, लेकिन गरीबी को आदर्श बना कर चलनेवाली कोई भी व्यवस्था मानव स्वभाव के मूलतः विपरीत होगी। जीवन सिर्फ कर्त्तव्य नहीं है, वह सुख–यानी उसकी तलाश भी है। पूँजीवाद का दोष यह है कि वह इस तलाश को उन्माद में बदल डालता है, जिसके कारण मिले हुए सुखों में भी जहर का तत्त्व घुल जाता है। पूँजीवाद का वही विकल्प टिकाऊ और कारगर हो सकता है, जो उसके शरीर, उसके मन और उसकी आत्मा, सभी को सम्यक प्रकार से तृप्त कर सके और इस तरह कि किसी एक की तृप्ति का मूल्य किसी और को न चुकाना पड़े।

समाजवाद का भविष्य

अगर एक वाक्य में अपनी बात कहनी हो, तो मैं कहना चाहूँगा कि यदि समाजवाद का कोई भविष्य नहीं है, तो मानव जाति का भी कोई भविष्य नहीं है। इसका अर्थ यह नहीं है कि यदि समाजवाद को हासिल नहीं किया गया, तो मानव जाति निश्चिह्न हो जाएगी। भविष्यहीनता का हमेशा यही अर्थ नहीं होता। मनुष्य में कष्ट सहने की असीम क्षमता है। करोड़ों वर्षों तक मनुष्य ने अत्यंत प्रतिकूल परिस्थितियों में अपने को जीवित रखा था। आज भी अफ्रीका, एशिया और लैटिन अमेरिका के एक बड़े हिस्से में लोग अत्यंत अमानवीय स्थितियों में जीवन यापन करते हैं। विश्व स्वास्थ्य संगठन की ताजा रिपोर्ट के मुताबिक करीब ढाई करोड़ बच्चे हर साल सिर्फ इसलिए मृत्यु के शिकार हो जाते हैं, क्योंकि जीवन रक्षा की न्यूनतम सुविधाएँ भी उन्हें उपलब्ध नहीं है। फिर भी इन इलाकों की कुल आबादी यूरोप और अमेरिका की तुलना में बढ़ती जाती है। दिलचस्प यह है कि इस जनसंख्या वृद्धि को रोकने के लिए निःशुल्क सलाह ज्यादा और सहायता उससे कम दी जाती है, लेकिन वह रास्ता नहीं बताया जाता, जिस पर चल कर ये क्षेत्र लोकतांत्रिक तरीकों से अपनी आबादी का नियमन कर सकते हैं। इसके स्थान पर पश्चिमी देश और उनके द्वारा संचालित विश्व संस्थाएँ उदारीकरण के जिस नुस्खे पर जोर देते हैं या अवसर मिलते ही उसे लागू करने की बाध्यता पैदा कर देते हैं, वह इन क्षेत्रों की एक बड़ी आबादी के कष्ट बढ़ानेवाला ही साबित हो रहा है, जिसका अनिवार्य अर्थ यह नहीं है कि जो तबका मालामाल और आधुनिकतम सुख-सुविधाओं से भरपूर हो रहा है, उसके जीवन की गुणवत्ता बढ़ रही है। मनुष्य में अब भी यह तमीज बची हुई है कि वह रहन-सहन के स्तर और जीवन-स्तर को एक ही चीज मानने से इनकार कर दे। पूँजीवाद का जन्मजात अभिशाप है कि वह रहन-सहन के स्तर को उठाता है और जीवन-स्तर को गिराता है। वस्तुतः इस अंतर्विरोध में ही उसके नाश के बीज अंतर्निहित हैं। इसीलिए यदि भविष्य किसी का

है, तो वह समाजवाद ही है—पूँजीवाद या उसके किसी अन्य संस्करण का नहीं। असीम कष्ट सहन करते हुए भी मानवता बची रह सकती है—जैसे अब तक वह बचती आई है, लेकिन यह बचना कोई बचना नहीं है। सवाल उस भविष्य का है, जो मानवीय भविष्य है यानी वह श्रेष्ठतम समाज व्यवस्था, जिसका निर्माण करने में मनुष्य सक्षम है।

एक आदर्श समाज व्यवस्था मनुष्य को शुरू से ही लुभाती रही है—इसका प्रमाण वे सभी धर्मग्रंथ हैं, जिनमें स्वर्ग की सुंदरतम कल्पना की गई है। जिन धर्मों में स्वर्ग और नरक की कल्पना को कोई स्थान नहीं मिला है—जैसे बौद्ध धर्म या कन्फ्यूशियस द्वारा निर्दिष्ट जीवन पद्धति, उनमें यह विश्वास बद्धमूल है कि मनुष्य का मूल स्वरूप सत्-चित्-आनंद का है और प्रत्येक व्यक्ति कर्मों के बंधन काट कर परिनिर्वाण या शील की वह स्थिति हासिल कर सकता है जिसमें आनंद ही आनंद है और दुख एक अजनबी शब्द है। काश, धर्मिक लोगों ने इस धरती को ही स्वर्गिक बनाने का स्वप्न देखा होता तब धार्मिक विश्वासों और क्रियासमूहों की दिशा कुछ और होती। लेकिन यह नहीं मानना चाहिए कि धर्म का उद्देश्य सिर्फ उत्तम लोकोत्तर जीवन का इंतजाम करना है। लोकोत्तर या तो लोक का विस्तार है या फिर उसका मिथकीय प्रतिबिंब। इसमें कोई संदेह नहीं कि मरणोत्तर सुखों और दंडों का विधान पृथ्वी के जीवन को ही बेहतर बनाने के लिए किया गया था और यह स्वीकार करने में हमें हिचक नहीं होनी चाहिए कि धार्मिक प्रणालियों ने लंबे समय तक अपने-अपने समाज में एक नैतिक विश्वविद्यालय का काम किया है तथ मनुष्य को अतिचार से रोका है। लेकिन धार्मिकता के प्रभावशाली होने के लिए एक प्रकार का आदिवासी तत्व या बौद्धिक भोलापन जरूरी है। यही कारण है कि जैसे-जैसे विज्ञान और प्रौद्योगिकी का क्रांतिकारी विकास होता गया, धर्म की नैतिक सत्ता कमजोर होती गई। इसकी वजहें धर्म के चरित्र में ही निहित थीं। उसके पास सृष्टि की व्याख्या का जो शास्त्र था, वह तथ्य से अधिक कल्पना पर आधारित था। अतः वैज्ञानिक ज्ञान की मात्रा बढ़ने के साथ-साथ धर्म की ज्ञान मीमांसा को अविश्वसनीय होना ही था। आज कोई मूर्ख ही यह मान सकता है कि पृथ्वी शेषनाग के फण पर टिकी हुई है या पुरुष की पसली से स्त्री का निर्माण किया गया था। जहाँ तक धर्म द्वारा दी गई नैतिकता का सवाल है, यह नैतिकता अधूरी थी, क्योंकि वह सिर्फ व्यक्ति को आत्म-नियंत्रण की शिक्षा देती थी : उस राजनैतिक और आर्थिक व्यवस्था में कोई कारगर हस्तक्षेप नहीं करती थी, जिसके बीच नैतिक जीवन जीने की चुनौती पैदा होती है। मनुष्य यदि एक सामाजिक प्राणी है, तो उसकी नैतिकता भी सामाजिक नैतिकता ही हो सकती है। यह सच है कि नैतिकता के स्रोत तब भी व्यक्ति के अंतःकरण में ही होंगे, लेकिन उस सामाजिक ढाँचे में नैतिक होना सहज ही संभव हो सकेगा, जो नैतिकता की नींव पर खड़ा है। साथ ही यह अंतःकरण यदि ठोस और सक्रिय हुआ, तो वह सामाजिक व्यवस्था को भी नैतिक बनाने का संघर्ष

करेगा। गांधी जी का अंतःकरण ऐसा ही था, लेकिन अभी तक कोई और गांधी नहीं पैदा हो सका, इसलिए यह संदेह होता है कि गाँधी जैसे थे, वैसा बनने की प्रेरणा सिर्फ धर्म से नहीं आई होगी। उससे, जिसे यानी आम तौर पर धर्म माना जाता है। यह धर्म का एक निजी पुनराविष्कार था और जरूरी नहीं कि भविष्य के गांधी अपनी ऊर्जा अन्य तरीकों से प्राप्त न करें।

धार्मिक व्यवस्था मनुष्य को एक पतित या स्खलित स्थिति में देखती है–यह पतन या स्खलन उस समय हुआ जब मनुष्य ईश्वर से पृथक हुआ। यही कारण है कि धार्मिक विश्वासों में अतीत के किसी स्वर्णिम काल–सतयुग या ईडन का जीवन–का एक महत्वपूर्ण स्थान है। यह हिंदू दृष्टि की विशेषता है कि वह युगों की एक चक्रीय व्यवस्था को मान्यता देती है, जिसके अनुसार सतयुग से कलयुग तक का चक्र लगातार जारी रहता है। लेकिन है यह एक विश्वास ही, क्योंकि जिस मौजूदा चक्र का यह अंतिम चरण है, उसका अंत कब होगा और सतयुग फिर कब शुरू होगा–यह निश्चयपूर्वक कोई बता नहीं सकता। हमारी स्मृति में तो द्वापर और त्रेता की घटनाएँ और उनके नायक ही हैं और सतयुग हमसे इतना दूर है कि उसकी कोई ठोस स्मृति हमारे सामाजिक चेतना तंत्र में बची नहीं है। यह अनुमान करना दिलचस्प होगा कि क्या यह वही काल था, जिसे कार्ल मार्क्स ने आदिम साम्यवाद का चरण बताया है ? तब निजी संपत्ति का जन्म नहीं हुआ था और स्त्री भी उतनी ही स्वाधीन थी जितना पुरुष। मनुष्य और प्रकृति के बीच सीधा और अविच्छिन्न संबंध था। मनुष्य अपने को इस विराट सृष्टि का उसकी तरह अपना अंग मानता था जैसे पेड़-पौधे या इतर प्राणी। प्रकृति से मनुष्य का अलगाव एक अर्थ में पीड़ादायक था–क्योंकि अब वह किसी दी हुई व्यवस्था का अंग नहीं रहा, बल्कि अपनी अलग व्यवस्था बना रहा था, जिसकी त्रुटियाँ उसकी अपनी त्रुटियाँ थीं। लेकिन एक दूसरे स्तर पर यह उसकी प्रगति का प्रतीक भी था, क्योंकि प्रकृति पर, जो सिर्फ उदार नहीं थी, बल्कि क्रूर भी थी, उसकी निर्भरता समाप्त हो रही थी और मनुष्य की रचनात्मकता का विस्फोट हो रहा था।

क्या पूँजीवाद भी मनुष्य की रचनात्मकता का ऐसा ही विस्फोट है ? ऐसे विद्वानों की कमी नहीं है–और इनमें मार्क्सवादी सबसे अग्रणी हैं–जो पूँजीवाद के उद्भव को एक प्रगतिशील घटना मानते हैं। उनकी नजर में पूँजीवाद का महत्व इस बात में है कि उसने सामंतवाद से संघर्ष किया, दास प्रथा खत्म की और व्यक्ति को स्वाधीन किया। लेकिन ध्यान देने की बात यह है कि इनमें से कोई भी पूँजीवाद का मूलभूत लक्ष्य नहीं था। पूँजीवाद ने मानवता के जो भी बंधन तोड़े, इसलिए तोड़े ताकि उसके पाँवों में नई जंजीरें पहनाई जा सकें। उदाहरण के लिए हम याद कर सकते हैं कि पूँजीवाद ने यदि राज्य की सत्ता कमजोर की, तो दूसरी तरफ उसे मजबूत भी किया, ताकि पूँजी के स्वार्थों की रक्षा की जा सके। पूँजीवादी इंग्लैंड में ही उन्नीसवीं शताब्दी

में ऐसे कानून बनाए गए, जिनमें भारतीय माल के आयात या उपयोग पर पाबंदी लगाई गई थी। पूँजीवादी राज्य के अभ्युदय के पहले मनुष्य एक अर्थ में सचमुच सार्वभौमिक था—वह दुनिया के किसी भी हिस्से से चल कर दुनिया के किसी भी हिस्से में बस सकता था। लेकिन पूँजीवादी उत्पादन प्रणाली तथा बाजार व्यवस्था के लिए यह जरूरी था कि माल ही नहीं, मनुष्य की भी अबाध आवाजाही को नियमित किया जाए। पासपोर्ट और वीसा पूँजीवाद राज्य की ही देन हैं। दिलचस्प यह है कि अब पूँजीवाद स्वयं भूमंडलीकरण की वकालत कर रहा है तथा राज्यों की सीमाओं को नकारना चाहता है, क्योंकि उसके व्यावसायिक हितों की माँग अब यही है। जहाँ तक सामंतवाद से संघर्ष का सवाल है, बेशक राजा-महाराजाओं का युग समाप्त हुआ—और यह अच्छा ही हुआ, लेकिन पूँजीवादी प्रबंध पद्धति में क्या सामंती तत्व नजर नहीं आते ? वस्तुतः सामंतवाद का सिर्फ रूप बदला है और यह अकारण नहीं है कि आज भी मीडिया मुगल तथा स्टील किंग जैसे मुहावरों का इस्तेमाल होता है। स्पष्ट है कि पूँजीवाद ने सामंतवाद का खात्मा नहीं किया है, बल्कि उसका साधारणीकरण कर दिया है : अब वह हर शख्स एक छोटा-मोटा सामंत है, जो किसी को नौकरी पर रखे हुए है। जहाँ कारोबार का स्तर नीचा है, मालिक और नौकर के रिश्ते सीधे तथा ज्यादा उत्पीड़क हैं—बेशक कहीं—कहीं पारिवारिक उष्णता लिए हुए भी। जहाँ हजारों लोग काम करते हैं, वहाँ सामंती संबंध निर्वैयक्तिकता लिए हुए होते हैं, यद्यपि इनमें से हर आदमी यह जानता है कि निर्णायक शक्ति किसके पास है और कौन लोग सिर्फ हुक्म के गुलाम हैं। और व्यक्ति के अधिकार ? निःसंदेह इनका दायरा बढ़ा है तथा इन्हें स्पष्ट कानूनी मान्यता दी गई है, लेकिन लक्ष्य यह भी पूँजीवाद का नहीं था—वह तो सिर्फ संपत्ति के अधिकार को पवित्र बनाए रखना चाहता था। अब यह कहने की जरूरत नहीं पड़नी चाहिए कि जिस समाज में संपत्ति का वितरण निहायत असमान हो—और कौन-सा पूँजीवाद समाज ऐसा नहीं है ?—वहाँ संपत्ति के अधिकार की पवित्रता बाकी सभी अधिकारों को सीमित और किसी हद तक स्तब्ध कर देती है। फिर भी पूँजीवाद के विकास के साथ-साथ मानव अधिकार परिभाषित और दृढ़ हुए हैं, तो इसका वास्तविक श्रेय लोकतंत्र के आंदोलन को है—स्वयं पूँजीवाद को नहीं, जिसने मनुष्य की इस विकास यात्रा में कोई मदद नहीं की है। सच तो यह है कि पूँजीवाद के प्रचारकों ने मनुष्य के उन अधिकारों में बहुत कम दिलचस्पी दिखाई है जिनके संपूर्ण परिपाक से ही वह अपनी मनुष्यता को चरितार्थ कर सकता है। और, जहाँ तक पूँजीपति का सवाल है, उसका बस चले, तो वह संपत्ति के अधिकार के अलावा बाकी सभी अधिकारों को निरस्त करवा दे।

मानव अधिकारों में पूँजीवाद की कितनी और कैसी दिलचस्पी है, इसकी कुछ सूचना विश्व व्यापार संगठन में और उसके बाहर चल रहे इस संघर्ष से मिलती है कि विकासशील देशों से होनेवाले उस सामान के आयात पर क्यों न रोक लगा दी जाए,

जो बाल श्रम का उपयोग कर अथवा बेगारी के इस्तेमाल से बनाया जाता है। विकासशील देशों में बाल श्रम को कैसे समाप्त किया जाए, यह एक महत्त्वपूर्ण समस्या है। चीन की जेलों में बंद लोगों के श्रम को लगभग मुफ्त हासिल किया जाता है—यह वहाँ के न्याय विधान की एक विडंबना है। जरूरत इस समस्या और इस विडंबना से मुठभेड़ की है। लेकिन अमेरिका तथा उसके सहयात्री देश इसमें कोई दिलचस्पी नहीं दिखलाते। उनकी दिलचस्पी सिर्फ इस तथ्य में है कि इससे गरीब देशों का माल सस्ता हो जाता है और वह विश्व बाजार में उनके उत्पादों से प्रतिद्वंद्विता करता है। उनके जो पर्यायवाची इन गरीब देशों में उत्पादन का नेतृत्व करते हैं, उनका हित तो खैर इसमें है ही कि माल को कैसे सस्ता किया जाए—इस प्रक्रिया में श्रमिक के स्वास्थ्य—शारीरिक और मानसिक, दोनों पर क्या बीतती है, इससे मतलब रखना उनके लिए अपने वर्ग स्वार्थ के लिए विश्वासघात से कम नहीं होगा। मजेदार बात यह भी है कि अमीर देशों के उत्पादक अब स्वयं उन विकासशील देशों में अपनी उत्पादन इकाइयाँ लगाते हैं, जहाँ श्रम सस्ता है। यह मामला अपने देश के साथ विश्वासघात का भी बनता है—क्योंकि इस भूमंडलीकृत श्रम विभाजन से वहाँ रोजगार के अवसर कम हो जाते हैं। इस क्रूर तथ्य की ओर वहाँ के मुख्य कार्यकारी अधिकारियों की नजर नहीं जाती, तो इसीलिए कि एक समय में राष्ट्र-राज्य को मजबूत करनेवाला पूँजीवाद अब पूरी दुनिया को एक गाँव बताने लगा है, हालाँकि यह गाँव परंपरागत भारतीय गाँव जैसा ही है, जिसमें सवर्ण लोग एक तरफ रहते हैं और शूद्र तथा अति शूद्र दूसरी तरफ।

स्पष्ट है कि उत्पादन जब स्वार्थ और सिर्फ स्वार्थ पर आधारित होगा तो उसका अंतर्विरोध से मुक्त रह पाना असंभव है। जैसे दो समानांतर रेखाएँ एक-दूसरे को नहीं छू सकतीं, उसी तरह बाजार और समाज के बीच हमेशा एक तनाव बना रहता है। जिसे समाज कहते हैं, वह अपने कसे हुए रूप में पूँजीवाद-पूर्व समय में ही था और अपने विकसित रूप में समाजवादी व्यवस्था में उपलब्ध होगा। पूँजीवादी व्यवस्था में जो चीज क्रमशः स्थापित होती जाती है, वह है एक रुग्ण किस्म का व्यक्तिवाद, जिसमें व्यक्ति अपने को पूरी व्यवस्था के केंद्र में रख कर चलता है। निश्चय ही समाजवादी व्यवस्था के भी रुग्ण रूप हो सकते हैं, जहाँ व्यक्ति की अस्मिता के लिए कोई स्थान नहीं रह जाता। हमें भूलना नहीं चाहिए कि मनुष्य सामाजिक प्राणी जरूर है, लेकिन इतना सामाजिक प्राणी नहीं है कि वह अपनी निजी जिंदगी को भूल कर हमेशा समाज के बारे में ही सोचता और करता रहे। यह किसी ईसा मसीह या महात्मा गांधी के लिए ही संभव है। लेकिन समाजवाद की यह माँग भी नहीं है कि हर आदमी ईसा मसीह या महात्मा गांधी बन कर दिखाए। ऐसी माँग करनेवाला एक आततायी समाज ही हो सकता है, जिस तरह वह समाज भी आततायी है, जिसमें हर व्यक्ति बाकी सभी व्यक्तियों को अपने विरुद्ध मान कर चलता है। इस प्रसंग में क्या यह प्रश्न उठाना

उचित होगा कि समाजवाद कोई सटीक शब्द नहीं है, क्योंकि यह व्यक्ति और समाज के द्वित्व को सही ढंग से अभिव्यक्त नहीं करता—उनमें से एक पहलू पर जरूरत से ज्यादा जोर देता है ? दरअसल, हमारे सभी शब्द हमारी अब तक की अधूरी सभ्यता से उपजे हुए शब्द हैं और इसीलिए पारिभाषिक स्तर पर उनमें वह अनुशासन नहीं है, जो एक सुलझे हुए दिमाग से पैदा होता है। हमने समाजवाद—सच्चा समाजवाद—देखा नहीं हैं, अतः उसकी हम जो भी कल्पना करेंगे, वह तुतलाती हुई या हकलाती हुई कल्पना ही होगी। जब हम उसे देख सकेंगे यानी जहाँ तक वह संभव है, उसके कुछ निकट पहुँच सकेंगे, तभी हम उसे पर्याप्त ढंग से परिभाषित कर सकेंगे। तब तक समाजवाद शब्द से ही हमें काम चलाना चाहिए, क्योंकि अब तक की सभी अभिव्यक्तियों में यही उस आदर्श व्यवस्था के काफी निकट है। कम्यूनवाद भी अच्छा शब्द है, लेकिन एक तो दुर्भाग्य से उसका गलत हिंदी रूपांतरण 'साम्यवाद' कर दिया गया है और दूसरे, कम्यूनवाद को आदर्श मान कर बनाई गई राज्य व्यवस्थाओं का इतिहास कुछ दृष्टियों से इतना गंदा है कि उसकी स्मृति को जगाए बिना अब इस शब्द का प्रयोग किया ही नहीं जा सकता।

जिस प्रश्न से टकराना हम स्थगित नहीं कर सकते, वह यह है कि जब समाजवाद ही व्यक्ति और व्यक्ति, व्यक्ति और समाज तथा समूह और समूह के बीच के द्वंद्वों का शालीन और टिकाऊ सामाधान कर सकता है, तो क्या कारण है कि दुनिया के एक बड़े हिस्से में पूँजीवाद न केवल कायम है, बल्कि दृढ़ हो रहा है और साम्यवादी व्यवस्थाओं के पराभव के बाद अब तो उसे ही एकमात्र वैध दर्शन प्रतिपादित किया जाने लगा है ? इसका एक अल्पकालिक कारण है और दूसरा दीर्घकालिक। अल्पकालिक कारण साम्यवादी सत्ताओं की विफलता है। मैं उस विफलता की बात नहीं कर रहा हूँ, जो किसी सत्ता द्वारा अपने को बनाए न रख पाने की क्षमता का पर्याय है। इस अर्थ में चीन, क्यूबा आदि में अभी भी कम्युनिस्ट सत्ताएँ विद्यमान हैं। लेकिन ये सत्ताएँ अब किसी को समाजवाद के लिए प्रेरित नहीं करतीं। इस पर आश्चर्य नहीं किया जाना चाहिए कि देंग की मृत्यु के बाद दुनिया भर में उनकी इतनी तारीफ क्यों हुई। यह हमारे समय के बौद्धिक पतन का एक विस्तृत नमूना है, क्योंकि यह देंग ही थे जिन्होंने चीन को पूँजीवादी रास्ते पर लाने का उत्साह दिखाया। उनका यह कथन अक्सर उद्धृत किया जाता है कि मुझे इस बात में कोई फर्क नहीं पड़ता कि बिल्ली का रंग काला है या सफेद—मेरे लिए इतना ही काफी है कि वह चूहे पकड़ती है। यह एक आकर्षक उक्ति है, किंतु प्रश्न यह है कि क्या साम्यवाद और पूँजीवाद का फर्क सिर्फ बिल्ली के रंग का फर्क है या चूहे पकड़ने की दोनों की क्षमता एक जैसी है ? माओ और देंग दोनों एक साथ सही नहीं हो सकते, यद्यपि दोनों एक साथ गलत जरूर हो सकते हैं। देंग की विचलन पूँजीवादी थी, जबकि माओ की साम्यवादी। इसके बावजूद माओ ने एक गरीब खेतिहर देश को आधुनिक और मजबूत बनाया, लेकिन देंग अपने पीछे

जो विरासत छोड़ गए हैं, वह चीन को उन्हीं विकृतियों का शिकार बनाएगी जो साम्यवादोत्तर रूस तथा पूर्वी यूरोप में बड़े पैमाने पर दिखाई दे रही हैं। दूसरी ओर क्यूबा में फिदेल कास्त्रो अमेरिकी पर्यटकों को सिगार का आर्कषण दिखा रहे हैं, क्योंकि उन्हें डॉलर चाहिए। हिंदी के एक लेखक ने इसे काँटे से काँटा निकालना कहा है, लेकिन वास्तव में यह एक काँटे के साथ एक और काँटे का जुड़ जाना है, क्योंकि पूँजीवादी संस्कृति के साथ साम्यवादी व्यवस्था न केवल दोनों की बुराइयों को मिला कर एक महाबुराई पैदा कर देती है, बल्कि अपने हाथ से अपनी कब्र भी खोदने लगती है। साम्यवाद एक निरंकुश सत्ता है। पूँजी उससे कहीं ज्यादा निरंकुश सत्ता है। अतः दोनों में से एक ही दीर्घ काल में टिक सकती है। जब बिल्ली गृहस्वामी के हित में नहीं, अपने हित में चूहे पकड़ना शुरू कर देती है, तो घर के साथ उसका रिश्ता बदल जाता है। हो सकता है, ऐसी बिल्ली चूहा पालन केंद्र ही खोल ले, ताकि रोज-रोज चूहे पकड़ने की मुश्किल से छुटकारा मिले और चूहों की नियमित आपूर्ति बनी रहे।

लेकिन यह साम्यवाद की सड़न की कहानी है–उसके पराभव की कहानी कुछ और है। इस कहानी पर शायद अभी भी पूरी तफसील के साथ विचार नहीं किया गया है, फिर भी इतना तो कहा ही जा सकता है कि साम्यवाद का जो किला टूटा, वह अपने ही अंतर्विरोधों से खोखला हो चुका था। साम्यवाद मनुष्य की मुक्ति के एक मुकम्मिल स्वप्न के रूप में आया, लेकिन उसने मनुष्य को उससे कहीं ज्यादा पराधीन बनाया जितना वह पूँजीवादी व्यवस्था में दिखाई पड़ता है। आश्चर्य का विषय तो यही है कि साम्यवादी व्यवस्थाओं में इतने लंबे समय तक राजनीतिक और अन्य प्रकार की पराधीनताएँ कैसे सही जाती रहीं। लेकिन वाणी और विचार की स्वतंत्रता का जो महत्व हम समझते हैं, ऐसा लगता है कि साधारण जनता में उसकी भूख अभी तक बहुत सीमित है। यदि सोवियत संघ लगातार समृद्ध होता जाता, तो संभव है कि वहाँ की जनता काफी समय तक लोहे की उन दीवारों के बीच भीतर से कुछ-कुछ कसमसाते हुए भी सामान्यतः तुष्ट ही रहती, जैसी वह चीन में दिखाई पड़ती है। स्मरणीय है कि सोवियत संघ में स्वतंत्रता का संघर्ष बुद्धिजीवियों और लेखकों ने ही किया। लोकतंत्र के अभाव में साम्यवादी व्यवस्था अपने उन लक्ष्यों को भी हासिल नहीं कर सकी जिन्हें उसने अपने लिए निर्धारित किया था। लेकिन लोकतंत्र की सुविधा दे दे जाती, तो ये लक्ष्य ही निरर्थक हो जाते। इस विडंबना को आलोकित करते हुए ब्रिटेन की कम्युनिस्ट पार्टी के पोलित ब्यूरो के सदस्य राबर्ट गिफिथ्स ने कार्ल मार्क्स की 175वीं जन्म शताब्दी के अवसर पर कलकत्ता में आयोजित कम्युनिस्ट पार्टियों के एक अंतर्राष्ट्रीय परिसंवाद में पठित अपने परचे में टिप्पणी की थी, 'समाजवादी समाजों में एक अंतर्विरोध पैदा हो गया–अर्थव्यवस्था में केन्द्रीकृत हुक्म प्रणाली और लोगों को अभिप्रेरित कर तथा उन्हें शामिल कर उत्पादक शक्तियों को विकसित तथा प्रयुक्त करने की आवश्यकता के बीच हमारी पार्टी के आकलन के अनुसार यह एक ऐसा

अन्तर्विरोध था, जिसका दीर्घकालीन समाधान और ज्यादा लोकतांत्रिकता तथा आत्म-शासन में ही था। लेकिन फिर, किस हद तक इस अंतर्विरोध को समझा और सुलझाया गया ?'[1] वस्तुतः समाजवाद लोकतंत्र की उच्चतम अवस्था है—न कि उसका निषेध। चूँकि लोकतंत्र का विकास बूर्ज्वा व्यवस्थाओं में हुआ है, इसलिए लोकतांत्रिक अधिकारों के प्रति साम्यवादी शुरू से ही संदेहशील रहे हैं। यही कारण है कि सोवियत संघ की साम्यवादी व्यवस्था एक ऐसे संकट में फँस गई जहाँ न खुदा ही दिखाई पड़ रहा था न विसाले सनम का कोई आश्वासन था। साथ ही, उसने अपने को बचाने में इतनी ऊर्जा लगा दी कि वह अपना स्वाभाविक विकास और विस्तार नहीं कर सकी। लेकिन कोई भी व्यवस्था उतनी ही दूर तक बच पाती है जितनी दूर तक वह अपने को विकसित कर पाती है। साम्यवाद ने अपने को परिष्कृत या विकसित नहीं किया, इसीलिए वह स्वयं तो नष्ट हुआ ही, शेष दुनिया की निगाह में भी पूँजीवाद का विकल्प नहीं बन सका।

क्या यह पूँजीवाद का निस्तर विकास है, जिसके कारण वह टिका हुआ है ? एक अर्थ में हाँ, क्योंकि पूँजीवाद तथा तकनीकी विकास, दोनों पिछली कई शताब्दियों से लगातार एक साथ चल रहे हैं और उपनिवेशवाद तथा साम्राज्यवाद के साथ मिल कर उन्होंने पश्चिमी मनुष्य के लिए भौतिक इफरात का माहौल संभव किया है। वैसे यह सच है कि पूँजीवाद तकनीकी के विकास में वास्तविक रूप से बाधक ही सिद्ध हुआ है, क्योंकि वैज्ञानिक संस्थाओं के पूँजीवादीकरण के कारण उसी शोध को प्राथमिकता मिलती है जो मुनाफा बढ़ा सके या सैन्य उद्योग के विस्तार में सहायक हो। यदि पश्चिम ने समाजवादी व्यवस्था अपनाई होती, तो वैज्ञानिक शोध पर अलग-अलग देशों में खर्च होनेवाली राशि काफी कम हो जाती और वैज्ञानिक शोध ज्यादा मानवीय उद्देश्यों से परिचालित होता। इसके बावजूद पूँजीवाद के अजेय प्रतीत होने का रहस्य मनुष्य की लालसा के असीमित विस्फोट और साथ ही उसकी तृप्ति के सप्रमाण आश्वासन में निहित जान पड़ता है। पूँजीवाद को छोड़ कर कोई ऐसी व्यवस्था नहीं दिखाई पड़ती, जो निरंतर उत्पादन वृद्धि तथा उपभोग के नए-नए स्तरों और रूपों पर टिकी हुई हो। यह मानो किसी अली बाबा का सिमसिम हो, जिसमें प्रवेश करने के बाद आप मनचाही अशर्फियाँ अपनी मुट्ठी में भर सकते हैं और यह कभी खाली नहीं होगा। जैसा कि हम जानते हैं, पूँजीवाद प्रतियोगिता और स्पर्द्धा पर टिकी हुई व्यवस्था है। अतः प्रत्येक उत्पादक को बाजार में टिके रहने के लिए और अपने बाजार का विस्तार करने के लिए नित नई चीजों को ले कर हाजिर होना पड़ता है, जो पहले से अधिक सुंदर और ज्यादा संतुष्टि प्रदान करनेवाली हों। उपभोग बेशक एक

---

1. कंटेंपोरेरी वर्ल्ड सिटुएशन ऐंड वैलिडिटी ऑफ मार्किसज्म, भारत की कम्युनिस्ट पाटी (मार्क्सवादी), नई दिल्ली, 1993, पृष्ठ 140

मजेदार चीज है और टीवी कार्यक्रमों की तरह पूँजीवाद भी इस मजेदारी की नित्य नई संभावनाओं पर टिका हुआ है। पिछले तीन सौ सालों से यह भविष्यवाणी की जा रही है कि पूँजीवाद संकट में है या संकट की ओर बढ़ रहा है। लेकिन टेक्नोलॉजी में निरंतर उन्नति और बाजार के निरंतर विकास के कारण न केवल उसकी जिजीविषा अक्षत है, बल्कि वह अपने हर संकट से उबर जाता है। विश्व व्यापार संगठन के माध्यम से दुनिया भर के बाजारों का एकीकरण संभवतः उसका आखिरी कौशल है, जिसने बूढ़े ययाति की तरह उसे पुनः यौवन से लाद दिया है। अब नए-नए देशों में लालसा अपने खेल दिखा रही है। लालसा का खिलंदड़ीपन ही पूँजीवाद का असली बल है, और चूँकि सिर्फ लालसा से संस्कृति का निर्माण नहीं होता, इसलिए संस्कृति निर्माण के क्षेत्र में उसका जो भी योगदान है, वह नकारात्मक ही है। बाजार में संस्कृति की नहीं, मुनाफे की खोज होती है। क्या पूँजीवाद की यही सीमा उसके पराभव का करण बनेगी ? मुझे इसमें संदेह है। साधारण आदमी अब भी आहार-निद्रा-भय-मैथुन से ही परिचालित होता है। लेकिन इनकी भौतिक सीमाएँ जरूर होनी चाहिए। अगर यह उक्ति सही है कि पृथ्वी पर इतना जरूर है कि वह सबकी आवश्यकताओं को पूरा कर सके, पर इतना नहीं कि किसी एक के भी लालच को तृप्त कर सके, तो पूँजीवाद की विकास यात्रा को किसी न किसी बिंदु पर ठहरना ही होगा। भेड़ या आदमी के क्लोन बनाए जा सकते हैं, किंतु एक किलो सोने को दस किलो सोने में नहीं बदला जा सकता। 'क्लब ऑफ रोम' जैसी संस्थाओं की भविष्यवाणियाँ भले ही आपाततः गलत साबित हुई हों, पर भविष्य का इतिहासकार यही लिखेगा कि उनकी मूल स्थापना गलत नहीं थी। पर्यावरण का बढ़ता हुआ संकट और इस्तेमाल हो चुकी चीजों के सलटान की समस्या इसके दो बहुत साधारण पहलू हैं। वास्तविक संकट तब पैदा होगा, जब दुनिया की बहुसंख्य आबादी में पूँजीवादी भूख का विस्फोट होगा। पूँजीवाद इस भूख को जगा सकता है, पर इसे तृप्त करने के साधन उसके पास नहीं हैं।

फिर भी पश्चिमी देशों की भौतिक समृद्धि आँखों को चौंधियानेवाली है और इस कारण पूँजीवाद की विफलताएँ—जो सामाजिक और सांस्कृतिक क्षेत्र में सर्वाधिक दृश्यमान हैं—ज्यादा कचोटती नहीं जान पड़तीं। इस तथ्य से भी लोग बहुत विचलित नहीं होते कि इन समाजों में विषमता बहुत तेजी से बढ़ रही है, क्योंकि जब देश की एक बड़ी आबादी का भौतिक जीवन आम तौर पर ठीक-ठाक हो तो वह ज्यादा सफल लोगों के ऐश्वर्य से मोहित ही होता है—क्षुब्ध नहीं। इस विषम समाज के बने रहने का एक रहस्य यह भी जान पड़ता है कि वहाँ विषमता के सिर्फ दो नहीं—जिसकी कल्पना मार्क्स ने की थी, बल्कि असंख्य स्तर हैं। इस तरह की व्यवस्था में हर आदमी यदि कुछ से बदतर स्थिति में तो कुछ अन्य से बेहतर स्थिति में भी होता है। शायद यह वही रहस्य हैं, जिसके कारण भारत में जाति प्रथा लंबे समय तक जारी रही और आज भी अमर जान पड़ती है। लेकिन तीसरी दुनिया में पूँजीवाद के टिकाऊ जान

पड़ने का आधार इसके बिल्कुल उलटा है। यहाँ पूँजीवाद को मध्य वर्ग का इतना ज्यादा समर्थन इसलिए है कि इसके कारण ही एक छोटा-सा वर्ग उत्पादन की संपूर्ण आधुनिकता हासिल किए बगैर उपभोग की संपूर्ण आधुनिकता हासिल कर सकता है। इसीलिए डॉ. लोहिया ने समाजवाद को 'समता और संपन्न्ता' के रूप में परिभाषित किया था और यह प्रतिपादित किया था कि भारत जैसे देशों में, जहाँ पूँजी कम हैं और रहन-सहन का स्तर बहुत नीचा, समता के जरिए ही संपन्नता हासिल की जा सकती है।

अब उस दीर्घकालिक कारण पर विचार किया जाए, जो समाजवाद के रास्ते में सबसे बड़ी बाधा नजर आता है। यह मानव स्वभाव है, जिस पर सारी बहस इसी निष्कर्ष की पुष्टि करती है कि वह स्वार्थपूर्ण है तथा दीर्घकालीन हित के बजाय अल्पकालिक सुख को ज्यादा महत्वपूर्ण मानता है। धार्मिक दृष्टि मनुष्य को मूलतः अच्छा मानती है—क्योंकि आखिरकार वह ईश्वर की संतान है या फिर उसका अंश, लेकिन तमाम सामाजिक और नृतत्वशास्त्रीय अध्ययन यह बतलाते हैं कि ज्यादातर मनुष्य ऐसे हैं, कि अपनी चवन्नी बचाने के लिए दूसरे की अठन्नी की क्षति कर सकते हैं। प्रतिद्वंद्विता की भावना इसी से पैदा होती है, जो पूँजीवाद की प्राणवायु हैं। बल्कि कहना चाहिए कि स्वार्थ के दर्शन को पूँजीवाद ने चरम ऊँचाई तक पहुँचा दिया है। यह दर्शन तब वैज्ञानिक भी होता, जब यह सिद्ध किया जा सकता कि सभी लोग अपने-अपने स्वार्थ को सिद्ध करने में समान रूप से सक्षम भी हैं। पूँजीवाद इसकी खास व्यवस्था करता है कि उत्पादन के साधनों पर कुछ लोगों का कब्जा रहे और उत्पादन के संबंध अलोकतांत्रिक बने रहें। वस्तुतः जिसे 'कमांड इकॉनामी' यानी हुक्म की अर्थव्यस्था कहा गया है, वह साम्यवाद से कही अधिक पूँजीवाद में है—फर्क यह है कि वहाँ आप अपना मालिक नहीं बदल सकते थे, यहाँ बदल सकते हैं। दूसरी ओर, पूँजीवाद ने दो और चतुराइयाँ की हैं। एक चतुराई यह आश्वासन है कि कोई भी आदमी फोर्ड या टाटा बन सकता है—हालाँकि व्यवहार में इसकी संभावना एक प्रति लाख भी नहीं है। दूसरी चतुराई ज्यादा व्यापक है। ज्वाइंट स्टॉक कंपनी की प्रणाली का आविष्कार और विकास कर हर उस आदमी को मुनाफे की इस अर्थव्यवस्था में हिस्सेदार बना लिया गया है जिसके पास थोड़ा भी माल है। नतीजा यह है कि विश्वविद्यालयों के बहुत-से प्राध्यापकों के पास जितनी किताबें हैं, उससे कहीं ज्यादा शेयर सर्टिफिकेट हैं। यद्यपि कोई भी कंपनी जितना मुनाफा करती है उसका एक छोटा-सा हिस्सा ही अंशधारकों यानी शेयर होल्डरों को मिल पाता है—ज्यादा हिस्सा कंपनी के उच्चाधिकारियों की मौज-मस्ती में खर्च हो जाता है, फिर भी पूँजीवादी व्यवस्था में हर उस आदमी का दाँव लगा हुआ है, जिसके पास कुछ शेयर हैं। इसीलिए जब कोई कंपनी दो सौ या तीन सौ प्रतिशत मुनाफा कमाती है, तो यह उसकी श्रेष्ठता का प्रमाण बन जाता है—इसकी अनैतिकता की ओर किसी का ध्यान नहीं जाता।

स्पष्टतः जिस अनैतिकता में लोग भारी संख्या में शामिल हो जाते हैं, वह बड़ी आसानी से नैतिकता मान ली जाती है।

इस अनैतिकता को साधारण आदमी अपनी अंतश्चेतना से पहचान सकता है, लेकिन उसका पूरा विश्लेषण नहीं कर सकता और एक वैकल्पिक नैतिकता का शास्त्र तो और भी नहीं गढ़ सकता। मार्क्स की दृष्टि में समाजवाद अवश्यंभावी था, क्योंकि पूँजीवाद के विकास के साथ-साथ सर्वहारा का बड़े पैमाने पर कंगालीकरण होना था। लेकिन यह उस ढंग से नहीं हुआ, जिस ढंग से मार्क्स ने सोचा था। यूरोप और अमेरिका के सर्वहारा के रहन-सहन का स्तर लगातार अच्छा होता गया है और आज वह तीसरी दुनिया के मध्य वर्ग से बेहतर जीवन जीता है। कंगालीकरण हुआ उपनिवेशों में, जिनसे तथाकथित विकसित देशों के बुद्धिजीवियों को कोई खास सहानुभूति नहीं थी। इसीलिए बीसवीं शताब्दी के मध्य में नव-स्वतंत्र देशों में पूँजीवाद के प्रति वितृष्णा और समाजवाद के प्रति लगाव का रुझान दिखाई पड़ा था। लेकिन यह रुझान ज्यादा समय तक टिक नहीं पाया, क्योंकि इन देशों के राजनीतिक नेतृत्व में गंभीरता और लोकतांत्रिक चेतना की कमी थी। फलतः भूमंडलीकरण के इस दौर में इन देशों में ही आर्थिक और सामाजिक अंतर्विरोध सबसे ज्यादा उभर रहे हैं तथा लोग बड़े संघर्षों की बजाय टुच्ची लड़ाइयों में ज्यादा सुख पाते हैं। इस धारा को बौद्धिक वर्ग की प्रखरता उलट सकती थी, किंतु पूँजीवाद सिर्फ उत्पादन और वितरण की व्यवस्था नहीं है यह एक (अप) सांस्कृतिक मॉडल भी है। अतः शिक्षा, कानून, चिकित्सा सभी क्षेत्रों में जन विरोधी विचारधाराओं तथा व्यवहारों को पुष्ट किया जाता है। इस जाल से वही बुद्धिजीवी निकल पाते हैं, जिनके मन में अपने समाज और मनुष्यता के प्रति सच्ची तड़प है। पूँजीवादी को यदि कुछ चुनौती मिल रही है, तो इसी वर्ग से या फिर उन आंदोलनकारियों से, जिनकी मेधा भले ही बहुत तीक्ष्ण न हो, पर जो लोगों की वेदना से सीधे जुड़े हुए हैं। दुर्भाग्य से हर मुल्क में ऐसे लोगों की तादाद कम है हालाँकि इतनी कम भी नहीं कि उनकी उपेक्षा की जा सकी।

तो क्या समाजवाद का कोई भविष्य नहीं है ? हाँ, नहीं है—यह तभी कहा जा सकता है, जब हम इस ओर से आश्वस्त हो सकें कि पूँजीवाद मनुष्य की सभी समस्याओं का समाधान करने में सक्षम है। यह उससे कम असंभव नहीं है जितना पृथ्वी को चपटा कर देना। बल्कि संभव है किसी वैज्ञानिक विधि से पृथ्वी को चपटा किया जा सके, लेकिन पूँजीवादी समाज हमेशा अंदर से खदबदाते समाज बने रहेंगे। वस्तुतः यह द्वंद्वात्मकता ही उसकी आंतरिक ऊर्जा है। लेकिन इस द्वंद्वात्मकता के कारण वह उससे ज्यादा समस्याओं को जन्म दे डालता है जितने का समाधान वह कर सकता है। अभी तक पूँजीवाद का बचाव ऐसे लोगों द्वारा भी किया जाता रहा है, जो पूँजीवाद से संतुष्ट नहीं थे, पर साम्यवाद की तानाशाही से डरते थे। लेकिन अब जबकि यह खतरा नहीं रहा, तो पूँजीवाद के विरुद्ध असंतोष अपने स्वाभाविक और स्वस्थ रूप में उभर सकेगा।

नारीवाद, पर्यावरणवाद, मानव अधिकारों का आंदोलन आदि इसके कुछ महत्वपूर्ण साक्ष्य हैं। ये आंदोलन भविष्य में और तेज होंगे। उपभोक्तावाद की विकृतियाँ भी इतनी खुल कर आ गई हैं कि बहुत–से लोग अब प्रकृति की ओर लौटने तथा अपनी जरूरतों को सीमित करने में ही बुद्धिमानी देख पा रहे हैं। परिवार के मूल्यों की तरफ कुछ वापसी दिखाई पड़ने लगी है, यद्यपि ऐसी स्त्रियों की तादाद बढ़ रही है जो अकेले रहना चाहती हैं–यह स्त्री स्वाधीनता की एक नई घोषणा है। शायद यही वह माकूल समय है, जब समाजवाद पर गंभीर चर्चा फिर शुरू की जा सकती है–किसी रोमांटिक अंदाज में नहीं, बल्कि यथार्थ के धरातल पर। साम्यवाद का चक्र पूरा हो जाने के बाद पूँजीवाद के चक्र को भी पूरा होना पड़ेगा।

यह शंका जरूर बनाए रखनी चाहिए कि जब हम समाजवाद की ओर बढ़े रहे होंगे, तब भी व्यक्तिवाद की समस्याएँ बनी रहेंगी, क्योंकि मनुष्य के मन की बनावट ही कुछ ऐसी है कि अक्सर अपने लिए ही नहीं, दूसरों के लिए भी समस्या बने रहने में उसे एक तरह की तृप्ति मिलती है। वह समानता के लिए जितना लालायित रहता है, असमानता भी उसे उतनी ही प्रिय है–यदि वह स्वयं उसका शिकार न हो। फिर भी सच्चाई यही है कि ज्यादातर लोग न तो साधु हैं और न शैतान। वे एक शांत और सुव्यवस्थित जीवन चाहते हैं। अगर सभी के पास चवन्नी ही हो और कोई किसी भी तरह अपनी चवन्नी को अठन्नी या रुपए में नहीं बदल सकता, तो वास्तविक प्रतिद्वंद्विता कला और संस्कृति के क्षेत्र में होगी–भौतिक संपन्नता के क्षेत्र में नहीं। यह आश्वासन समाजवाद के अलावा और कौन-सी व्यवस्था दे सकती है ? और फिर, मानव स्वभाव का कोई स्थायी चरित्र नहीं है। आज हमारे सामने मानव स्वभाव का जो रूप है, वह कुछ हजार वर्षों की सभ्यता की देन है–उस सभ्यता की, जिसके साथ बर्बरता एक नहीं अनेक रूपों में लिथड़ी रही है। फिर भी सभ्यता की कुल यात्रा बर्बरता पर विजय पाने और संस्कृति का परिष्कार करने की ही है। बीसवीं शताब्दी काफी बड़ी उम्मीदों से शुरू हुई थी, पर आज वह एक ऐसी थकी हुई प्रौढ़ा की तरह नजर आती है, जिसके पश्चात्तापों की सूची लंबी है, फिर भी जिसकी लालसाएँ मंद नहीं पड़ी हैं। आज इक्कीसवीं शताब्दी का अर्थ इस प्रौढ़ा के पुनर्यौवन के स्वप्न से जुड़ा हुआ है। कुछ अन्य लोगों की कामना है कि उसका पुनर्जन्म हो और वह एक अबोध बालिका की तरह खिलखिलाती हुई दिखाई दे। मेरा अनुमान है कि आनेवाली शताब्दी इस स्वप्न और इस कामना, दोनों को पीछे छोड़ते हुए एक ऐसी वयस्क शताब्दी साबित होगी, जिसमें जीवन का भरपूर आनंद लेना संभव हो सकेगा, लेकिन किसी को रुला कर नहीं। यह मानव स्वभाव का एक क्रांतिकारी रूपांतरण होगा–सभ्यता की एक और निर्णायक छलाँग, जो पिछली सभी छलाँगों से ज्यादा महत्वपूर्ण और ज्यादा टिकाऊ होगी, क्योंकि उसके बगैर पिछली छलाँगों के सभ्यतम हिस्सों को बचाना किसी भी तरह संभव दिखाई नहीं देता।

निर्णायक प्रश्न यह है कि समाजवाद आएगा कैसे। द्वंद्वात्मक भौतिकवाद का यह प्रतिपादन कि इतिहास स्वाभाविक रूप से उधर ही जा रहा है, एक अर्थ में गलत साबित हुआ है। निजी संपत्ति के नाश के लिए वर्ग संघर्ष अनिवार्य है, किंतु वर्ग समाजों का विकास इस रूप में नहीं हो पाया है कि वर्गों का नाश अनिवार्य हो उठे। संपन्न समाजों में सर्वहारा का मध्यवर्गीकरण हुआ है और गरीब समाजों में मजदूरों की संख्या इतनी नहीं है कि वे अपनी तानाशाही कायम कर सकें। किसान भी क्रांति कर सकते हैं—यह चीन को छोड़ कर और कहीं तो सोचा नहीं जा सका है। सिर्फ साहित्य और कला से क्रांति नहीं हो सकती—यह अब कोई भेद की बात नहीं रही। वस्तुतः पूँजीवादी व्यवस्था में साहित्य और कला का भी व्यवसायीकरण हो जाता है तथा लेखक और कलाकार ऐशो-आराम की जिंदगी बिताने की सोचने लगते हैं, भले ही उनकी रचनाओं की अंतर्वस्तु अक्सर पूँजीवाद और उसकी परिणतियों के खिलाफ होती हो। अभी तक तो कोई ऐसा श्रेष्ठ साहित्य लिखा नहीं गया, जो शोषण तथा अन्याय का समर्थन करता हो—हाँ, इसके शास्त्र जरूर रचे गए हैं और दुर्भाग्य से आज का ज्यादातर शास्त्रीय उत्पादन ऐसा ही है। अर्थशास्त्र तो अब पूरी तरह दिवालिया हो चुका है—क्योंकि उसके अध्ययन का क्षेत्र सिर्फ यह रह गया है कि धन कैसे पैदा किया जाता है और उसका उपयोग किस तरह किया जाता है। धन और उसके उपयोग से जुड़ी प्रक्रियाओं के साथ कुछ मूल्य भी संबंद्ध होने चाहिए—यह प्रश्न अब अर्थशास्त्र ही नहीं, दूसरे शास्त्रों के लिए भी अप्रासंगिक हो चुका है। विद्वानों के बीच 'चाहिए' पर 'है' की इतनी विस्तृत जीत इसके पहले कभी नहीं देखी गई।

लेकिन इतिहास में कोई भी जीत या हार अंतिम नहीं होती। मनुष्य का मन यदि द्वंद्वात्मक है, तो उत्पादन और उपभोग की उस उच्छृंखला के विरुद्ध वातावरण बनना निश्चित है। यह काम मजदूर वर्ग करेगा या स्त्रियों का आंदोलन करेगा या पर्यावरणवादी करेंगे—इस तरह की इकहरी आशाओं का कोई आधार नहीं है। जो निश्चित दिखाई पड़ता है, वह यह है कि एक ऐतिहासिक काम को अंजाम देने का दायित्व आदर्शवादी लोगों पर है—वे चाहें जिस वर्ग या समुदाय के हों। आदर्शवाद को भाववाद करार दे कर बहुत बड़ी गलती की गई है। पश्चिम में अनेक पूँजीपतियों ने अपने औद्योगिक संस्थानों में पूर्ण आर्थिक लोकतंत्र संभव कर दिखाया है। संस्कृति की रचना वही कर सकते हैं, जिनके पास सोचने-विचारने की फुरसत हो। इस दृष्टि से मध्य वर्ग ही वह विशाल वर्ग दिखाई पड़ता है, जिस पर आदर्शवाद का दबाव पैदा किया जाना चाहिए। वस्तुतः आदर्शवाद अब सिर्फ नैतिक सदिच्छा भर नहीं रह गया है—यह यथार्थ की सबसे ठोस माँग है। इसका अर्थ यह नहीं है कि वर्ग संगठन की जरूरत नहीं रही। लेकिन वर्ग संगठन तभी प्रगतिशील होंगे, जब उनका उद्देश्य वर्ग विनाश हो, अन्यथा वे सिर्फ वर्गों को मजबूत करने का काम करके रह जाएँगे। भारत में जो भी वर्ग संगठन बचे हुए हैं, उनका चरित्र देख कर यह बात आसानी से समझी जा सकती है। पश्चिम

का श्रमिक आंदोलन इसी मरीचिका का शिकार हो कर अब समाप्तप्रांय है। क्या एक ऐसे राजनीतिक दल की जरूरत नहीं है, जो समाजवाद के लिए काम करे ? यह जरूरत कभी खत्म नहीं हो सकती। लेकिन बुद्धिजीवियों और सजग नागरिकों को किसी एक ही घोड़े पर दाँव लगाने की आदत से बाज आना चाहिए। उन्हें प्रत्येक दल और संगठन को समाजवादी बनाने का पूरा और ईमानदार प्रयास करना चाहिए।

आदर्शवाद का अनिवार्य अर्थ है संवेदनशीलता। पूँजीवाद इसीलिए बुरा है क्योंकि वह मनुष्य की संवेदनशीलता को नष्ट करता है। यह सच है कि व्यक्ति की संवदेनशीलता मूलतः सीमित होती है और इसीलिए समाजवाद का भविष्य हमेशा उज्ज्वल प्रतीत नहीं होता। किंतु स्थितियाँ कुछ इस प्रकार की हो गई हैं कि हमें संवेदनशील होना ही पड़ेगा–अन्यथा हम एक न्यूतम मानवीय जीवन के लायक भी नहीं रह जाएँगे। सिर्फ मुनाफे पर आधारित उत्पादन पद्धति एक आपराधिक समाज की ही रचना कर सकती है, जैसा कि हम पश्चिम में और अब अपने यहाँ भी देख रहे हैं। नाभिकीय विस्फोट का खतरा कम हो चुका है, पर उपभोक्ता संस्कृति का विस्फोट सिर्फ खतरा नहीं–एक जीता-जागता यथार्थ है। समाजवाद उपभोग और उपयोग के बीच तमीज करने की कला का ही नाम है। यह मनुष्य और परिवेश, व्यक्ति और समाज, उत्पादन और रचना तथा कामना और कर्तव्य के बीच श्रेष्ठतम संतुलन स्थापित करने की कला है। जिनके मन में इस कला के प्रति अनुराग है, उन्हें इसकी शुरुआत सबसे पहले अपने जीवन से करनी चाहिए–पर वहीं ठहर नहीं जाना चाहिए, क्योंकि एक संगठित व्यवस्था को संगठित रूप से ही बदला जा सकता है। वैसे पूरी सचाई यही है कि समाजवाद कैसे आएगा–यह कोई नहीं जानता। समाजवाद कभी आएगा भी या नहीं–यह भी नहीं कहा जा सकता। लेकिन यह जरूर दावा किया जा सकता है कि दुनिया के सभी संवेदनशील लोगों के लिए यदि कुछ करणीय है, तो यह समाजवाद के लिए संघर्ष ही है–बाकी सब कुछ दिए हुए को जीना या उसका विस्तार है, जिसमें न कोई वास्तविक रचनाशीलता है और न कोई सच्चा आनंद।

●●●